THÉATRE COMPLET

DE

ALEX. DUMAS

XXIII

LE GENTILHOMME DE LA MONTAGNE
LA DAME DE MONSOREAU

NOUVELLE ÉDITION

PARIS
MICHEL LÉVY FRÈRES, ÉDITEURS
RUE AUBER, 3, PLACE DE L'OPÉRA

LIBRAIRIE NOUVELLE
BOULEVARD DES ITALIENS, 15, AU COIN DE LA RUE DE GRAMMONT

1874

Droits de reproduction et de traduction réservés

COLLECTION MICHEL LÉVY

ŒUVRES COMPLÈTES

D'ALEXANDRE DUMAS

THÉATRE

XXIII

ŒUVRES COMPLÈTES D'ALEXANDRE DUMAS
PUBLIÉES DANS LA COLLECTION MICHEL LÉVY

Acté	1
Amaury	1
Ange Pitou	2
Ascanio	2
Une Aventure d'amour	1
Aventures de John Davys	2
Les Baleiniers	2
Le Bâtard de Mauléon	3
Black	1
Les Blancs et les Bleus	3
La Bouillie de la comtesse Berthe	1
La Boule de neige	1
Bric-à-Brac	2
Un Cadet de famille	3
Le Capitaine Pamphile	1
Le Capitaine Paul	1
Le Capitaine Rhino	1
Le Capitaine Richard	1
Catherine Blum	1
Causeries	2
Cécile	1
Charles le Téméraire	2
Le Chasseur de Sauvagine	1
Le Château d'Eppstein	2
Le Chevalier d'Harmental	2
Le Chevalier de Maison-Rouge	2
Le Collier de la reine	3
La Colombe. — Maître Adam le Calabrais	1
Le Comte de Monte-Cristo	6
La Comtesse de Charny	6
La Comtesse de Salisbury	2
Les Compagnons de Jéhu	3
Les Confessions de la marquise	2
Conscience l'Innocent	2
Création et Rédemption. — Le Docteur mystérieux	
— La Fille du Marquis	2
La Dame de Monsoreau	3
La Dame de Volupté	2
Les Deux Diane	3
Les Deux Reines	2
Dieu dispose	2
Le Drame de 93	3
Les Drames de la mer	1
Les Drames galants. — La Marquise d'Escoman	2
La Femme au collier de velours	1
Fernande	1
Une Fille du régent	1
Filles, Lorettes et Courtisanes	1
Le Fils du forçat	1
Les Frères corses	1
Gabriel Lambert	1
Les Garibaldiens	1
Gaule et France	1
Georges	1
Un Gil Blas en Californie	1
Les Grands Hommes en robe de chambre : César	2
—Henri IV, Louis XIII, Richelieu	2
La Guerre des femmes	2
Histoire d'un casse-noisette	1
Les Hommes de fer	1
L'Horoscope	1
L'Ile de Feu	2
Impressions de voyage : En Suisse	3
— Une Année à Florence	1
— L'Arabie Heureuse	3
— Les Bords du Rhin	2
— Le Caucase	3
— Le Corricolo	2
— Le Midi de la France	2
— De Paris à Cadix	2
— Quinze jours au Sinaï	1
— En Russie	4
— Le Speronare	2
— Le Véloce	2
— La Villa Palmieri	1
Ingénue	2
Isabel de Bavière	2
Italiens et Flamands	1
Ivanhoe de Walter Scott (traduction)	2
Jacques Ortis	1
Jacquot sans Oreilles	1
Jane	1
Jehanne la Pucelle	1
Louis XIV et son Siècle	4
Louis XV et sa Cour	2
Louis XVI et la Révolution	2
Les Louves de Machecoul	3
Madame de Chamblay	2
La Maison de glace	2
Le Maître d'armes	1
Les Mariages du père Olifus	2
Les Médicis	1
Mes Mémoires	10
Mémoires de Garibaldi	2
Mémoires d'une aveugle	2
Mémoires d'un médecin : Balsamo	5
Le Meneur de loups	1
Les Mille et un Fantômes	2
Les Mohicans de Paris	4
Les Morts vont vite	2
Napoléon	1
Une Nuit à Florence	1
Olympe de Clèves	3
Le Page du duc de Savoie	2
Parisiens et Provinciaux	2
Le Pasteur d'Ashbourn	2
Pauline et Pascal Bruno	1
Un Pays inconnu	2
Le Père Gigogne	2
Le Père la Ruine	1
Le Prince des Voleurs	2
La Princesse de Monaco	2
La Princesse Flora	1
Les Quarante-Cinq	3
La Régence	1
La Reine Margot	2
Robin Hood le Proscrit	1
La Route de Varennes	1
Le Saltéador	1
Salvator (suite des Mohicans de Paris)	5
Souvenirs d'Antony	1
Les Stuarts	1
Sultanetta	1
Sylvandire	1
La Terreur prussienne	2
Le Testament de M. Chauvelin	1
Théâtre complet	25
Trois Maîtres	1
Les Trois Mousquetaires	2
Le Trou de l'enfer	1
La Tulipe noire	1
Le Vicomte de Bragelonne	6
La Vie au Désert	2
Une Vie d'artiste	1
Vingt Ans après	3

LE GENTILHOMME
DE LA MONTAGNE

DRAME EN CINQ ACTES, EN HUIT TABLEAUX
AVEC PROLOGUE

Porte-Saint-Martin. — 12 juin 1860.

DISTRIBUTION

DON CARLOS, roi d'Espagne............... MM.	TAILLADE.
DON FERNAND DE TORRILLAS...............	CLARENCE.
DON RUIZ................................	HENRI LUGUET.
DON VELASQUEZ DE HARO..................	DESHAYES.
DON RAMIRO D'AVILA.....................	CHARLY.
DON ALVAR..............................	MOLINA.
DON LOPEZ..............................	ALEXIS LOUIS.
CALABASAS..............................	BOUSQUET.
TORRIBIO...............................	VALNAY.
VICENTE................................	MERCIER.
COMACHO................................	CALISTE.
L'ALCADE MAYOR.........................	BORSSAT.
UN FOSSOYEUR...........................	
UN CHAMBELLAN.......................... }	ERNEST C.
UN SEIGNEUR............................ }	
PREMIER BANDIT.........................	ARTHUR D.
DEUXIÈME BANDIT........................	MARCHAND.
UN SERVITEUR........................... }	PRIEUR.
UN HÉRAUT D'ARMES...................... }	
UN OFFICIER............................	LANSOY.
UN ALGUAZIL............................	BERNADAC.
UN CHANTEUR............................	MUSCADEL.
DONA MERCÉDÈS.......................... Mmes	E. VIGNE.
GINESTA................................	JULIETTE ROSE.
DONA FLOR..............................	NANTIER.
PAQUITTA...............................	CLÉMENCE.

BANDITS, ALGUAZILS, MARMITONS et SERVANTES DE LA POSADA, SEIGNEURS, PAGES, BOURGEOIS et BOURGEOISES, CHANTEURS, MUSICIENS, PEUPLE, GARDES DU PALAIS, FRÈRES DE LA MISÉRICORDE, etc.

PROLOGUE

PREMIER TABLEAU.

Un site sauvage de la sierra Nevada; une tombe nouvellement creusée; a l'entour, une cinquantaine de Bandits. — La toile se lève au moment où les Bandits viennent de jeter sur la fosse la dernière pelletée de terre. — Les Ouvriers qui ont creusé la terre sont là, appuyés sur leur bêche.

SCÈNE PREMIÈRE

TORRIBIO, VICENTE, COMACHO, Bandits, Fossoyeurs.

TORRIBIO, aux Fossoyeurs.

Allez! il n'est plus besoin de vous ici; mais, comme il ne doit pas être dit que ceux qui ont creusé la fosse du plus brave capitaine qui ait jamais existé de Pampelune à Grenade et de Cadix à Saragosse, n'ont pas été largement récompensés, voici mille réaux qui vous sont alloués sur la bourse commune de la bande.

UN FOSSOYEUR.

Merci, nos dignes seigneurs. Ah! si l'on consultait les gens de la montagne, ce ne sont pas de braves cavaliers comme vous que l'on pendrait.

TORRIBIO.

Non, ce sont ceux qui nous pendent; je suis de ton avis, mon brave homme. Mais il nous reste à rendre les derniers honneurs à notre chef, et à parler de nos petites affaires, et, pour l'une ni pour l'autre de ces deux choses, nous n'avons besoin de témoins. — Allez!

(Les Fossoyeurs se retirent par la gauche.)

SCÈNE II

LES MÊMES, hors LES FOSSOYEURS.

TORRIBIO.

Allons, mes amis, un dernier adieu à celui que réjouissait

tant l'odeur de la poudre, et qui, si profondément endormi qu'il soit, tressaillira au bruit de vos carabines.

VICENTE, avec d'autres hommes.

A celui qui n'a jamais reculé devant l'ennemi !

(Ils déchargent leurs carabines.)

TORRIBIO, avec d'autres hommes.

A celui qui n'est tombé que par félonie et par trahison !... (Coup de feu.) Puisses-tu vivre éternellement dans nos mémoires, brave des braves ! (Descendant la scène, suivi de plusieurs.) Mais puisse José l'Aragonais qui t'a trahi, mourir quelque jour, pendu par les pieds... et que sa chienne de carcasse, livrée aux insultes de l'air et des corbeaux, se balance éternellement entre ciel et terre, comme un exemple réservé aux traîtres !

TOUS.

Oui ! oui !

VICENTE.

Malheur à José l'Aragonais !

COMACHO.

Malheur et malédiction sur lui !

TOUS.

Oui, malheur !

VICENTE.

Et maintenant, camarades, celui qui connaissait si bien le prix du temps ne nous en voudra pas de ne point le perdre. — Nous sommes, Torribio et moi, vos deux lieutenants ; nous avons donc droit l'un ou l'autre à remplacer notre brave capitaine mort. — Il vous faut choisir celui de nous deux qui vous paraîtra le plus digne, et celui-là sera notre chef suprême ; les autres lui obéiront sans murmurer.

COMACHO.

Que chacun de vous fasse valoir ses titres au grade qu'il réclame, et nous jugerons lequel de vous deux a le mieux mérité la place de notre capitaine... N'est-ce pas, vous autres ?... — Il n'est peut-être pas inopportun de rappeler ici aux honorables compétiteurs que les trois grandes vertus que nous apprécions sont le dévouement, le courage et la ruse.

(Mouvement d'approbation.)

VICENTE, prenant le milieu.

Je commence... et je choisis le dévouement !... Lorsqu'il y

a deux ans, notre capitaine fut pris et conduit dans les prisons de Grenade, la veille du jour où, condamné à mort, il devait être exécuté, je m'introduisis dans sa prison sous un habit de moine; on nous laissa seuls, car on me prenait pour le confesseur. Au moment où le capitaine s'agenouillait devant moi, je me fis reconnaître et le forçai, malgré sa résistance, en l'adjurant au nom de nous tous, à revêtir mes habits et à sortir de la prison en me laissant à sa place; il sortit et vous fut rendu. Le lendemain, au moment où l'on me conduisait au supplice, il fondit sur mon escorte avec vingt hommes déterminés, et, après un combat acharné, m'enleva. S'il eût échoué, j'étais pendu... la potence n'était plus qu'à vingt pas de moi... Eh bien, ce que j'ai fait pour le capitaine, croyez-vous que je sois prêt à le faire encore pour le premier venu d'entre vous?... Répondez!...

TOUS.
Oui, oui, nous le croyons!... Vive Vicente!...

COMACHO.
A votre tour, señor Torribio.

TORRIBIO.
Eh bien, je ne suis pas fâché que Vicente ait pris le dévouement, car j'excelle dans la ruse, et je le prouve... (Mouvement d'attention de tous les Bandits.) Vous vous rappelez, mes amis, ce beau jeune homme que nous arrêtâmes sur la route de Barcelone?... Il fit résistance et fut tué. C'était un noble cavalier qui se nommait don Eusebio d'Aroo... Il était fiancé à une jeune fille de Cordoue qui avait quatre cent mille réaux de dot; il ne l'avait jamais vue, quoiqu'elle fût sa cousine; l'affaire avait été arrangée entre les parents. Vous vous partageâtes ses bijoux et sa bourse, et je vous laissai ma part, à la condition que j'aurais un de ses habits, son cheval et ses papiers. A votre avis, le marché était mauvais... Je le trouvais bon, moi... et voici ce que je fis: monté sur son cheval, vêtu de ses habits, muni de ses papiers, je me présentai chez le beau-père sous le nom de don Eusebio d'Aroo. Je plus à doña Leonor, je touchai la dot, et j'épousai. Le lendemain du mariage, il n'y. avait plus ni dot ni mari... (On rit.) C'est pour cela, mes bons amis, qu'à votre grand étonnement, à vous qui ignoriez l'aventure, je suis resté garçon. Que voulez-vous! je craignais d'être pendu comme bigame... et morbleu!... si jamais je dois être pendu... que

ce soit au moins comme votre compagnon. Ayant inventé cette ruse-là, je pourrais bien en inventer dix autres, convenez-en !

TOUS.

Oui, oui, oui !... Vive Torribio !

COMACHO.

Un instant ! et le courage ?... Il me semble que nous avons un peu négligé le courage.

TORRIBIO.

Le courage, parmi nous, est trop commun pour être une vertu.

TOUS.

Il a raison. Votons ! votons !

SCÈNE III

Les Mêmes, un Bandit, sur le rocher à droite.

LE BANDIT.

Camarades ! camarades ! deux cavaliers à cheval viennent par la route de Grenade... A leur tournure, ils paraissent nobles ; à leur chevaux et à leurs vêtements, ils semblent riches !...

TORRIBIO.

Où sont-ils ?...

LE BANDIT.

A cent pas d'ici ; mais, comme il viennent au galop de leurs chevaux, ils ne tarderont pas à passer par ce sentier.

VICENTE, qui est allé regarder sur le rocher.

Non, les voilà qui s'arrêtent, ils mettent pied à terre... L'un deux attache son cheval à un arbre... le second en fait autant... Ils se dirigent de ce côté... Ils viennent.

TORRIBIO.

S'ils nous apercevaient, ils pourraient retourner sur leurs pas... Cachons-nous, prenons notre belle, tombons sur eux et dévalisons-les... Je donnerai le signal, comme le plus ancien de la bande.

LE BANDIT.

Les voilà !

TORRIBIO.

Cachons-nous !

(Ils disparaissent vers le fond par différents côtés.)

SCÈNE IV

Les Bandits, cachés ; DON ALVAR, DON FERNAND.

Ils paraissent sur le haut du rocher de droite.

DON ALVAR, descendant le premier.

Par ici, don Fernand ! voici un endroit propice. — Faites comme moi, je vous prie, descendez !

DON FERNAND.

Pardon, mais, avant de vous obéir, à vous à qui je ne reconnais pas le droit de me commander, j'ai à vous demander une explication...

DON ALVAR.

Demandez ; cette explication, que je vous ai refusée ailleurs, je suis prêt à vous la donner ici ; car nous sommes arrivés au but de notre course.

DON FERNAND, descendant à son tour.

En rentrant chez moi, ce matin, je vous ai trouvé à ma porte, en selle sur un cheval, et tenant un second cheval par la bride.

DON ALVAR.

C'est vrai.

DON FERDINAND.

Je vous ai demandé ce que vous faisiez là... « Je vous attends, m'avez-vous répondu ; avez-vous votre épée ?... — Elle ne me quitte jamais... — Montez sur ce cheval, alors, et suivez-moi. — Je ne suis pas, j'accompagne ou je précède. » Est-ce bien là ce que nous avons dit ?...

DON ALVAR.

Mot pour mot... seulement, j'ai ajouté : « Oh ! tu ne me précéderas pas, car je suis pressé d'arriver. »

DON FERDINAND.

Vous avez mis votre cheval au galop, j'y ai mis le mien... Nous sommes entrés ventre à terre dans la montagne, et, arrivés ici...

DON ALVAR.

Et, arrivés ici, l'endroit m'ayant paru favorable, je vous

ai dit : « Faites comme moi, don Fernand, descendez. » Maintenant, j'ajoute : descendez et tirez votre épée ; car vous vous doutez bien que c'est pour combattre, n'est-ce pas, que je vous ai été chercher ?...

DON FERNAND.

Je m'en suis douté tout d'abord, don Alvar. — Un mot, cependant... J'ignore ce qui peut avoir changé notre amitié en haine... Frères hier, ennemis aujourd'hui !

DON ALVAR, tirant son épée.

Ennemis, justement parce que nous sommes frères ; frères... par ma sœur. — Allons, l'épée à la main, don Fernand !

DON FERNAND.

Mon ami, je ne me battrai pas... (Mouvement de don Alvar.) Je ne me battrai pas avec vous, que je ne sache pourquoi je me bats.

DON ALVAR, tirant de sa poche un paquet de lettres.

Connaissez-vous ces lettres ?...

DON FERNAND, ouvrant une lettre et jetant les yeux dessus, puis passant à gauche.

Oh ! malheur à l'homme assez fou pour confier au papier les secrets de son cœur et l'honneur d'une femme !

DON ALVAR.

Avez-vous reconnu ces lettres ?...

DON FERNAND.

Je ne puis le nier, elles sont de ma main.

DON ALVAR.

Alors, tirez donc votre épée, afin que l'un de nous deux reste mort près de l'honneur mort de ma sœur.

DON FERNAND.

Je suis fâché que vous vous y soyez pris ainsi, don Alvar, et que vous avez rendu presque impossible, par votre menace la proposition que j'allais peut-être vous faire.

DON ALVAR.

Oh ! lâche !... (Mouvement de don Fernand. — Reprenant.) Oui, lâche ! qui, lorsqu'il voit le frère l'épée à la main, propose d'épouser la femme qu'il a déshonorée !

DON FERNAND.

Vous savez que je ne suis point un lâche, don Alvar ; d'ailleurs, si vous ne le savez pas, au besoin, je vous l'apprendrai... Écoutez-moi donc !

DON ALVAR.
L'épée à la main! Où le fer doit parler, la langue doit se taire.
DON FERNAND.
J'aime votre sœur, don Alvar; votre sœur m'aime; pourquoi ne vous appellerais-je pas mon frère?
DON ALVAR.
Parce que mon père a dit qu'il n'appellerait jamais son fils un homme perdu de dettes et de débauches.
DON FERNAND.
Votre père a dit cela, don Alvar?
DON ALVAR.
Oui, et je te le redis après lui; et, pour la troisième fois, j'ajoute : l'épée à la main, don Fernand!
DON FERNAND, sombre.
Pourquoi donc y a-t-il des hommes qui cherchent obstinément la mort, quand la mort ne demanderait pas mieux que de les fuir?
DON ALVAR.
L'épée à la main ! l'épée à la main ! ou ce n'est pas de la pointe, c'est du plat que je frapperai !
DON FERNAND.
Tu le veux donc ?
DON ALVAR, s'avançant avec menace.
Don Fernand !
DON ALVAR.
Un pas en arrière, monsieur, je suis prêt.

(Ils se battent. — Don Alvar tombe blessé.)

DON FERNAND.
Blessé !...
DON FERNAND, se précipitant sur lui.
Seulement blessé, n'est-ce pas?...
DON ALVAR.
Blessé à mort !
DON FERNAND.
Dieu m'est témoin que c'est vous qui m'avez forcé à ce duel. Que puis-je faire pour vous, mon frère?...
DON ALVAR.
Rien, car la seule chose dont j'aie besoin, c'est un prêtre !
DON FERNAND, le relevant.
Je connais, à cent pas d'ici, un ermitage de moines péni-

tents; levez-vous et appuyez-vous sur mon bras, je vous y conduirai.

DON ALVAR.

Je ne puis me tenir debout.

(Il chancelle.)

DON FERNAND.

Avec l'aide de Dieu, je vous porterai, alors!

(Il le prend dans ses bras.)

DON ALVAR.

Inutile, je meurs!... Mais, en reconnaissance de votre bonne volonté, je demanderai à Dieu, en face de qui je vais me trouver, que vous ne mouriez pas comme moi sans confession!... Adieu, don Fernand! je ne puis vous pardonner le déshonneur de ma sœur, mais je vous pardonne ma mort!... Mon Dieu! ayez pitié de moi!

(Il meurt.)

DON FERNAND.

Mort! je l'ai tué, lui, mon meilleur ami!... Il m'a pardonné; mais, moi, je ne me pardonnerai pas.

(Il s'incline sur lui et sanglote. Pendant cette scène, les Bandits se sont montrés plusieurs fois, mais pour se retirer presque aussitôt. Ils semblent sur le point de faire irruption, quand six Alguazils, conduits par un Alcade mayor, entrent en scène et entourent Fernand, qui, absorbé dans sa douleur, ne les voit ni ne les entend.)

SCÈNE V

LES MÊMES, L'ALCADE MAYOR, LES ALGUAZILS.

Ils arrivent par la gauche.

L'ALCADE.

Nous arrivons trop tard, il est mort! (Touchant l'épaule de don Fernand.) Don Fernand de Torrillas, vous êtes notre prisonnier!

DON FERNAND.

Moi?...

L'ALCADE.

Oui, vous!

DON FERNAND.

C'est bien, messieurs, vous avez ma parole de ne pas fuir

Je rentrerai dans la ville derrière vous et me mettrai à la disposition de la justice.

L'ALCADE.

Ce n'est point derrière nous que vous rentrerez à la ville, c'est avec nous.

DON FERNAND.

Je croyais vous avoir dit, messieurs, que je vous donnais ma parole?

L'ALCADE.

Nous avons l'ordre de vous ramener, et nous vous ramènerons...

DON FERNAND.

Messieurs, je ne suis pas un voleur ou un assassin, pour rentrer dans la ville où je suis né, où je suis connu, où j'ai mon père et ma mère, entre vos alguazils... Provoqué par mon ami don Alvar, je me suis battu contre lui à mon corps défendant; un duel est un malheur, mais ce n'est pas un crime! Marchez devant, messieurs; je vous suivrai!...

(On enlève le corps de don Alvar.)

L'ALCADE.

Votre duel n'est pas un duel, don Fernand, puisqu'il a eu lieu sans témoins... c'est un meurtre!... Vous rentrerez donc à Grenade comme un meurtrier, non-seulement entre des alguazils, comme vous dites, mais encore lié et garrotté.

DON FERNAND.

Messieurs, messieurs, rappelez-vous que le Cid n'a pas voulu se laisser lier les mains même par son père.

L'ALCADE.

Il faudra pourtant bien que vous vous décidiez à vous les laisser lier par nous, mon gentilhomme; et, si ce n'est de bonne volonté, ce sera de force.

DON FERNAND, faisant un bond en arrière et ramassant son épée.

Messieurs, c'est bien assez d'un cadavre! Voyons, ne me mettez pas plusieurs meurtres sur la conscience dans un seul jour.

L'ALCADE.

Prenez garde, mon cavalier! Notre jeune roi don Carlos est sévère! Avec lui, le bourreau suit de près le meurtrier! Bas les armes, señor! bas les armes!

DON FERNAND.

Encore une fois, je vous engage ma parole de gentilhomme

de me rendre droit à la prison, et cela, à l'instant même, sans retard, dans le temps qu'il me faudra pour gagner la ville, sans passer par la maison de mon père, sans dire adieu à ma mère... Y consentez-vous ?

L'ALCADE.

Non.

DON FERNAND.

Je vous offre de vous suivre ou de vous précéder, de marcher à cent pas de vous, soit devant, soit derrière, sans que vous me perdiez de vue... Y consentez-vous ?

L'ALCADE.

Non.

DON FERNAND.

Eh bien, alors, que le sang retombe sur la tête de ceux qui l'auront fait verser... Venez me prendre !

L'ALCADE.

Allons, sus au rebelle qui lève l'épée contre les gens du roi !

(Combat entre don Fernand et les Alguazils; il en tue un, en blesse deux et va succomber sous le nombre, quand tous les Bandits se lèvent.)

SCÈNE VI

Les Mêmes, les Bandits.

TORRIBIO, aux Alguazils.

Holà ! camarades ! bas les armes, s'il vous plaît !

(Ils descendent tous en scène.)

L'ALCADE.

Que veut dire ceci ?...

TORRIBIO.

Que nous sommes assez souvent vos prisonniers, pour qu'une fois par hasard, les rôles changent. Abaissez les épées, et qu'on laisse libre ce gentilhomme.

L'ALCADE.

Allez-vous donc nous assassiner, misérables ?...

VICENTE.

C'est selon ! cela dépendra beaucoup de monsieur.

(Il montre don Fernand.)

DON FERNAND.

Comment ! de moi ?... Qui êtes-vous donc ?...

TORRIBIO.

Nous sommes des gentilshommes de la montagne. Il n'est point possible que vous n'ayez entendu parler de nous?...

DON FERNAND.

Ah! ah!

VICENTE.

Justement... Eh bien, voilà... Nous avons une petite proposition à vous faire, seigneur cavalier, à vous qui êtes un gentilhomme de la ville.

DON FERNAND.

Parlez.

TORRIBIO.

Oh! ce que nous avons à vous dire est bien simple... Vous avez à choisir entre ces messieurs et nous : avec ces messieurs, l'échafaud; avec nous, la royauté.

DON FERNAND.

Je ne vous comprends pas.

TORRIBIO.

C'est clair, cependant; nous avons tout vu et tout entendu : vous vous êtes conduit en brave et loyal cavalier, et, pour cela, on vous garrotte, on vous conduit en prison, on vous juge, on vous condamne et on vous coupe le cou; et encore, ne vous fait-on cette grâce que parce que vous êtes noble! Nous, au contraire, nous vous disons : Don Fernand, vous êtes un bras vigoureux, un cœur loyal, une âme inflexible! don Fernand, notre capitaine a été tué hier, nous l'avons enterré aujourd'hui; voilà sa fosse!... (Il montre la fosse, qui est au fond, vers le milieu du théâtre.) Nous nous disputions, Vicente et moi, la place qu'il a laissée vacante. Cette place, depuis un quart d'heure, nous nous en reconnaissons indignes!... Don Fernand, dites un mot, et cette place est à vous.

DON FERNAND, à l'Alcade.

Ai-je encore le droit, sur ma parole, de me rendre seul en prison et d'y attendre le jugement, tel qu'il plaira à la loi de le porter?...

L'ALCADE.

Oui, si par force on nous retient ici; non, si nous sommes libres.

DON FERNAND.

Ainsi, vous voulez toujours, au lieu de me laisser, comme

je vous l'ai offert, marcher devant ou derrière vous, me faire traverser la ville lié et garrotté?...

L'ALCADE.

Toujours !

DON FERNAND.

Et ni supplications ni prières ne changeront rien à votre résolution ?...

L'ALCADE.

Non, car nous représentons la loi, et nous sommes inflexibles comme elle.

DON FERNAND, aux Bandits.

Amis, vous m'avez offert une royauté?...

TORRIBIO.

Et nous vous l'offrons encore...

DON FERNAND.

La royauté, songez-y, c'est votre soumission ; c'est, en mes mains, le droit de vie et de mort sur le premier comme sur le dernier de vous !

VICENTE.

Nous te l'accordons.

DON FERNAND.

Et vous tous aussi?...

TOUS.

Oui, oui, oui ! nous tous !

DON FERNAND.

Amis, voici ma main. Don Fernand de Torrillas est votre capitaine !

(Les Bandits s'approchent.)

L'ALCADE.

Capitaine de meurtriers et de brigands!

(Mouvement d'indignation des Bandits.)

DON FERNAND, les arrêtant du geste.

De meurtriers et de brigands, c'est cela... Je te remercie d'avoir prononcé ces deux mots... (Aux Bandits.) Oui, je suis votre capitaine ! Rangez-vous donc autour de moi... et, sur ces mains teintes de sang, jurez-moi obéissance et fidélité jusqu'à la mort.

LES BANDITS.

Jusqu'à la mort !

DON FERNAND.

Bien ! et, par ces mains teintes de sang, je vous jure ici,

moi, à mon tour, d'être jusqu'à la mort votre fidèle et ferme capitaine !... Êtes-vous contents ?...

TOUS, avec joie.

Oui ! oui !

TORRIBIO, à don Fernand, montrant les Alguazils.

Et maintenant, capitaine, qu'ordonnes-tu de ces hommes?

DON FERNAND.

Qu'ils retournent à la ville et qu'ils racontent ce qu'ils ont vu.

VICENTE.

Allez ! vous êtes libres : le capitaine vous fait grâce.

L'ALCADE, à don Fernand.

Nous nous nous reverrons, don Fernand de Torrillas, nous nous reverrons !

DON FERNAND.

Ne le souhaite pas !

(Les Alguazils sortent.)

SCÈNE VII

Tous les Bandits, DON FERNAND.

TOUS, s'inclinant et criant.

Vive don Fernand de Torrillas ! vive notre capitaine !

DON FERNAND, la tête penchée sur sa poitrine et rêveur.

Pourvu que ma pauvre mère n'en meure pas !

(Mêmes cris des Bandits.)

ACTE PREMIER

DEUXIÈME TABLEAU

L'auberge du *Roi more*. — Salle basse avec une porte au fond, donnant sur la route. — A gauche de cette porte, une fenêtre à hauteur d'appui, donnant aussi sur la grand'route. — Dans la partie latérale de droite, une sortie de plain-pied avec le jardin. = A gauche, portes au premier et au second plan; du même côté, table, siéges. = Tout le pittoresque possible dans l'arrangement intérieur de la *posada*. — Au lever du rideau, Ginesta est à droite, assise près de la porte, et filant au fuseau. — Près d'elle, quatre Servantes, également assises, travaillent à différents ouvrages. — A gauche, à la table, sont assis Calabasas et un Bandit; ils boivent.

SCÈNE PREMIÈRE

Un Bandit, Calabasas, Paquitta, les Servantes, Ginesta, jeune fille de quinze à seize ans : costume de bohémienne aux couleurs éclatantes.

PAQUITTA, travaillant à une tapisserie, et chantant.

Grenade, ô mon adorée,
A la ceinture dorée,
Sois ma femme et pour toujours;
Prends en dot, dans mes Castilles,
Trois couvents avec leurs filles,
Trois forts avec leurs bastilles,
Trois villes avec leurs tours.

SCÈNE II

Les Mêmes, VICENTE, entrant par le fond.

VICENTE.
Bonjour, Paquitta! Bonjour, Ginesta!

GINESTA.
Bonjour, Vicente.

VICENTE, bas.

Calabasas !

CALABASAS, se levant et s'éloignant de la table.

Que veux-tu ?

VICENTE, descendant à la droite.

Le capitaine est-il ici ?...

CALABASAS.

Non...

VICENTE.

S'il rentrait, préviens-le que le premier voyageur qui va passer ne doit pas être arrêté, attendu qu'il ne fait que précéder un vieux seigneur et sa fille, qui paraissent forts riches.

CALABASAS.

Oui, et qu'en l'arrêtant, on effaroucherait les autres?

VICENTE, riant.

Tu es plein d'intelligence, Calabasas. (Il prend un verre et boit. — Continuant.) Mais je cours prévenir les compagnons, qui sont embusqués *al malo sitio*. (Il va pour sortir par la porte du fond.) Peste ! le voyageur me verrait, car il n'est plus qu'à cent pas d'ici... Ah ! de ce côté !... (Il fait signe au Bandit de le précéder. — Aux femmes, en passant.) Au revoir, les belles filles !...

(Ils disparaissent par la sortie de droite.)

SCÈNE III

CALABASAS, GINESTA, PAQUITTA, LES SERVANTES, DON RAMIRO, suivi d'UN DOMESTIQUE.

DON RAMIRO, au dehors.

Holà ! de l'hôtellerie !... (Il paraît. — A son Domestique.) Une mesure d'orge à mon cheval. (Entrant.) Un verre de xérès à moi !

CALABASAS.

Entrez, mon gentilhomme.

(Les femmes se lèvent, moins Ginesta. — On s'empresse de le servir.)

DON RAMIRO, marchant à grands pas.

Un dîner, le meilleur possible, à ceux qui me suivent.

CALABASAS.

Quoique située dans la montagne, la posada du *Roi more* n'est pas dénuée, Dieu merci ! — Nous avons dans le garde-manger toute espèce de gibier et de viande. Nous avons une olla-podrida sur le feu... un gaspacho qui trempe depuis hier, et, si vous voulez attendre un de nos amis, grand chasseur, qui est à la poursuite d'un ours descendu de la montagne pour manger mon orge, nous aurons bientôt de la venaison fraîche à vous offrir.

DON RAMIRO.

Merci, nous n'avons pas le temps d'attendre le retour de ton chasseur. (A Paquitta.) La belle fille, cueille-moi dans le jardin un bouquet de tes plus belles fleurs.

CALABASAS.

Faites ce que l'on vous ordonne. (Paquitta sort par la droite. — Continuant, à don Ramiro, qui s'est assis.) Quant à moi, monseigneur, je ferai de mon mieux.

DON RAMIRO, se versant et buvant.

Bien que je sois convaincu que celle que je précède est une véritable déesse qui ne vit qu'en respirant le parfum des fleurs et en buvant la rosée du matin, prépare toujours ce que tu as de meilleur.

CALABASAS.

Combien de couverts ?

DON RAMIRO.

Deux.

CALABASAS.

Un pour le père, l'autre pour la fille... Les domestiques mangeront à la cuisine, après avoir servi les maîtres... Ne leur épargnez pas le val-de-peñas.

DON RAMIRO, se levant.

Maintenant, un charbon allumé.

CALABASAS, à la porte de gauche.

Gil, dans le brasero, un charbon.

PAQUITTA, rentrant avec une corbeille pleine de fleurs.

Voici les fleurs demandées, mon gentilhomme.

(Gil apporte un grand vase dans lequel sont des charbons allumés.)

CALABASAS.

Et voici le brasero.

DON RAMIRO, tout en jetant une pincée de parfum dans le brasero, aux Servantes.

Choisissez les plus belles de ces fleurs pour en faire un bouquet, et laissez-moi les autres.

(Pendant que Calabasas promène le brasero dans la salle pour la parfumer, don Ramiro fait une jonchée avec les fleurs restées dans la corbeille.)

PAQUITTA, lui présentant le bouquet.

Est-ce là ce que vous désirez, señor?

DON RAMIRO, remettant la corbeille.

A merveille! Lie-le maintenant... (L'arrêtant et prenant le bouquet.) Non, attends! (Il tire de sa poche un ruban, et noue le bouquet. — Aux Servantes.) Tenez!... voici deux philippes d'or pour le dérangement que je vous ai causé.

(Les Servantes se retirent par la gauche.)

CALABASAS, s'inclinant devant lui.

Je désire être souvent dérangé ainsi, mon gentilhomme.

DON RAMIRO.

Maintenant, si don Velasquez de Haro te demande qui a commandé le dîner, tu lui diras que c'est un cavalier dont tu ignores le nom; si doña Flor te demande qui a fait pour elle cette jonchée, qui a préparé ce bouquet... (il lui remet le bouquet) et qui a brûlé ces parfums, tu lui diras que c'est son courrier d'amour, don Ramiro d'Avila... (A Ginesta.) Adieu, la jolie fille!

(Il s'élance au dehors par le fond.)

SCÈNE IV

CALABASAS, GINESTA, Servantes et Serviteurs.

CALABASAS, à la porte de gauche.

Allons, vite, préparez la table!... Amapola, deux couverts! Perez, descendez à la cave! Gil, des verres et des serviettes blanches!... Hâtez-vous! (Regardant au fond.) Voici le seigneur don Velasquez et sa fille... Et vite! vite! voici les voyageurs.

(Sur ce qui suit, on prépare la table.)

GINESTA, chantant.

Si le ciel est pur,
Prends garde!
Si le sentier sûr,
Regarde!
Et que la Vierge aux yeux d'azur
Te garde!
Adieu! voyageur, adieu!
Allez en paix avec Dieu!

PAQUITTA, sur la fin du chant.
Voici la table prête.

SCÈNE V

Les Mêmes, DON VELASQUEZ, DONA FLOR, NUNEZ,
QUATRE Domestiques.

CALABASAS.
Soyez le bienvenu, señor! Soyez la bienvenue, señora!
(Il lui présente le bouquet.)

DON VELASQUEZ.
Les mêmes parfums et les mêmes fleurs que dans les autres stations! C'est véritablement un courrier d'amour comme tu en mérites un, ma fille.

DONA FLOR, s'asseyant près de la table.
Croyez, mon père, que je n'ai en rien autorisé don Ramiro à nous précéder ainsi.

DON VELASQUEZ.
Loin de me fâcher de cette courtoisie, mon enfant, j'aime à voir que toute galanterie n'est pas morte dans notre pauvre Espagne; et, en vérité, je trouve qu'elle n'a pas trop changé pendant les vingt ans que j'ai passés au Mexique.

GINESTA, à part.
Elle est belle!... elle est aimée!... elle est heureuse!...

(Calabasas, qui était à gauche, causant avec ses Serviteurs, s'approche de Ginesta et lui fait signe de se retirer. — Elle sort par la droite, les Serviteurs sortent par la gauche.)

SCÈNE VI

DONA FLOR, DON VELASQUEZ, CALABASAS.

CALABASAS.
Son Exellence daignera-t-elle prendre son repas dans ma pauvre hôtellerie?

DON VELASQUEZ.
As-tu faim, mon enfant?

DONA FLOR.
Merci, mon père. Je voudrais bien continuer notre route,

afin de ne pas nous trouver engagés dans ces montagnes pendant la nuit.

DON VELASQUEZ, à Calabasas.

Vous entendez, mon ami; mais, comme vous avez fait des préparatifs, et que ces préparatifs ne doivent pas être perdus, voici en dédommagement de votre peine...

(Il lui donne quelques pièces de monnaie.)

CALABASAS.

Bien! merci, señor, merci!

(Il sort par la gauche.)

SCÈNE VII

DONA FLOR, DON VELASQUEZ.

DON VELASQUEZ.

Tu as raison, mon enfant, nous allons profiter des deux heures de jour qui nous restent pour achever la traversée de la sierra.

DONA FLOR, riant et se levant.

Et puis avouez, mon père, que vous avez grande hâte d'arriver à Grenade?

DON VELASQUEZ.

Sans doute; le roi m'y attend.

DONA FLOR.

Le jeune roi don Carlos, que vous avez si fidèlement servi pendant sa minorité, s'est sans doute souvenu de vos services, et veut vous témoigner sa reconnaissance... Cela ne me surprend point; mais, ce qui m'étonne, c'est l'empressement que vous semblez mettre à courir au-devant des faveurs, pour lesquelles vous n'êtes plus fait, me disiez-vous vous-même, il n'y a pas longtemps, dans notre délicieuse retraite, à Malaga.

DON VELASQUEZ.

Mais, chère amie, tu te fais grande et sérieuse; l'enfant que tu étais il n'y a pas six mois a fait place à une adorable jeune fille dont il faut que je songe à assurer le bonheur... et ce n'est pas en restant enfoui dans une solitude, oublié du roi, loin de mes amis et de la cour, que je te ménagerai l'une de ces grandes alliances que j'ai rêvées pour toi.

DONA FLOR, souriant.

Don Velasquez de Haro, le hardi navigateur qui fut associé à la gloire de Christophe Colomb, et à qui l'Espagne doit la découverte de cette merveilleuse contrée où je suis née; don Velasquez, le ministre d'État pendant la régence; don Velasquez, l'ami du grand cardinal Ximénès, que toute l'Espagne pleure encore aujourd'hui, n'a pas besoin d'aller au-devant d'une alliance, telle grande qu'il puisse la rêver... Il sait bien que les plus illustres viendront d'elles-mêmes s'offrir à lui et à sa fille unique.

DON VELASQUEZ, à part, en se détournant.

Ma fille unique!...

DONA FLOR.

Qu'avez-vous, mon père?... Je viens de surprendre encore en vous un de ces tressaillements involontaires qui deviennent plus fréquents à mesure que nous avançons vers Grenade... A votre impatience d'arriver se joint je ne sais quelle anxiété secrète... Oh! pardon, père bien-aimé, pardon! Vous m'avez tellement habituée à vivre en vous, à ne penser, à ne sentir que par vous, qu'il me semble avoir le droit de vous demander la moitié de vos tristesses, puisque vous m'avez donné la moitié de vos joies.

DON VELASQUEZ.

Chère et aimable enfant! ma félicité, ma vie! tu as raison, tu ne dois rien ignorer de mes plus secrètes émotions, et, d'ailleurs, n'es-tu pas la seule amie comme la seule confidente que Dieu m'ait laissée?... Il semble qu'en mourant ta sainte mère t'ait légué son âme, et que tu aies hérité d'elle cette tendresse à la fois intelligente et sérieuse qui, devançant ton âge, a fait de la jeune fille presque une femme... Oui, je vais tout te dire, car toi seule, tu sauras me comprendre...

DONA FLOR.

Je vous écoute, mon père.

DON VELASQUEZ, s'asseyant au bout de la table à la droite de doña Flor.

Il y a vingt-cinq ans, le 3 août 1492, Christophe Colomb s'embarquait à Palos pour les mondes inconnus qu'il allait découvrir. J'avais été de ses amis, je voulus être de ses compagnons; mais ce n'était ni l'ambition des conquêtes, ni l'ardeur des découvertes qui m'entraînaient à sa suite. Je fuyais l'Espagne, je fuyais Grenade, je fuyais un souvenir, un désespoir... je fuyais une femme.

DONA FLOR.

Une femme !

DON VELASQUEZ.

J'accompagnai Colomb à travers tous les dangers de cette première navigation, cherchant bien plutôt la mort qu'une vaine gloire. Avec lui, je combattis les caciques, et, pénétrant bientôt plus avant que lui dans l'intérieur des terres, je me jetai dans les solitudes immenses, errant, inquiet, désespéré, et portant toujours en moi cette mystérieuse souffrance, ce souvenir déchirant que ni fatigues ni aventures n'avaient pu déraciner de mon cœur.

DONA FLOR.

Mon père !

DON VELASQUEZ.

Enfin, reçu à la cour d'un cacique dont la fille m'aima, je finis par me plaire au parfum de cette fleur à demi sauvage. A mon tour, je l'aimai, et je devins l'époux de cette vierge convertie. Tu fus le fruit de cette union, chère enfant, dont le regard, à la fois doux et fier, recèle cette double flamme du soleil d'Andalousie uni au soleil indien... (Se levant.) Et, quand ta mère eut expiré en te mettant au jour, c'est-à-dire lorsque le lien qui m'attachait au nouveau monde se fut douloureusement brisé, je quittai cette terre, qui n'était plus pour moi la patrie, et je t'emportai vers l'Espagne.

DONA FLOR.

Et nos deux existences confondues n'en firent plus qu'une seule... Et je grandis en te prenant la moitié de ton cœur !

DON VELASQUEZ.

Oui... Et un jour... il y a un mois... tu vois, cela est tout récent... un jour donc que, dans ce vieux domaine aux environs de Malaga, où je t'oblige, pauvre enfant, à vivre de ma triste vie, je remuais d'anciens papiers, furetant dans des coffres depuis longtemps fermés, une cassette s'offrit à mes regards, et me rappela tout à coup qu'un homme de confiance que j'avais laissé en Espagne vingt-cinq ans auparavant, était mort avant d'avoir pu me rejoindre aux Indes occidentales, et m'avait fait indirectement savoir, avant de mourir, qu'il avait eu soin d'enfermer dans cette cassette des papiers intéressants pour moi. Ce détail oublié m'étant revenu brusquement à la mémoire, je fis sauter la serrure du coffret, et je parcourus rapidement les papiers qu'il contenait. Tout à coup je pâlis, un nuage passa sur mes yeux ; mais, reprenant courage, je saisis une lettre dont l'écriture ne m'était pas inconnue... j'en brisai le cachet noir, et je lus ces mots : « Celle que vous avez aimée va mourir ; mais, quand vous prierez, si vous priez pour elle, pensez qu'elle a donné le jour à un fils qui aurait pu porter votre nom. »

DONA FLOR.

Un fils ! un frère !

DON VELASQUEZ, serrant sa fille dans ses bras.

Ah ! sois bénie pour ce mot qui vient de tomber de tes lèvres et de s'échapper de ton cœur !... Oui, un fils, oui, un frère... Mais où est-il ? qu'est-il devenu ? est-il vivant ?... Nulle trace, nul indice, si ce n'est que, le premier drame de ma vie s'étant passé à Grenade, c'était d'abord à Grenade qu'il fallait courir. Je n'eus plus alors qu'une pensée, et, lorsque arriva l'ordre du roi de partir, et de partir pour Grenade, il me sembla qu'il y avait dans le hasard de cette rencontre comme une promesse de la Providence. Dès le lendemain, nous étions en route, et... tu l'as deviné sans peine, oui, je voudrais avoir des ailes, oui, je voudrais arrêter le soleil comme Josué, et pouvoir faire la route de deux jours en un seul. Grenade ! Grenade ! Il me semble que je n'y arriverai jamais !

DONA FLOR.

Mon père !... Ah ! je voudrais, moi, avoir deux cœurs et deux âmes désormais, afin de l'aimer, lui, autant que je vous aime.

DON VELASQUEZ.

Tu l'aimeras, nous l'aimerons ensemble, de loin, en secret, tout bas, avec Dieu seul pour confident... Mais ne prenons pas un rêve pour des réalités ; cherchons d'abord, et fasse le ciel que mes espérances ne soient pas de vaines chimères ! (Se retournant vers la droite.) Mais qui vient là ?

(Entrée de Ginesta.)

DONA FLOR.

Oh ! voyez donc la belle enfant, mon père !

SCÈNE VIII

DON VELASQUEZ, DONA FLOR, GINESTA et CALABASAS,
qui paraît à gauche.

DON VELASQUEZ.

Oui, en vérité, fort belle !... C'est incroyable comme elle ressemble...

DONA FLOR.

A qui, mon père ?

DON VELASQUEZ.

A une bohémienne fort belle aussi, et que l'on disait mariée de la main gauche au roi Philippe le Beau.

DONA FLOR.

Me permettez-vous de lui parler, mon père ?

DON VELASQUEZ.

A ta volonté, mon enfant ; je vais, pendant ce temps, faire quelques questions à notre hôte sur la route qui nous reste à parcourir.

(Il fait signe à Calabasas de le suivre du côté de la porte.)

DONA FLOR, jouant avec le bouquet de don Ramiro et s'approchant de Ginesta.

Comment te nommes-tu, ma belle enfant ?

GINESTA.

Les chrétiens me nomment Ginesta, et les Mores Aïssé.

DONA FLOR.

Moi qui suis bonne catholique, je t'appellerai Ginesta.

GINESTA.

Appelez-moi comme vous voudrez. En sortant de votre belle bouche et prononcé par votre douce voix, mon nom me semblera toujours beau.

DON VELASQUEZ, qui a entendu, revenant au milieu.

Eh bien, Flor, qui t'eût prédit que tu trouverais la nymphe Flatterie dans ce désert, eût été par toi traité de menteur ; il t'eût dit la vérité, cependant.

GINESTA.

Je ne flatte pas, j'admire.

DONA FLOR, embarrassée.

Que demandiez-vous au maître de cette posada, mon père ?

DON VELASQUEZ.

Je lui demandais si la route était sans danger d'ici au sortir de la sierra.

DONA FLOR.

Et il vous répondait?...

DON VELASQUEZ.

Que nous pouvions aller hardiment devant nous. (A l'Hôtelier.) N'est-il pas vrai?

(Il remonte causer avec lui.)

DONA FLOR, allant à Ginesta.

Et si je te faisais la même question, que me répondrais-tu, la belle enfant?

GINESTA.

A vous, señora, je dirai toute la vérité ; car vous êtes la première dame de la ville qui me parle doucement et sans mépris.

DONA FLOR.

Parle donc.

GINESTA.

N'allez pas plus loin, señora.

DONA FLOR.

Comment! que nous n'allions pas plus loin?...

GINESTA.

Retournez en arrière!

DON VELASQUEZ.

Jeune fille, te moques-tu de nous?

GINESTA.

Dieu m'est témoin que je vous donne le conseil que je donnerais à mon père et à ma sœur.

DONA FLOR, saisissant le bras de don Velasquez.

Mon père! vous entendez?...

DON VELASQUEZ.

Veux-tu retourner à Alhama avec deux de nos serviteurs, mon enfant?

DONA FLOR.

Et vous, mon père?

DON VELASQUEZ.

Moi, je continuerai ma route.

DONA FLOR, lui serrant la main.

Et moi, j'irai où vous irez, et, où vous passerez, je passerai, mon père.

DON VELASQUEZ.

Chère enfant!

NUNEZ, paraissant au fond, suivi des autres Domestiques.

Señor comte...

DON VELASQUEZ.

Remonte à cheval et marche devant. (Revenant au milieu et tendant sa bourse à Ginesta.) Tiens, mon enfant.

GINESTA.

Il n'y a pas de bourse assez riche pour payer le conseil que je vous donnais, señor voyageur. Gardez donc votre argent, il sera le bienvenu où vous allez.

DONA FLOR, tirant une chaîne de son cou.

Et cette chaîne, l'accepterais-tu?

GINESTA.

Venant de qui?

DONA FLOR.

D'une amie!

GINESTA.

Oh! oui.

(Elle présente son cou au collier et son front au baiser de doña Flor.)

DON VELASQUEZ.

Allons, mon enfant!

DONA FLOR.

Me voici, mon père.

DON VELASQUEZ.

A cheval, vous autres, et attention!

(Toute la Suite s'éloigne par le fond à gauche, sur une musique qui se continue jusqu'aux premiers coups de fusil.)

SCÈNE IX

Les Mêmes, hors DON VELASQUEZ et DONA FLOR.

CALABASAS, regardant à la porte.

Ils s'éloignent sans défiance, et cependant le vieillard se dresse sur ses étriers et regarde autour de lui... Dans cinq minutes, ils seront à la tombe de la bohémienne... C'est là...

GINESTA, à part.

Misérable!

(Elle monte sur l'appui de la fenêtre.)

CALABASAS.

Celui qui marche le premier s'arrête... Il n'a rien vu... Il se remet en chemin... A peine doit-il être maintenant à vingt pas de l'endroit où ils sont embusqués... Il fait avec son chapeau signe à son maître de retourner en arrière. (On entend des coups de feu.) Enfants ! aux escopettes ! ces gens-là vont se défendre, et nos amis peuvent avoir besoin de secours.

(Les Domestiques retirent leurs tabliers, prennent des carabines et courent sur les traces de Nuñez, qui passe au fond en criant : « Au secours ! à l'assassin ! »)

GINESTA, avec crainte.

Le vieillard renversé de son cheval... la jeune fille aux mains de Comacho !... Il n'y a que lui qui puisse les sauver ! (Elle descend précipitamment en criant.) Fernand ! Fernand ! (S'élançant par la porte de droite.) Fernand !...

SCÈNE X

TORRIBIO, COMACHO, VIGENTE, BANDITS, tenant DON VELASQUEZ ; BANDITS, tenant DONA FLOR ; AUTRES BANDITS, portant des bagages qu'ils se disputent.

TORRIBIO.

Voyons, assez de résistance comme cela, mon noble seigneur : deux hommes tués, quatre blessés, l'honneur est sauf.

DON VELASQUEZ.

Misérables !

(Doña Flor, pâle, les dents serrées, reste droite, muette et immobile comme une statue. — Don Velasquez fait un effort pour se débarrasser des hommes qui le retiennent.)

UN BANDIT.

Mais vous êtes donc enragé ?

DON VELASQUEZ.

Tuez-moi, vous le pouvez, vous êtes les plus forts et vous nous avez attaqués traîtreusement... Mais, je vous en préviens, en avant d'Alhama, j'ai rencontré une troupe dont je connais le chef ; ce chef sait que je vais à Grenade par ordre du roi don Carlos, et, lorsqu'il apprendra que je ne suis pas arrivé, il se doutera que j'ai été assassiné, et alors, ce ne sera pas à un homme seul et à une enfant que vous aurez affaire, c'est à toute une compagnie, et nous verrons, brigands, et nous verrons, bandits, si vous êtes aussi braves devant les soldats du roi et deux contre deux, que vous l'êtes ici vingt contre un !...

VICENTE.

Mais qui diable te dit que nous voulons t'assassiner ? Si tu crois cela, tu te trompes fort ! Nous n'assassinons que les pauvres diables qui n'ont pas le sou pour se racheter ; mais les nobles seigneurs qui, comme toi, Excellence, peuvent payer rançon, nous avons grand soin d'eux, au contraire !

DONA FLOR.

S'il ne s'agit que de payer une rançon, c'est chose facile ; fixez-la semblable à celle d'un prince, et elle ne vous fera pas faute.

TORRIBIO.

Par saint Jacques, nous y comptons bien, ma belle señora ! c'est pourquoi nous voudrions que le noble seigneur, votre père, se calmât un peu. (Arrachant une bourse des mains de Comacho, et la mettant dans sa poche.) Les affaires sont des affaires, que diable ! on les termine en discutant, on les embrouille en se battant. (Don Velasquez fait un mouvement en apercevant un Bandit qui vole l'aumônière de sa fille. — A doña Flor.) Et tenez, voilà encore votre père qui les embrouille.

(Don Velasquez fait un violent effort pour écarter les Bandits.)

VICENTE, mettant le couteau sous la gorge de don Velasquez.

Encore une nouvelle tentative, et ce n'est plus avec nous, c'est avec Dieu qu'il faudra discuter votre rançon, mon gentilhomme.

DONA FLOR, effrayée.

Mon père !

TORRIBIO, allant à doña Flor.

Oui, écoutez la belle señora ; elle parle d'or, et sa bouche est comme celle de cette princesse arabe, qui ne s'ouvrait que pour laisser tomber une perle ou un diamant à chaque parole qu'elle disait.

(Mouvement de don Velasquez, qui repousse un Bandit.)

COMACHO.

Voyons, tenez-vous tranquille, mon brave seigneur ; donnez le plus tôt possible un sauf-conduit à notre brave ami l'hostallero, afin qu'il aille à Malaga sans avoir rien à craindre de l'autorité ; là, votre intendant lui remettra mille, deux mille, trois mille couronnes, à votre générosité : nous ne taxons pas les voyageurs, et, au retour de l'hostallero et à l'arrivée de l'argent, vous serez libre.

DONA FLOR.

Mon père, écoutez ce que disent ces hommes, et ne compromettez pas votre précieuse existence pour quelques sacs d'argent.

DON VELASQUEZ, faisant un pas en avant.

Et, tandis que votre digne complice ira trouver mon intendant avec une lettre de moi, que ferez-vous de nous dans ce coupe-gorge ?

(Murmures des Bandits.)

TORRIBIO.

Coupe-gorge ! entends-tu comme on traite ton hôtellerie, digne seigneur Calabasas ?

COMACHO.

Ce que nous ferons de toi ? Nous ne te perdrons pas de vue, d'abord.

DON VELASQUEZ.

Misérable !

TORRIBIO.

Nous t'attacherons avec une chaine solide à un anneau de fer.

DON VELASQUEZ.

Vous m'enchaînerez comme un esclave more, moi ?

(Il s'arrache des mains des Bandits, et engage avec eux une lutte dans laquelle tout est bouleversé, la table renversée. Dans le tumulte, on n'entend que les jurements des Bandits et les cris de doña Flor.)

DONA FLOR, d'une voix suppliante.

Mon père ! mon père !...

TORRIBIO, à Vicente, qui lève le couteau sur Velasquez.

Vicente ! que diable vas-tu faire ?

VICENTE.

Le tuer, donc !

TORRIBIO.

Tu te trompes, tu ne vas pas le tuer...

VICENTE.

Oh ! par saint Jacques, c'est ce que nous allons voir ! Je ne vais pas le tuer ?...

2.

TORRIBIO.

Non, tu vas faire un trou à un sac d'or, et, par ce trou, sa rançon s'en ira. (Tout est rentré dans le calme. — On avance un siège à don Velasquez; il s'assied. — Continuant, à Vicente.) Laisse-moi causer avec ce digne gentilhomme, et tu vas voir les choses marcher toutes seules. (Il s'assied à côté de don Velasquez, et se croise les jambes.) Voyons, soyez raisonnable, on ne vous attachera point à un anneau de fer, non; on vous mettra dans la cave aux vins fins, dont la porte est aussi solide que celle des cachots de Grenade, avec une bonne petite sentinelle derrière cette porte.

DON VELASQUEZ, se levant.

Bandits! Et c'est ainsi que vous comptez traiter un homme de mon rang!

DOÑA FLOR.

Mon père! je serai avec vous! mon père, je ne vous quitterai pas!

COMACHO, passant au milieu.

Ah! ma belle enfant, c'est ce que nous ne pouvons pas vous promettre.

DONA FLOR.

Mon Dieu! que voulez-vous donc faire de moi?

COMACHO.

Ceci est le secret de notre chef.

DOÑA FLOR.

Oh!

DON VELASQUEZ.

Dieu saint! vous les entendez!

TORRIBIO.

Oh! ne vous effrayez pas; notre chef est jeune; il est beau... On dit même qu'il est de bonne noblesse.

(On rit.)

DONA FLOR, tirant un poignard de sa poitrine.

Sainte madone, à mon secours! (Les Bandits s'écartent; doña Flor, debout, pâle, isolée, résolue, appuyant son poignard sur sa poitrine.) Mon père, qu'ordonnez-vous!

DON VELASQUEZ, écartant les deux Bandits qui le retiennent, et ouvrant ses bras à doña Flor.

Ici, mon enfant, viens ici!

DOÑA FLOR, donnant le poignard à son père.
Mon père, souvenez-vous de ce Romain dont vous m'avez raconté l'histoire et qui s'appelait Virginius !

TOUS LES BANDITS, se ruant sur don Velasquez et sur sa fille.
A mort ! à mort !

SCÈNE XI

LES MÊMES; DON FERNAND, apparaissant tout à coup par la droite.

DON FERNAND.

Holà ! mes maîtres, que se passe-t-il donc ici ?... (Tout le monde s'éloigne de don Velasquez et de doña Flor, qui restent isolés, groupés comme deux statues : le poignard du père posé sur la poitrine de la fille. — Don Fernand s'inclinant devant don Velasquez.) Je ne doute pas de votre courage, séñor ; mais c'est, il me semble, une grande prétention, de croire que vous pouvez vous défendre avec cette aiguille contre vingt hommes armés de poignards, d'épées et d'escopettes.

DON VELASQUEZ.

Si j'avais la prétention de vivre, ce serait, en effet, une folie ; mais, comme je n'ai que celle de tuer ma fille et de me tuer après elle, cela me paraît non-seulement chose possible, mais encore chose facile.

DON FERNAND.

Et pourquoi voulez-vous la tuer et vous tuer après elle ?

DON VELASQUEZ.

Parce que nous sommes menacés d'outrages auxquels nous préférons la mort.

DON FERNAND.

A quel prix mettez-vous votre vie et votre honneur ?

DON VELASQUEZ.

Ma vie a dix mille couronnes ; quant à son honneur, il n'a pas de prix.

DON FERNAND.

Je vous fais don de la vie, señor. (Murmures des Bandits.) Silence ! — Je vous fais don de la vie ; et, quant à l'honneur de la señora, il est aussi en sûreté ici que si elle était dans la chambre et sous la garde de sa mère !... (Murmures.) J'ai dit !

Silence! et j'ajoute : Sortez! sortez tous! depuis le premier jusqu'au dernier, sortez!

(Tous les Bandits sortent par le fond et par la droite.)

SCÈNE XII

LES MÊMES, hors LES BANDITS.

DON FERNAND, à don Velasquez.

Il faut leur pardonner, Excellence! ce sont des êtres grossiers, et non des gentilshommes comme nous.

(Don Velasquez reste mal rassuré et muet.)

DONA FLOR, assise à gauche.

Señor, mon père est, je le comprends, sans voix pour vous remercier; permettez donc que ce soit moi qui vous présente nos actions de grâces en son nom et au mien.

DON FERNAND.

Venant d'une aussi belle bouche, elles auront une valeur que ne saurait leur donner la bouche même d'une reine. (A don Velasquez.) Señor, vous êtes libre... Où allez-vous?

DON VELASQUEZ.

A Grenade, où le roi m'a mandé.

DON FERNAND, railleur.

Est-il vrai que le roi flamand don Carlos, à qui le royaume d'Espagne ne suffit pas et qui veut encore l'empire d'Allemagne, daigne, au milieu de ses graves préoccupations, abaisser les yeux jusqu'à nos vallées? Il veut, assure-t-on, qu'un enfant de douze ans puisse parcourir la route de Grenade à Malaga sans rencontrer un seul homme qui lui dise autre chose que le salut des voyageurs : « Allez en paix avec Dieu ! »

DON VELASQUEZ.

C'est sa volonté, en effet, et je sais que des ordres sont donnés en conséquence.

DON FERNAND.

Et quel terme met le roi don Carlos à cette conquête de la montagne?

DON VELASQUEZ.

On prétend qu'il a donné quinze jours seulement au grand justicier.

DON FERNAND, souriant.

Quel malheur que vous ne soyez point passée par ici dans trois semaines au lieu d'y passer aujourd'hui, señora ! vous n'eussiez rencontré sur cette route, où des bandits vous ont tant effrayée, que des honnêtes gens qui vous eussent dit: « Allez en paix avec Dieu ! » et qui, au besoin, vous eussent servi d'escorte.

DONA FLOR.

Nous avons rencontré mieux que cela, señor, puisque nous avons rencontré un gentilhomme qui nous a rendu la liberté.

DON FERNAND.

Il ne faut pas m'en remercier, señora.

DONA FLOR.

Pourquoi ?

DON FERNAND.

Parce que j'obéis à une puissance plus grande que ma volonté, parce que je suis un homme de première impression... Il y a entre mon cœur et ma tête, ma tête et ma main, ma main et mon épée, je ne sais quelle sympathie qui me porte tantôt au bien, tantôt au mal, plus souvent au mal! Cette sympathie a pris, dès que je vous ai vue, la colère dans mon cœur et l'a jetée loin de moi; si loin, que, par ma foi de gentilhomme, je l'ai cherchée et ne l'ai plus retrouvée.

DON VELASQUEZ.

Jeune homme, je vous écoute, et, si votre généreuse action ne suffisait pas à combler la distance qu'il y a de vous à ceux parmi lesquels vous vivez, la noble sincérité de votre langage l'indiquerait assez. Le Seigneur miséricordieux a marqué à chacun sa place en ce monde. Il a donné aux royaumes les rois, aux rois les gentilshommes, qui sont leur escorte naturelle. Les villes ont leurs habitants qui les occupent, bourgeois, commerçants, peuple. Les mers ont leur Vasco de Gama et leur Colomb, c'est-à-dire les hardis navigateurs qui vont, par delà les Océans, retrouver les mondes perdus ou découvrir les mondes ignorés... Les montagnes, enfin, ont les hommes de rapine, et, dans ces mêmes montagnes, Dieu a placé les animaux de proie et de carnage, comme pour indiquer qu'il les assimilait les uns aux autres en leur donnant la même demeure, et qu'il faisait de ces hommes le dernier échelon de la société.

DON FERNAND.

Señor !

DON VELASQUEZ.

Laissez-moi dire... Eh bien, allais-je ajouter; il faut, pour que l'on rencontre les hommes hors du cercle où Dieu les a parqués comme des troupeaux d'individus de la même espèce, mais de valeur différente, il faut que quelque grand cataclysme social ou quelque grande catastrophe de famille ait rejeté violemment ces individus du cercle qui leur était propre dans celui qui n'était point fait pour eux. C'est ainsi que nous, par exemple, qui tous deux peut-être étions nés pour être des gentilshommes de la société des rois, avons, chacun de notre côté, subi une destinée différente. Cette destinée a fait de moi un navigateur et a fait de vous...

(Il hésite.)

DON FERNAND.

Achevez...

DON VELASQUEZ.

Cette destinée a fait de vous un bandit !

DON FERNAND.

Vous savez que le même mot sert pour banni et pour brigand? Les hommes n'ont pas été justes, mais la langue l'a été...

DON VELASQUEZ.

Vous êtes un banni?

DON FERNAND.

Et vous, señor, qui êtes-vous?

DON VELASQUEZ.

Je me nomme don Velasquez de Haro.

DON FERNAND, *saluant.*

Excusez-moi, je suis resté couvert devant vous... et je ne suis pas grand d'Espagne.

DON VELASQUEZ.

Je ne suis pas roi.

DON FERNAND.

Non; mais vous êtes noble comme le roi.

DON VELASQUEZ.

Vous me connaissez donc?

DON FERNAND.

Le nom de Velasquez de Haro se trouve mêlé à tous mes souvenirs d'enfance.

DON VELASQUEZ.
Qui vous a parlé de moi?
DON FERNAND.
Mon père.
DON VELASQUEZ.
Votre père me connaît donc?
DON FERNAND.
Il m'a dit qu'il avait cet honneur.
DON VELASQUEZ, passant à droite.
Le nom de votre père, jeune homme?
DONA FLOR.
Oui, oui, son nom!
DON FERNAND.
Hélas! señor, ce n'est ni une joie ni un honneur pour mon père que d'entendre sortir de la bouche d'un homme comme moi le nom d'un vieil Espagnol qui n'a pas une goutte de sang more dans les veines. N'exigez donc pas que j'ajoute ce chagrin et ce déshonneur au chagrin et au déshonneur qu'il me doit déjà.
(Il remonte la scène.)
DONA FLOR, allant à son père.
Il a raison, mon père.
(Elle passe derrière son père et se trouve à sa gauche.)
DON VELASQUEZ.
Gardez donc le secret de votre nom; mais, si vous n'avez pas un motif pareil de me cacher la cause de la vie étrange que vous avez embrassée; si votre bannissement de la société, si votre retraite dans ces montagnes ont été, comme je le présume, la suite de quelque étourderie de jeunesse; si vous avez, je ne dirai pas l'ombre d'un remords, mais l'apparence d'un regret de la vie que vous menez, j'engage ici, devant Dieu, ma parole de vous servir de protecteur et même de caution.
[(Il s'assied et attire à lui sa fille.)
DON FERNAND.
Merci, señor... J'accepte votre parole, quoique je doute qu'il appartienne à un homme, excepté celui qui a reçu de Dieu le suprême pouvoir, de me rendre dans la société la place que j'y occupais. (Comme à lui-même. Hélas! dans mes longues heures d'insomnie, quand la *is* nocturne fait

bruire la cime du chêne au pied duquel je cherche le repos sans trouver le sommeil; quand, à travers ses feuilles mouvantes, je vois dans l'azur profond du ciel trembler les étoiles, je rêve parfois que, par delà cet azur, par delà ces étoiles, siége un Dieu juste, miséricordieux, je rêve parfois à la possibilité d'un pareil miracle! Je serais heureux de le voir s'accomplir par vous, et que ce fût à la suite d'un ange que, pareil au jeune Tobie, je revinsse à la maison paternelle. (Don Velasquez s'approche de lui et lui tend la main. — Don Fernand, au moment de la saisir, hésite, puis reprend.) Mais vous êtes pressé, señor, d'arriver à Grenade; je ne veux pas vous retenir plus longtemps... Entrez tous!

(Tous les Bandits reviennent.)

SCÈNE XIII

Les Mêmes, les Bandits.

DON FERNAND, à tous.

Don Velasquez de Haro est libre! Deux hommes lui serviront d'escorte jusqu'à ce qu'il soit sorti des montagnes... Là, ce qu'il donnera en récompense, fût-ce un réal, fût-ce une pecetta, fût-ce un maravédis, sera reçu avec reconnaissance. (A don Velasquez.) Celui qui vous approchera de dix pas sera un homme mort... Maintenant, me pardonnez-vous?

(Il s'incline profondément.)

DON VELASQUEZ.

Non-seulement nous vous pardonnons, mais encore nous nous tenons pour vos obligés; et, avec l'aide de Dieu, je vous donnerai, moi particulièrement, je l'espère, une preuve de reconnaissance. (Aux Bandits.) Venez; ma rançon, pour être volontaire, n'en sera pas moins royale.

DON FERNAND, à doña Flor.

Et vous, señora, partagez-vous les sentiments de don Velasquez?

DONA FLOR.

Oh! oui! et, si je pouvais, moi aussi, vous donner une preuve... (Elle regarde autour d'elle. — Don Fernand prend le bouquet de don Ramiro, qui est sur la table, et le lui présente.) Mon père a promis de payer sa rançon... (Elle prend une fleur dans le bouquet et la lui donne.) Voici la mienne !

(Don Fernand porte la fleur à ses lèvres, puis la met dans son pourpoint et s'incline; doña Flor suit son père.)

SCÈNE XIV

Les Mêmes, puis GINESTA.

DON FERNAND, remonte au fond, regarde silencieusement doña Flor et don Velasquez, qui s'éloignent; puis, tirant la fleur de sa poitrine, il la baise une seconde fois, et dit.

Allez en paix avec Dieu !

GINESTA, entrant vivement par la droite.

Don Fernand ! don Fernand ! (L'apercevant et allant à lui.) Don Fernand !

DON FERNAND.

Que me veux-tu, Ginesta, et pourquoi es-tu si pâle ?

GINESTA.

Je veux dire, don Fernand, que les soldats du roi ne doivent pas être maintenant à un quart de lieue d'ici, et qu'avant dix minutes, tu seras attaqué.

DON FERNAND.

Les soldats du roi ?... Es-tu sûre de ce que tu m'annonces, Ginesta ?...

GINESTA.

Si j'en suis sûre !... (Prenant la main de Fernand, qu'elle pose sur son cœur.) Tiens ! tremblerais-je donc, si tu ne courais pas un danger ?... Et puis je viens de voir errer dans les taillis la figure de José l'Aragonais !...

TOUS.

José l'Aragonais !...

(On entend des coups de feu.)

GINESTA.

Écoute ! entends-tu ?

UN BANDIT, accourant au fond.

Capitaine !... les soldats du roi !

DON FERNAND.

Pour tout ce qui ne sera pas tué ou blessé mortellement,

le point de ralliement est au chêne de Mercédès!... Camarades! aux armes! et sus aux soldats du roi!

(Comacho lui remet une carabine.)

TOUS, se dirigeant vers la droite.

Aux armes!...

TROISIÈME TABLEAU

Une clairière. — A gauche du spectateur un vieux chêne, contre le tronc duquel est adossée une petite statue de sainte Mercédès; en face, à droite, au second plan, un grand rocher; partout des arbres; sur le devant, du même côté, un accident de rocher.)

SCÈNE PREMIÈRE

TORRIBIO, seul, s'avançant avec précaution par le fond, armé d'une longue canardière.

Oui, voilà bien le chêne de Mercédès... Je suis le premier arrivé au rendez-vous; à moins cependant que quelque compagnon plus pressé et plus prudent ne m'ait devancé et ne se cache... (Il imite le cri de la chouette; personne ne répond.) Non, je ne me trompais pas, je suis bien seul... Est-ce que, par hasard, tout aurait été pris ou tué?... Ce serait dommage : de si braves gens!... Une branche sèche a craqué sous le pas d'un homme ou d'une bête sauvage. (Il se cache derrière un arbre et prête l'oreille.) Non, c'est bien le pas d'un homme... Or, la première maxime de notre état étant : « Homme, défie-toi de l'homme, » mettons-nous en garde contre notre frère!

SCÈNE II

TORRIBIO, VICENTE, entrant par la droite.

TORRIBIO.

Qui va là?

VICENTE, le repoussant.

Un homme qui ne craint ni Dieu ni diable!... Après?...

(Il passe à gauche.)

TORRIBIO.

Ah! par ma foi, c'est Vicente!... Sois le bienvenu, cher ami... Je ne sais à quoi tient que je ne te baise comme du pain, tant je suis content de te retrouver après une si chaude affaire!... Charmante escarmouche, hein!... qu'en dis-tu?... Sais-tu l'honneur qu'on nous fait?...

VICENTE.

Je sais que nous sommes battus, et que, pour le moment, on nous chasse comme des loups, on nous traque comme des ours... Est-ce là ce que tu appelles un honneur?...

TORRIBIO.

Donner une pareille peine aux soldats de Sa Majesté le roi don Carlos, c'est déjà une preuve du cas que l'on fait de nous!... Mais, mon cher ami, nous sommes estimés, évalués, cotés comme des veaux que l'on mène en foire... Mort, chacun de nous vaut cinq cents couronnes; vivant, mille!

VICENTE.

Mille couronnes! (Riant.) Si mon père n'était pas mort, voilà qui l'étonnerait bien, lui qui me disait à tout propos que je ne vaudrais jamais un maravédis.

TORRIBIO, prêtant l'oreille.

Chut!... Qui va là?...

VICENTE, remontant vers le fond à droite.

Ce sont des nôtres.

TORRIBIO.

N'importe! deux précautions valent mieux qu'une! Qui vive?...

BANDITS, répondant de différents côtés.

Amis!...

TORRIBIO, les comptant.

Deux... quatre... dix! Ah! ils ne sont pas tous morts... (Apercevant Comacho, suivi de deux Marmitons qui portent une grande manne dans laquelle sont des vivres.) Ah! Comacho!

COMACHO, arrivant tout essoufflé.

Lui-même en personne.

TORRIBIO.

Et que diable traînes-tu là derrière toi, mon fils?

COMACHO.

Mes enfants, quand j'ai vu la moitié de nos gens couchés sur le carreau et ces damnés soldats escaladant les fenêtres, brisant les portes, et près d'envahir la cuisine, j'ai couru à l'office, de l'office à la cave; j'ai entassé vivres et boissons dans un panier; j'ai pris chacun par une oreille, ces deux marmitons-là, qui tremblaient comme deux caniches au sortir de l'eau; chacun d'eux a empoigné le souper par une anse... (Se croisant les bras.) Et me voilà... moi!...

(On l'applaudit.)

TORRIBIO.

Il est très-gentil, ce petit-là... il ne perd jamais la tête : il trouverait un fromage à la crème dans le sable de la Vieille-Castille. —

COMACHO.

Et le capitaine?...

VICENTE.

Je l'ai vu au moment où nous avons évacué la maison de notre ami Calabasas, et sa dernière recommandation a été : « Ne vous inquiétez pas de moi, je vous rejoindrai!... » D'ailleurs, il était avec cette petite sorcière de Ginesta, qui est née dans la montagne et qui en connaît les tours et les détours mieux que je ne connais les coutures de ma poche...

TORRIBIO.

Alors, à table!...

COMACHO, criant.

Messieurs Gil et Perez, arrivez ici!... Ayez l'obligeance de casser chacun une branche de sapin, de l'allumer, et de nous éclairer pendant que nous souperons. Je déteste manger sans y voir.

(La table est mise dans une espèce d'enceinte d'arbres au second plan, à gauche, laissant libre, au premier, le chêne de Mercédès.)

SCÈNE III

Les Mêmes, DON FERNAND, GINESTA.

Le rocher placé dans la seconde portion obscure du théâtre tourne sur lui-même et découvre un escalier. Ginesta paraît la première, suivie de Fernand, qui vient s'asseoir sur le petit accident de terrain; il paraît accablé.

TORRIBIO, aux Bandits, qui mangent.

Dites donc, mes enfants, je propose, avant tout, la santé du capitaine !

TOUS.

Oui ! oui ! A la santé du capitaine !

DON FERNAND.

Merci de l'intention, mes enfants !

TOUS, se levant.

Le capitaine !

DON FERNAND, se levant et les reconduisant jusqu'à leurs ces.

Ne vous dérangez pas, vous avez bien gagné de soupe tranquillement.

COMACHO.

Mais vous, capitaine, n'avez-vous pas faim ?...

DON FERNAND.

J'avais faim... mais ma bonne petite fée Ginesta y a pourvu ! (A part, en redescendant la scène.) Fatale rencontre, où le courage n'a pu triompher du nombre !... (A Ginesta assise.) Le ciel me punira de t'avoir fait partager mes dangers, d'avoir souffert que tu me suivisses au milieu des balles.

GINESTA, souriant.

Ne sais-tu pas bien qu'à tes côtés je suis invulnérable ?... Et si je t'avais quitté, alors que tous tes compagnons avaient fui et que, le dernier, tu reculais pas à pas, quel autre que moi eût pu te guider vers cette grotte, où tu as trouvé un asile ?

DON FERNAND.

Oui, je te dois mon salut. Merci, merci, Ginesta !... Quelle est cette grotte ?... et comment, par qui a-t-elle été creusée dans le rocher ?

GINESTA.

Par la main de Dieu probablement... Les hommes y ont

ajouté l'escalier auquel ce rocher, en tournant sur lui-même, donne accès.

DON FERNAND.

Et, avant toi, qui habitait cette grotte?...

GINESTA.

Ma mère.

DON FERNAND.

Ta mère était bohémienne?

GINESTA.

Oui.

DON FERNAND.

Elle est morte?

GINESTA.

Elle est morte!

DON FERNAND, s'asseyant près d'elle.

Pauvre enfant, qui n'a plus de mère!

GINESTA.

Quelques jours avant de mourir, elle s'enfonça avec moi dans la montagne, par le même chemin où je t'ai conduit, et qui n'est connu que de moi seule, et de toi maintenant. « Mon enfant, me dit-elle quand nous fûmes arrivées dans la grotte, il se peut qu'un jour tu aies un refuge à demander à la montagne : celui-ci est inaccessible, ne le révèle à qui que ce soit au monde... Qui sait les persécutions auxquelles tu peux être exposée!... Cette grotte, c'est la vie!... plus que la vie, peut-être... c'est la liberté!...

DON FERNAND.

Et ce secret que ta mère t'avait, en mourant, recommandé de garder pour toi seule, tu me l'as révélé, cependant!

GINESTA.

Toi, n'es-tu pas mon frère... ou du moins, ne m'appelles-tu pas ta sœur?...

DON FERNAND.

Chère enfant!... (Il l'embrasse; elle fait un mouvement.) Mais qu'as-tu donc?...

GINESTA, se levant.

Rien!... (A part.) Seulement, c'est la première fois que ses lèvres...

DON FERNAND, à part.

Que dit-elle?

GINESTA.

J'ai cru que j'allais mourir!

DON FERNAND.

Mais qu'as-tu donc?...

GINESTA, se rasseyant.

Rien, rien...

DON FERNAND.

A la bonne heure!... Voyons, voyons, réponds-moi! Cette demeure souterraine est étrangement ornée; quels sont ces deux portraits que j'y ai vus?

GINESTA.

Les mêmes que ceux que je porte à mon cou, et qui sont enfermés dans ce médaillon.

DON FERNAND.

Sais-tu quelles sont les pierres qui entourent ce médaillon?...

GINESTA.

Je crois qu'on appelle ces pierres des diamants.

DON FERNAND, examinant le médaillon.

Oui, des diamants. Ces portraits sont bien les mêmes que ceux que j'ai vus là! (Il indique la grotte.) Sous celui de la femme, il y avait écrit : « La reine Topaze la Belle... » et sous le portrait de l'homme : « Don Philippe le Beau. »

GINESTA.

Eh bien, les bohémiens n'ont-ils pas des reines?...

DON FERNAND.

Mais d'où vient que ce portrait de reine te ressemble?...

GINESTA.

Parce que c'est celui de ma mère...

DON FERNAND.

Et le second portrait?...

GINESTA.

Ignores-tu qu'il y a eu en Espagne un roi qui fut le père de notre jeune souverain don Carlos et qui s'appelait Philippe le Beau?

DON FERNAND.

Mais comment le portrait du roi Philippe le Beau se trouve-t-il accolé à celui de ta mère?...

GINESTA.

Un portrait de reine ne peut-il pas se trouver en face d'un portrait de roi?...

(Elle se lève.)

DON FERNAND, vivement.

Mais...

GINESTA.

Et maintenant, quand le roi don Carlos fait-il son entrée à Grenade?...

DON FERNAND, se levant.

Demain, à ce que l'on assure...

GINESTA.

Alors, si ce que l'on assure est la vérité, je n'ai pas de temps à perdre!...

DON FERNAND.

Pour quoi faire?

GINESTA.

Pour demander au roi don Carlos ce qu'il refuserait peut-être à tout autre que moi!

DON FERNAND.

Quoi donc?...

GINESTA.

C'est mon secret, Fernand.

DON FERNAND.

Comment! tu vas à Grenade?...

GINESTA.

A l'instant même. Toi, promets-moi d'éviter toute rencontre avant mon retour.

DON FERNAND.

Mais si tu tombais entre les mains de ceux qui nous poursuivent?...

GINESTA.

Quel mal veux-tu qu'on fasse à une jeune fille qui ne fait de mal à personne... et que sa jeunesse met sous la garde du bon Dieu!

DON FERNAND.

Eh bien, va!... Tiens, reprends ce médaillon...

GINESTA.

Non, garde-le... Qui sait? ce sera peut-être un souvenir..

DON FERNAND.

Ginesta...

GINESTA.

Laisse-moi, il faut que je parte!... Adieu!...

(Elle remonte vers le fond à droite.)

DON FERNAND.

Oui, va !... ; et, si tu es prise, tu as raison, en effet !... mieux vaut que ce soit loin de moi que près de moi ?...

(Il se retourne et lui tend les bras.)

GINESTA, revenant.

Fernand ! si je ne m'étais pas juré de te sauver, je resterais près de toi pour mourir avec toi ; mais je suis sûre de te sauver, et je pars...

(Elle s'éloigne en lui envoyant un dernier baiser. — Pendant ce temps, peu à peu les Bandits ont cessé de boire, de manger, et se sont endormis. Fernand reste seul debout.)

SCÈNE IV

Les Bandits, endormis ; DON FERNAND.

DON FERNAND.

Va pauvre oiseau des vallées sauvages ! va !... j'espère que Dieu te sauvegardera le long de ton chemin en faveur de tes bonnes intentions !... Quant à moi, j'en ai peur, mes jours sont comptés !... Sauvés aujourd'hui par miracle, nous succomberons demain, et peut-être, avant huit jours, tous ces hommes qui dorment du sommeil éphémère de la nuit, dormiront du sommeil sans fin de l'éternité... (Écoutant.) N'est-ce pas la voix de Ginesta que j'entends dans le lointain ?...

GINESTA.

Si le ciel est pur,
Prends garde !
Si le chemin sûr,
Regarde !
Et que la Vierge aux yeux d'azur
Te garde !...

(La voix se perd.)

DON FERNAND.

Oh ! oh ! quelque danger nous menace, qu'elle a découvert et dont elle ne peut nous avertir autrement que par sa chanson. (A haute voix.) Holà ! tous debout !...

TOUS.

Qu'y a-t-il ? que se passe-t-il ? qu'arrive-t-il ?

DON FERNAND.

Je n'en sais rien encore, mais nous ne tarderons pas à le savoir.

UN BANDIT, qui était en sentinelle au haut du rocher.

Qui va là?...

CALABASAS, en dehors.

Eh! pour l'amour de Dieu!... si vous tirez, ne tirez pas sur moi qui suis un ami.

TORRIBIO.

La voix de Calabasas!

VICENTE.

Comment se fait-il?... Il était arrêté!...

COMACHO.

Il se sera sauvé.

SCÈNE V

Les Mêmes, CALABASAS.

CALABASAS, qui vient de paraître sur le rocher.

Non, je ne me suis pas sauvé, malheureusement!

DON FERNAND.

Allons, arrive! (A deux Bandits.) Pédrille, Comacho, veillez sur cet homme!...

CALABASAS, descendant en scène.

Capitaine! je viens comme ce vieux Romain dont j'ai ouï raconter l'histoire... je viens sur ma simple parole!

(On rit.)

TORRIBIO.

Sur la parole de Calabasas! On voit bien que ceux qui t'envoient n'ont pas mangé de ta cuisine... sans cela, ils ne croiraient pas à ta parole!...

CALABASAS, à lui-même.

Je crois que je me flatte un peu. (Haut.) Non, ce n'est pas précisément à ma parole que se fie celui dont je suis le prisonnier, et qui m'envoie ici en parlementaire; c'est à la parole du capitaine. Il m'a dit que, si vous la donniez, il n'hésiterait pas à venir.

DON FERNAND.

Et où est celui-là qui se fie à la parole d'un capitaine de brigands?...

CALABASAS.
Il est resté en dehors du cercle des sentinelles, et...
DON FERNAND.
Va le chercher et dis-lui qu'il vienne hardiment... Il a ma foi de gentilhomme qu'il ne lui arrivera aucun malheur, quel qu'il soit et pour quelque cause qu'il vienne... Va!...
CALABASAS, remontant.
Tiens, le voilà!...

SCÈNE VI

Les Mêmes, l'Alcade mayor, entrant par le fond à droite.

L'ALCADE.
Oui, me voilà... car ta parole, Fernand de Torrillas, j'étais sûr que tu la donnerais...
DON FERNAND.
Ah! c'est vous, monsieur l'alcade mayor?
TOUS.
L'alcade!...
(Don Fernand fait un geste, tous remontent un peu; il passe à droite et s'assied.)
L'ALCADE.
Je t'avais dit que nous nous reverrions... Eh bien, me voilà... capitaine de bandits !
LES BANDITS.
Capitaine?...
DON FERNAND.
Silence!... laissez parler monsieur; il est sans doute chargé de nous faire, non pas à moi, mais à vous, quelque honorable proposition. Dites vite ce que vous avez à dire, monsieur l'alcade; vous parlez à des gens très-fatigués de la besogne qu'ils ont faite dans la journée, que vous avez tirés de leur sommeil, et qui sont pressés de se rendormir.
L'ALCADE.
Tu es cerné par quatre cents hommes.
DON FERNAND.
Vous l'entendez, amis : plus de huit contre un!... Et que viens-tu me proposer?...
L'ALCADE.
Que tu te rendes sur-le-champ, que tu implores la miséri-

corde du roi don Carlos... et tu peux encore, au lieu d'être écartelé, brûlé vif comme tu le mérites, en être quitte, comme si tu ne l'étais pas dégradé toi-même, pour le supplice de la décapitation.

DON FERNAND.

C'est-à-dire que j'obtiendrai la faveur d'avoir seulement la tête tranchée! Le roi don Carlos est un doux roi, et la justice une tendre mère!

TORRIBIO, à don Fernand.

Capitaine... j'ai bien envie de serrer le cou à ce gaillard-là, jusqu'à ce que la langue lui sorte par la bouche et le sang par les yeux... Qu'en dis-tu, capitaine?

DON FERNAND, se levant.

Il a ma parole; c'est à moi qu'il parle, c'est à moi de lui répondre...

L'ALCADE.

Et que peux-tu répondre qui ne soit une nouvelle insulte aux hommes et une nouvelle offense à Dieu, païen et maudit?

(Mouvement des Bandits.)

DON FERNAND, les arrêtant d'un geste.

J'ai dit que cet homme avait ma parole!... (Passant à la droite de l'Alcade.) Païen et maudit?... (Montrant une petite clef d'or pendue à son cou.) Vois cette petite clef pendue à cette chaîne d'or... c'est tout ce que j'ai gardé de l'héritage paternel... Cette petite clef... elle ouvre la chambre de ma mère!... Eh bien, je vais te dire cela à toi, au risque du mal qui peut en résulter... une fois par mois, quand la nuit est venue, sous un déguisement quelconque, je quitte la montagne, je traverse la Véga... et je rentre dans cette maison de ma jeunesse, qui ne m'a jamais été si chère que depuis que j'en suis exilé... Je monte l'escalier, j'ouvre la porte de la chambre de ma mère, je m'avance sans bruit... et je la réveille en l'embrassant au front!... Eh bien, seigneur alcade, quoi que vous puissiez dire... non, tant que ma mère me rendra mon baiser, je ne serai ni un païen, ni un maudit!... Et maintenant, j'en ai fini avec vous, parlez à ces hommes.

(Il remonte vers le fond et reparait un instant après, à gauche, appuyé le long du grand chêne.)

L'ALCADE.

Soit!... (Aux Bandits.) A vous autres!... Livrez-moi cet

homme vivant, je vous offre votre grâce et trente mille couronnes. Allons, voyons, réfléchissez... Que répondez-vous?... Rien!...

DON FERNAND.

En effet, pourquoi ce silence? N'avez-vous pas entendu ou n'avez-vous pas compris?

L'ALCADE, montrant un papier au bas duquel est le cachet royal.

Voilà votre pardon, signé !

DON FERNAND.

Voyez donc, c'est signé de la propre main du roi ! Voilà le cachet royal... Pas de réponse encore ! Avez-vous peur qu'au moment où vous porterez la main sur moi, je ne me perce de mon poignard, et que, par un suicide, je n'annule le traité qui doit me livrer vivant?... Crainte inutile, amis ! Tenez, loin de moi mon poignard ! loin de moi mes pistolets, mon épée ! (Il remet ses armes à ceux qui l'entourent.) Me voilà maintenant si pauvre, si désarmé, que je n'ai même plus de pouvoir contre ma propre vie !... Compagnons ! quel est le premier de vous qui abandonnera son capitaine dans le danger?

TORRIBIO.

Quand nous serions entourés, non pas une fois, mais dix fois, non pas par quatre cents hommes, mais par tous les démons de l'enfer, pas un de nous, je le dis au nom de tous, pas un de nous n'abandonnerait son capitaine !

TOUS.

Non, non, pas un ! pas un !

COMACHO.

Non, pas un ! Qu'il soit maudit comme un traître, chassé comme un chien, celui qui en aurait eu la seule pensée !

VICENTE, arrachant le papier des mains de l'Alcade et le déchirant.

Tiens, voilà ton pardon : le nôtre est dans le canon de nos carabines.

(Hourra général.)

DON FERNAND, à l'Alcade.

Et maintenant, retournez vers ceux qui vous ont envoyé et dites-leur que vous n'avez pas trouvé un seul traître dans la bande de don Fernand de Torrillas. — Reconduisez cet homme... (Mouvement de quelques-uns des Bandits qui veulent se précipiter sur l'Alcade.) Et qu'il ne tombe pas un seul cheveu de sa tête !

VICENTE.

Venez! venez!

TOUS.

Vive le capitaine!

(Deux hommes accompagnent l'Alcade, les autres se groupent autour du Capitaine.)

SCÈNE VII

LES MÊMES, hors L'ALCADE.

DON FERNAND.

Maintenant, compagnons, il nous faut combattre comme des ours acculés; mais jamais je ne me suis senti si fort! Il me semble que j'ai une armée dans cette main-là. Êtes-vous prêts à me suivre?...

TORRIBIO.

Jusque dans la gueule de la Mort! Ordonne seulement, et nous obéirons!

DON FERNAND.

Chargez tous les fusils et tous les pistolets!... Nous avons de la poudre, j'espère?

VICENTE.

Assez pour faire sauter la terre jusqu'à la lune...

DON FERNAND.

C'est bien; que dix de vous montent dans les branches des arbres, que dix de vous s'éparpillent dans le maquis; moi, avec les trente autres, je ferai face aux soldats.

COMACHO.

Et je serai de ceux-là, moi.

SCÈNE VIII

LES MÊMES, UN BANDIT, accourant.

LE BANDIT.

Capitaine! capitaine!

DON FERNAND.

Eh bien?...

LE BANDIT.

Le feu est à la forêt!

DON FERNAND.

De quel côté?

(Il monte sur le rocher.)

LE BANDIT, indiquant le côté droit.

Là, à l'occident.

(Quelques hommes sortent dans cette direction.)

DEUXIÈME BANDIT, accourant de gauche.

Capitaine! le feu! le feu!

DON FERNAND.

Où le feu?...

DEUXIÈME BANDIT, indiquant le côté gauche.

Là, au nord.

(Même jeu des Bandits.)

DES BANDITS, accourant.

Le feu! le feu!

DON FERNAND.

Où?

LES BANDITS.

Partout! partout!...

TORRIBIO.

Ils nous ont enfermés dans un cercle de flamme!

VICENTE.

N'espérant pas nous vaincre, ils veulent nous brûler.

COMACHO.

Amis, cherchons une issue! peut-être est-il encore un endroit dans la forêt par où nous puissions...

TOUS.

Oui, courons, cherchons!...

DON FERNAND.

Que pas un seul ne bouge, je réponds de tout!...

TORRIBIO.

Le capitaine répond de tout.

VICENTE.

C'est bien; tu le vois, personne ne songe plus à fuir...

DON FERNAND, descendant en scène.

Vous croyez-vous perdus... perdus irrévocablement?

COMACHO.

Un miracle seul peut nous sauver!...

DON FERNAND.

Tout à l'heure vous m'avez sauvé la vie... A mon tour maintenant... (Poussant le rocher mobile.) Terre, ouvre-toi !

TOUS, regardant l'ouverture.

Un escalier!

DON FERNAND.

Que la forêt brûle, maintenant ! Nous verrons si la flamme nous poursuivra jusque dans les entrailles de la terre !

UN BANDIT.

Descendez, capitaine! descendez! Le feu approche : dans cinq minutes, il ne sera plus temps.

DON FERNAND.

Passez les premiers, passez tous!... Quand le vaisseau sombre, le capitaine est le dernier qui doive descendre dans la chaloupe!

(Ils descendent l'escalier.)

ACTE DEUXIÈME

QUATRIÈME TABLEAU

La salle des Deux-Sœurs, à l'Alhambra. Au fond, la cour des Lions. — Sur le devant, à droite, une table ; dessus un petit coffret, tout ce qu'il faut pour écrire. — Siéges.

SCÈNE PREMIÈRE

La cour des Lions est pleine de SEIGNEURS qui se promènent et qui attendent. — DON RUIZ DE TORRILLAS, est assis à gauche, la tête appuyée dans la paume de sa main, triste et pensif. — DON LOPEZ, à droite, cause avec quelques Seigneurs.

DON LOPEZ.

Tenez pour certain, messieurs, que nul ne connaîtra le choix du roi avant qu'il plaise à Sa Majesté de le rendre public, et que celui qui recueillera la succession de don

Rodriguez de Calmenar, c'est-à-dire qui héritera de la charge de grand justicier d'Andalousie, sera peut-être l'homme auquel, nous autres courtisans, nous pensons le moins. (Il se détache du groupe et s'arrête en apercevant don Ruiz, puis il va à lui. — Le groupe remonte au fond.) Comme, depuis mon enfance, je suis votre ami, don Ruiz, il me semble que ce serait mal de ma part, si, voyant votre tristesse, je ne vous tendais pas la main et si je ne vous disais : Don Ruiz de Torrillas, en quoi puis-je vous être bon? à quoi puis-je vous servir? quel ordre avez-vous à me donner?

DON RUIZ, redressant la tête et se levant.

Je vous suis obligé, don Lopez d'Avila; oui, nous sommes de vieux amis, et vous me prouvez, par l'offre que vous me faites, que vous êtes un ami fidèle. Habitez-vous toujours Malaga?

DON LOPEZ.

Toujours, et vous savez que, de loin comme de près, à Malaga comme à Grenade, vous pouvez disposer de moi.

DON RUIZ, s'inclinant.

Je regrette, don Lopez, que ma mauvaise étoile m'ait privé du plaisir de connaître votre arrivée : ma maison eût été la vôtre, et je vous prierais encore d'en disposer, si elle m'appartenait aujourd'hui; mais, depuis ce matin, elle n'est plus à moi... Un homme dont le souvenir m'est resté cher, quoique nous ayons vécu l'un et l'autre d'une vie bien différente et toujours séparés, un compagnon de ma jeunesse est venu à Grenade... Ne le trouvant pas à l'hôtel où il est descendu, je lui ai laissé un mot et j'ai emmené sa fille... Elle est installée chez moi... Cet homme, vous le connaissez mieux que personne, car, depuis longtemps, il habite comme vous Malaga. C'est don Velasquez de Haro.

DON LOPEZ.

J'ai entendu dire, en effet, par don Ramiro, mon fils, que don Velasquez et sa fille étaient arrivés hier ici, après avoir couru de grands dangers dans les montagnes, où ils avaient été arrêtés par le Saltéador.

DON RUIZ, avec émotion.

Mais enfin... ils lui ont échappé?

DON LOPEZ.

C'est-à-dire que ce bandit, qui a l'audace de se dire gentilhomme... a agi vis-à-vis d'eux en prince, à ce que m'a dit mon fils; il les a renvoyés sans rançon et même sans promesse!... Ce qui est d'autant plus beau, que don Velasquez est le plus riche gentilhomme et doña Flor la plus belle fille de l'Andalousie.

DON RUIZ, comme à lui-même.

Il a fait cela?... Tant mieux!

DON LOPEZ.

Mais j'oublie de vous demander des nouvelles de votre fils don Fernand?

DON RUIZ, tressaillant.

Mon fils?...

DON LOPEZ.

Est-il toujours en voyage?

DON RUIZ.

Oui... toujours.

DON LOPEZ.

Voilà une belle occasion de le placer à la cour du nouveau roi, don Ruiz; vous êtes un des plus nobles gentilshommes de l'Andalousie, et, si vous demandiez quelque chose au roi don Carlos, quoiqu'il n'ait d'yeux que pour ses Flamands, je suis sûr que, par politique, il vous l'accorderait.

DON RUIZ.

J'ai, en effet, une grâce à demander au roi don Carlos; mais je doute qu'il me l'accorde.

DON LOPEZ.

Oui, je comprends : nous autres vieux courtisans, nous n'avons pas grand' chose de bon à attendre de ce jeune roi, dont l'origine germanique éclate dans ces cheveux blonds, dans cette barbe rousse, dans ce menton en relief, caractère particulier des princes de la maison d'Autriche.

(On entend les trompettes.)

DON RUIZ, à don Lopez.

Couvrons-nous, don Lopez, voilà le roi don Carlos qui entre.

(Il remonte la scène. — Trompettes, musique, fanfares.)

SCÈNE II

Les Mêmes, LE ROI DON CARLOS, Pages, Suite; plus tard, un Chambellan.

DON CARLOS *entre pensif, le menton dans sa main, la tête penchée; il se parle à lui-même, il est nu-tête; un Page porte son casque derrière lui.*

A cette heure, tout est fini à Francfort... Qu'ont fait les électeurs? qu'a dit le scrutin? Seras-tu empereur, don Carlos, c'est-à-dire plus grand que les rois?

DON RUIZ, *s'approchant le chapeau sur la tête et mettant un genou en terre.*

Altesse!...

DON CARLOS.

Vous êtes grand d'Espagne?

DON RUIZ.

Oui, sire.

DON CARLOS.

D'Aragon ou de Castille?

DON RUIZ.

D'Andalousie.

DON CARLOS.

Sans alliance avec les Mores?

DON RUIZ.

De vieux et pur sang chrétien.

DON CARLOS.

Vous vous appelez?

DON RUIZ.

Étant grand d'Espagne, j'ai droit d'être tutoyé par mon roi.

DON CARLOS.

Tu t'appelles?

DON RUIZ.

Don Ruiz de Torrillas.

DON CARLOS.

Relève-toi et parle.

DON RUIZ, *après avoir regardé autour de lui.*

Les oreilles royales seules doivent entendre ce que j'ai à dire au roi.

DON CARLOS, *à sa Suite.*

Éloignez-vous.

DON RUIZ.

Sire, excusez si ma voix tremble, mais je me sens à la fois confus et troublé d'avoir à vous demander une grâce pareille à celle dont l'objet m'amène devant vous.

DON CARLOS.

Parle lentement, afin que je te comprenne bien.

DON RUIZ, avec amertume.

C'est vrai, j'oubliais que Votre Altesse parle encore difficilement l'espagnol.

DON CARLOS, froidement.

Je l'apprendrai, señor... J'écoute.

DON RUIZ.

Sire, j'ai un fils de vingt-quatre ans; il aimait une jeune dame... mais, craignant ma colère... car j'ai à me reprocher peut-être d'avoir été tout à la fois trop sévère et trop indifférent pour ce malheureux jeune homme... craignant ma colère, il s'était engagé avec elle sans ma permission, et, quoiqu'elle lui eût accordé les droits d'un mari, il remettait chaque jour à lui donner le titre de femme... La señora se plaignit à son père. Le père était vieux et, comme don Diègue, se sentait le bras trop faible pour lutter contre un bras de vingt ans; il chargea son fils don Alvar de la vengeance. Don Alvar ne voulut pas écouter les excuses de mon fils... Les deux jeunes gens se battirent, et don Alvar fut tué.

DON CARLOS.

Un duel!... Je n'aime pas les duels.

DON RUIZ.

Il est telle circonstance, Altesse, où un homme d'honneur ne peut reculer, surtout lorsqu'il songe qu'à la mort de son père, il aura le droit de rendre compte de ses actions directement à son roi et de lui demander sa grâce, la tête couverte.

DON CARLOS.

Oui, je sais que c'est un des priviléges de vous autres grands d'Espagne... Je régulariserai tout cela... Continue.

DON RUIZ.

Le duel eut lieu sans témoins; six alguazils voulurent arrêter mon fils et l'emmener de force en prison. Il en tua deux et s'enfuit dans la montagne.

DON CARLOS.

Ah! ah! c'est-à-dire que tu es gentilhomme, mais que ton fils est bandit?

DON RUIZ.

Sire, le père de don Alvar, qui poursuivait mon fils, est mort... et avec lui sa colère est morte! Sire, la jeune dame est entrée dans un couvent, et j'y paye sa dot comme si elle était princesse royale... Sire, je me suis arrangé avec la famille des deux alguazils morts et avec l'alguazil blessé... mais à ces arrangements j'ai usé toute ma fortune, si bien que, de tout le patrimoine de mon père, il ne me reste que la maison que j'habite sur la place de la Villa-Rembla. Peu importe, du moment que le prix du sang est payé; car, avec un mot de Votre Altesse, l'honneur sortira pur des ruines de la fortune. (Don Carlos reste muet; don Ruiz plie de nouveau le genou et continue.) Donc, Altesse, je vous supplie, prosterné à vos pieds... donc, sire, je vous conjure, et cela mille et mille fois, puisque la partie adverse se désiste et qu'il n'y a plus contre lui que votre pouvoir royal, sire, je vous supplie et conjure de pardonner à mon fils! (Le Roi reste pensif.) Sire! sire! jetez les yeux sur notre histoire, et vous verrez une foule de héros de ma race à qui les rois d'Espagne doivent toute sorte d'honneur et de gloire... Sire! ayez pitié de mes cheveux blancs, de mes prières, de mes larmes! et, si cela ne suffit pas pour toucher Votre Altesse, ayez pitié d'une dame noble, d'une mère malheureuse! pardonnez, sire, pardonnez!

DON CARLOS, assis à droite, à lui-même.

Ce courrier de Francfort n'arrivera donc pas!

DON RUIZ, continuant.

Sire!... étant celui que vous êtes par votre heureux avénement au trône, celui que vous allez être par votre nomination à l'Empire (don Carlos tressaille); sire, par votre mère Jeanne, par votre père Philippe le Beau, par vos ancêtres Isabelle et Ferdinand, que j'ai loyalement et bravement servis, comme l'atteste cette croix que je porte à mon cou, sire, accordez-moi la grâce que je vous demande!

UN CHAMBELLAN, entrant par la gauche.

Sire, le conseil est assemblé et attend vos ordres.

(Le Roi se lève et passe à gauche. Don Ruiz fait un pas vers lui.)

DON CARLOS, se retournant.

Monsieur, cela ne me regarde pas... Adressez-vous au grand justicier d'Andalousie.

DON RUIZ.

Pardon, Altesse, le grand justicier d'Andalousie est mort, et n'a pas été remplacé.

DON CARLOS.

Je vais y pourvoir.

(Il sort par la gauche.)

SCÈNE III

DON RUIZ, DON VELASQUEZ, Seigneurs.

DON VELASQUEZ, sortant du groupe des Seigneurs.

Pardon, messieurs, quelqu'un de vous connaît-il don Ruiz?... Pouvez-vous me le montrer?

UN SEIGNEUR, montrant don Ruiz, qui est assis à gauche.

Le voilà !

DON VELASQUEZ, venant à don Ruiz, le regarde, lui prend la main et la lui serre avec effusion.

Don Ruiz!

DON RUIZ, après l'avoir regardé à son tour.

Don Velasquez !

(Il se lève.)

DON VELASQUEZ.

Si un gentilhomme tient à honneur de se rappeler ses anciennes amitiés, veuillez recevoir, mon cher don Ruiz, le salut d'un des hommes qui vous sont le plus tendrement attachés.

DON RUIZ.

Don Velasquez, je suis heureux de vous serrer la main, mais à une condition cependant...

DON VELASQUEZ.

Laquelle? Dites...

DON RUIZ.

Ne la devinez-vous pas?... C'est que vous m'approuverez d'avoir emmené votre fille, et que, pendant tout le temps que vous demeurerez à Grenade, elle et vous serez mes hôtes.

DON VELASQUEZ.

J'avais accepté, don Ruiz, avant d'avoir achevé la lecture de votre billet.

DON RUIZ, avec un soupir.

Tout va donc bien de ce côté! Je voudrais pouvoir en dire autant d'ici.

DON VELASQUEZ.

En effet, votre attitude quand je suis entré... Vous aviez une grâce à demander au roi, et vous n'avez pas été heureux près de lui, mon cher don Ruiz?

DON RUIZ.

Que voulez-vous, señor! le roi don Carlos avoue lui-même qu'il ne sait pas encore l'espagnol; et moi, de mon côté, j'avoue que je n'ai jamais su le flamand. Mais revenons à vous... Et surtout, parlons de votre charmante fille, don Velasquez... J'ai pu voir que la mauvaise rencontre qu'elle a faite hier dans la montagne n'a eu aucune influence sur sa santé...

DON VELASQUEZ.

Ah! vous savez déjà cela?

DON RUIZ.

Ce qui arrive à un homme de votre importance, don Velasquez, est un événement qui a des ailes d'aigle. Don Lopez m'a dit que vous aviez été arrêté par le Saltéador.

DON VELASQUEZ.

Vous a-t-il dit aussi que, se conduisant en gentilhomme et non en bandit, ce chef si redouté, lion et tigre pour les autres, s'est fait agneau pour nous?

DON RUIZ.

Il m'a dit quelque chose de cela; mais je suis heureux que la nouvelle me soit confirmée par vous.

DON VELASQUEZ.

Je vous la confirme, et j'ajoute ceci : c'est que je ne me croirai quitte envers ce brave jeune homme que lorsque j'aurai tenu la promesse que je lui ai faite.

DON RUIZ.

Et quelle promesse lui avez-vous faite?

DON VELASQUEZ.

Je lui ai juré que, me sentant pris pour lui d'un intérêt véritable, je ne laisserais pas de repos au roi don Carlos qu'il ne m'eût accordé sa grâce.

DON RUIZ.

Il vous la refusera!

DON VELASQUEZ.
Et pourquoi?

DON RUIZ.
Vous me demandiez tout à l'heure ce que je faisais aux pieds du roi...

DON VELASQUEZ.
Eh bien?

DON RUIZ.
Je lui demandais cette grâce.

DON VELASQUEZ.
Vous?...

DON RUIZ.
Oui.

DON VELASQUEZ.
Et quel intérêt portez-vous donc à ce jeune homme? Dites-le-moi, señor don Ruiz; car, alors, j'agirai avec une double instance, sachant que j'agis à la fois pour un ami d'hier et pour un ami de trente ans.

(Entre doña Mercédès, voilée et vêtue de noir. Elle est accompagnée de deux Domestiques.)

DON RUIZ.
Donnez-moi votre main, don Velasquez.

DON VELASQUEZ.
Voici ma main.

DON RUIZ.
L'homme dont nous parlons est mon fils.

DON VELASQUEZ, avec la plus grande surprise.
Votre fils!...

SCÈNE IV

Les Mêmes, DONA MERCÉDÈS, le Chambellan, Domestiques.

DON RUIZ, remontant au-devant de Mercédès.
Et voici sa mère!... Elle vient, la pauvre femme, impatiente d'attendre aux portes de ce palais, savoir quelle a été la réponse du roi. — Ayez du courage, madame, il ne nous reste plus que Dieu et le vieil ami que voilà.

(Il remonte vers les Seigneurs.)

DON VELASQUEZ.

Madame, le premier mouvement du roi a été un refus; mais ne désespérez pas... J'ai la conviction que nous sauverons votre fils.

DONA MERCÉDÈS.

Dieu vous entende, don Velasquez !

DON VELASQUEZ, avec étonnement.

Cette voix !

DONA MERCÉDÈS, vivement et plus bas.

Pas un cri, pas un mot ! et si ces traits flétris par la douleur ne sont pas entièrement sortis de votre mémoire... (montrant don Ruiz), devant lui, du moins, n'ayez pas l'air de me reconnaître.

(Elle lève son voile.)

DON VELASQUEZ.

Mercédès ! vivante !... Mais ce fils, cet enfant, le Saltéador...?

DON RUIZ, que don Lopez a pris à part depuis un instant, venant au milieu, à don Velasquez.

Savez-vous, don Velasquez, la nouvelle qui court?

DON VELASQUEZ.

Non...

DON LOPEZ, descendant à la gauche de don Velasquez.

C'est vous que le roi désigne pour succéder à la charge de don Rodriguez de Calmenar.

DON VELASQUEZ.

Moi ? moi ?...

LE CHAMBELLAN, paraissant à gauche.

Le roi ordonne à don Velasquez de Haro, grand justicier d'Andalousie, de l'attendre ici.

DON VELASQUEZ.

Moi, grand justicier !... (A don Ruiz.) Don Ruiz, rassurez-vous. (A doña Mercédès.) Madame, tarissez vos larmes; nous sauverons ce malheureux enfant, nous le sauverons, je vous le jure !... Voici le roi !

(Don Ruiz et doña Mercédès s'éloignent par le fond,)

SCÈNE V

DON CARLOS, DON VELASQUEZ, Seigneurs, puis LE CHAMBELLAN.

DON VELASQUEZ, s'inclinant devant le Roi, qui vient à lui.
Ah! sire, une telle faveur!...

DON CARLOS, faisant un pas au-devant de don Velasquez.
Tu connais don Ruiz de Torillas?...

DON VELASQUEZ.
Oui, Altesse... Il a fait avec moi la guerre contre les Mores, sous vos illustres aïeux Ferdinand et Isabelle.

DON CARLOS.
Tu sais ce qu'il m'a demandé?...

DON VELASQUEZ.
Oui; il a demandé à Votre Altesse la grâce de son fils.

DON CARLOS.
Tu sais ce qu'il a fait, son fils?...

DON VELASQUEZ.
Il a tué en duel le frère d'une dame dont il était l'amant.

DON CARLOS.
Ensuite?...

DON VELASQUEZ.
Il a tué deux des alguazils qui venaient pour l'arrêter et blessé un troisième.

DON CARLOS.
Ensuite?...

DON VELASQUEZ.
Il s'est réfugié dans la montagne.

DON CARLOS.
Ensuite?... Ah! tu ne me comprends pas! Eh bien, je vais répondre pour toi!... Une fois dans la montagne, il s'est fait bandit... Il pille et détrousse les voyageurs!... si bien que celui qui veut aller de Malaga à Grenade, ou de Grenade à Malaga... doit faire, avant de se mettre en route, son testament de mort.

DON VELASQUEZ, à part.
Hélas!

DON CARLOS, lui montrant un papier.
Voici le dernier rapport du chef de mes alguazils, envoyé à sa poursuite.

DON VELASQUEZ, prenant le papier et le parcourant.

Cerné!... réfugié dans une caverne dont on cherche l'entrée.. On la découvrira!... On fera sauter ce dernier asile!... Il est perdu!

DON CARLOS.

Eh bien, toi, mon grand justicier, que penses-tu qu'il faille faire à l'endroit de ce bandit?

DON VELASQUEZ.

Je pense, Altesse, qu'il faut pardonner beaucoup de choses à la jeunesse.

DON CARLOS.

Quel âge a donc Fernand de Torrillas?

DON VELASQUEZ.

Vingt-quatre ans, sire.

DON CARLOS.

Cinq ans de plus que moi... Que parles-tu de jeunesse à propos d'un homme de vingt-quatre ans?... J'en ai dix-neuf, moi, et je suis déjà vieux!

DON VELASQUEZ.

Sire, le génie a vieilli Votre Altesse avant l'âge, et le roi don Carlos ne doit pas mesurer les autres hommes à sa taille, peser les autres hommes à sa balance.

DON CARLOS.

Alors, ton avis est...?

DON VELASQUEZ.

Mon avis, sire, est que la circonstance est particulière, que don Fernand est coupable, mais qu'il a des motifs d'excuse... et qu'il serait bon au roi don Carlos de signaler son passage à travers l'Andalousie par un acte de clémence, et non par un acte de rigueur.

DON CARLOS.

C'est ton avis, don Velasquez?

DON VELASQUEZ.

Oui, sire, et cela eût été aussi l'avis du cardinal Ximénès, avec lequel j'ai concouru à protéger l'Espagne, pendant votre enfance.

DON CARLOS.

Oui; mais je ne suis plus un enfant!

(Il passe à gauche.)

DON VELASQUEZ.

Sire!...

DON CARLOS.

Assez. Je garde pour moi cette cause, et j'en déciderai avec ma conscience...

LE CHAMBELLAN, paraissant au fond.

Sire, une jeune fille bizarrement vêtue, et qui paraît, par son costume, et même par sa beauté, appartenir à la classe des bohémiens, insiste pour avoir l'honneur de parler au roi.

DON CARLOS, à part, pensif.

Au roi! toujours au roi!... Quand donc diront-ils empereur?... (Au Chambellan.) Je n'ai pas le temps de recevoir cette jeune fille.

LE CHAMBELLAN.

C'est ce que je lui ai répondu, sire; mais, alors, elle a dit que l'on vous présente cet anneau.

DON CARLOS, indifférent.

Cet anneau... (Vivement.) L'anneau d'or des ducs de Bourgogne!... Faites-la entrer... Comment cet anneau peut-il se trouver aux mains d'une bohémienne?

(Le Chambellan fait entrer Ginesta, qui a paru au fond.)

SCÈNE VI

LES MÊMES, GINESTA.

DON CARLOS.

Venez, jeune fille, venez!

DON VELASQUEZ, à part.

La jeune bohémienne de la venta du *Roi more!*

DON CARLOS, se retournant, à tous les personnages.

Retirez-vous.

(Tout le monde s'éloigne par différents côtés.)

SCÈNE VII

DON CARLOS, GINESTA.

Don Carlos s'assied à gauche. Ginesta s'agenouille près de lui.

GINESTA, présentant un papier ouvert.

Sire, lisez.

DON CARLOS, prenant le papier.

Le roi Philippe! La signature de mon père! Explique-moi cela, mon enfant.

GINESTA.

Avant tout, Votre Altesse reconnaît-elle ce parchemin et cet anneau?

DON CARLOS.

Oui, je les reconnais... Mais comment se fait-il que l'un et l'autre soient entre tes mains?

GINESTA.

Ma mère est morte et me les a laissés, ce fut mon seul héritage; mais, vous le voyez, sire, un héritage royal!

DON CARLOS.

Comment votre mère a-t-elle connu le roi Philippe le Beau?

GINESTA.

Pardon, sire, mais, avant tout, Votre Altesse se rappelle-t-elle... lorsqu'elle est entrée, tout enfant, dans la chambre de son père mourant, avoir vu un enfant et une femme bohème sortir par la porte opposée à celle par laquelle Votre Altesse entrait?

DON CARLOS.

Oui; je me suis demandé souvent quelle pouvait être cette femme... quel pouvait être cet enfant.

GINESTA.

Cette femme était ma mère!

DON CARLOS, lui prenant la main. — Elle se lève.

Et ta mère?

GINESTA.

Avait connu le roi Philippe le Beau en Bohême, quand il n'était encore qu'archiduc d'Autriche. Au milieu de ses nombreuses amours, celui qu'il eut pour ma mère est peut-être le seul qui ne faiblit jamais. Lorsque, en 1506, votre père partit pour l'Espagne afin de se faire proclamer roi, il donna ordre à ma mère de le suivre; mais ma mère n'y consentit qu'à la condition que le roi reconnaîtrait pour bien à lui l'enfant dont elle était accouchée deux mois auparavant. Ce fut alors qu'il lui donna ce parchemin que vous tenez, sire. L'anneau lui fut donné seulement le jour où Votre Altesse nous vit auprès du lit de son père mourant.

4.

DON CARLOS.

Et cet enfant?

GINESTA.

Cet enfant, c'est moi, Altesse.

DON CARLOS, se levant.

Embrassez-moi, ma sœur !

GINESTA.

Sire, avant tout, ta sœur est venue ici, non pas pour te réclamer un rang, des richesses, des honneurs, mais pour te demander une grâce au nom du roi Philippe, notre père.

DON CARLOS.

Laquelle ?

GINESTA.

Celle de don Fernand de Torrillas...

DON CARLOS.

Et si je te disais que la grâce que tu me demandes, et que j'ai déjà refusée aujourd'hui même à deux personnes, est à une condition... ou plutôt à deux conditions?

GINESTA.

Alors, tu m'accordes sa grâce?

DON CARLOS.

Attends, avant de me remercier, de connaître ces conditions, jeune fille.

GINESTA, radieuse.

J'écoute, ô mon roi ! j'attends, ô mon frère !

DON CARLOS.

Si la première de ces conditions était de me rendre cette bague, d'anéantir ce parchemin, de t'engager, par le serment le plus terrible, à ne parler à personne de cette naissance royale, dont cette bague et ce parchemin sont les seules preuves?

GINESTA.

Sire, la bague est à votre doigt, gardez-la ; le parchemin est à votre main, déchirez-le... Dites-moi le serment que je dois faire, je le prononcerai... Quelle est la seconde condition?

DON CARLOS.

Lorsque, nous autres chefs de religion, nous faisons grâce à quelque grand pécheur de la peine temporelle qu'il a encourue, c'est à la condition qu'une âme pure, digne d'obtenir son pardon spirituel, priera pour lui au pied des autels de miséricorde... Connais-tu une créature humaine, innocente et chaste, qui soit disposée à entrer en religion, à renoncer au monde, à prier jour et nuit enfin... pour le salut de l'âme de celui dont je vais sauver le corps?

GINESTA.

Indiquez-moi le monastère où je dois faire mes vœux, sire, et j'y entrerai.

DON CARLOS.

Ainsi, vous abandonnez tout... rang social, bonheur à venir, fortune mondaine, pour obtenir la grâce de ce bandit!...

GINESTA, tombant à genoux.

Tout, tout, tout... et je ne demande qu'une faveur en échange : c'est de lui porter cette grâce moi-même! Seulement, sire, ajoutez à cette grâce celle de ses compagnons... Sauvé seul, je le connais, il n'accepterait pas.

DON CARLOS, allant à la table.

C'est bien; vous allez avoir ce que vous désirez. (Il prend dans son pourpoint une petite clef, ouvre le coffret, y serre l'anneau et le parchemin, le referme, et remet la clef dans sa poche; puis il écrit quelques lignes sur un parchemin, le signe, y appose son cachet, et donne ce parchemin à Ginesta.) Tenez, voici la grâce de don Fernand de Torrillas, remettez-la-lui vous-même. Mais hâtez-vous, sa retraite ne tardera pas à être découverte.

GINESTA, se levant.

Ciel! arriverai-je à temps?

(Elle fait un pas.)

DON CARLOS.

A votre retour, nous arrêterons, d'un commun accord, le couvent où vous entrerez.

GINESTA.

Oui, oui!... Oh! que vous êtes bon, que je vous rends grâces, mon frère!

DON CARLOS, avec calme et dignité.

Je ne suis plus votre frère.

GINESTA.

Je vous remercie, mon roi. (Il lui donne sa main à baiser. — A part.) Et maintenant, que Dieu me donne des ailes!

(Elle sort par le fond. — La cour s'est remplie de Seigneurs qui causent entre eux.)

SCÈNE VIII

DON CARLOS, Seigneurs.

DON CARLOS, avec agitation.

Allons, décidément, ce courrier n'arrivera pas aujourd'hui. (Les Seigneurs se sont rapprochés et attendent ses ordres.) A table, messieurs ! à table !

ACTE TROISIÈME

CINQUIÈME TABLEAU

La chambre de doña Mercédès. — Porte au fond; portes latérales. Siéges.

SCÈNE PREMIÈRE

DONA MERCÉDÈS, DONA FLOR.

DONA FLOR, assise aux pieds de doña Mercédès.

Oh ! quelle chose extraordinaire est celle que vous dites, madame ! Comment ! ce beau jeune homme... comment ! ce chef redouté... comment ! ce cavalier si courtois... c'est...?

DONA MERCÉDÈS.

Hélas ! c'est mon fils !

DONA FLOR.

Oh ! cela ne m'étonne plus alors, madame, qu'il ait de si riches manières de gentilhomme ! cela ne m'étonne plus que j'aie été rassurée dès que je l'ai vu ! cela ne m'étonne plus que, tout le long de la route, mon père m'ait dit : « En vérité, tout bandit qu'est ce jeune homme, si j'avais un fils, je ne le voudrais pas autre qu'est ce jeune homme. »

DONA MERCÉDÈS, troublée.

Don Velasquez a dit cela ?...

DONA FLOR.
Non pas une fois, mais dix fois...
DONA MERCÉDÈS, avec orgueil maternel.
Et vous l'avez trouvé... élégant, courtois et beau, dites-vous ?
DONA FLOR.
Plus beau, plus courtois, plus élégant qu'aucun gentilhomme que j'aie jamais vu.
DONA MERCÉDÈS, souriant.
A part don Ramiro d'Avila, le courrier d'amour?
DONA FLOR.
J'avoue que, si j'avais à choisir entre les deux, je serais fort embarrassée... et voudrais, si j'avais l'un des deux pour époux, avoir au moins l'autre pour frère.
DONA MERCÉDÈS.
Chère fille! que vous faites de bien à mon cœur !... Ah! si don Ruiz, que j'ai laissé à l'Alhambra, revenait nous annoncer que don Velasquez, votre père, a été plus heureux que nous, et qu'il a enfin obtenu de ce jeune roi si glacial, si sévère, la grâce de mon pauvre enfant! ah! si Dieu permettait cela, chère jeune fille que la Providence a envoyée vers moi dans un jour de malheur, si Dieu m'accordait cette marque de sa miséricorde, il ne manquerait rien à ma joie.
DONA FLOR.
Il l'obtiendra ! Le roi reviendra sur sa première résolution. Et, d'ailleurs, don Ruiz n'est-il pas là pour ajouter par ses larmes à l'éloquence de don Velasquez?... Comment supposer qu'un roi puisse refuser longtemps à un père la grâce de son enfant !
DONA MERCÉDÈS, à demi-voix.
Oui, s'il la demandait comme un père !
DONA FLOR, étonnée.
Et pourquoi ne la demanderait-il pas comme un père?
DONA MERCÉDÈS.
Ai-je dit cela?... J'ai eu tort... Don Ruiz a toujours été sévère au pauvre enfant; mais, à tout prendre, ni lui ni moi n'avons à nous plaindre.
DONA FLOR.
Eh bien, soyez sûre d'une chose, c'est que don Velasquez,

lui, aura, pour demander cette grâce, toute l'éloquence d'un père.

(Elles se lèvent.)

DONA MERCÉDÈS.

Dieu bon! que vous êtes grand dans votre miséricorde! Dieu grand! que vous êtes miséricordieux dans votre justice!

DONA FLOR.

Madame...

DONA MERCÉDÈS.

Ah! voici don Ruiz.

SCÈNE II

Les Mêmes, DON RUIZ, paraissant au fond.

Il est sombre, et passe en se dirigeant vers la porte de gauche.

DONA MERCÉDÈS.

N'avez-vous rien à nous dire, señor?

DON RUIZ.

Si fait, j'ai à dire à la fille de mon vieil ami qu'elle est la bienvenue dans cette pauvre demeure, et que je vais donner des ordres pour qu'elle y soit aussi bien traitée que faire se pourra dans l'état de décadence où est tombée notre maison.

(Il remonte au fond et dépose sa toque, sa canne et son épée.)

DONA MERCÉDÈS.

Et à moi, señor, n'avez-vous rien à dire?

DON RUIZ.

Rien, sinon que le roi a refusé à don Velasquez comme à moi, señora.

DONA MERCÉDÈS.

Ciel!

DONA FLOR.

Madame, du courage!

DONA MERCÉDÈS.

J'en aurai... Mais enfin, quelque autre moyen reste peut-être...

DON RUIZ.

Je n'ai quitté l'Alhambra que quand tout espoir a été perdu.

DONA MERCÉDÈS.

Señor, vous m'avez dit un jour, et, ce jour-là, moi aussi,

je me croyais condamnée : « Aucun espoir n'est perdu tant qu'on croit en Dieu ! » Je crois en Dieu, señor.

(Elle passe à gauche.)

SCÈNE III

Les Mêmes, DON VELASQUEZ.

DON RUIZ, apercevant don Velasquez, qui parait à la porte du fond.
Don Velasquez !... Ah ! soyez le bienvenu !

(Doña Mercédès fait un mouvement comme pour se retirer.)

DON VELASQUEZ, vivement.
Oh ! ne vous retirez pas, madame... J'apporte une nouvelle heureuse.

DON RUIZ.
Parlez !

DON VELASQUEZ.
Le roi a signé la grâce de don Fernand !

DONA MERCÉDÈS et DONA FLOR.
Dieu bon !... Grand Dieu !

DON RUIZ.
Impossible ! vous m'avez dit qu'il vous l'avait refusée.

DON VELASQUEZ.
C'est vrai ! mais, que voulez-vous ! après votre départ, un miracle s'est fait, auquel nous n'avons rien compris, tous tant que nous étions là... Une jeune fille est entrée, a remis au roi une bague et un parchemin... Le roi, avec étonnement, a regardé la bague, lu le parchemin... il a causé un quart d'heure à peu près avec la jeune fille, lui a remis un papier signé de sa main, et elle s'est élancée hors du palais.

DON RUIZ.
C'est incroyable, en effet, comme vous le dites.

DONA MERCÉDÈS, allant à don Velasquez.
Mais d'où savez-vous que ce papier est la grâce de don Fernand ?...

DON VELASQUEZ.
Le roi me l'a dit pendant le dîner... Un instant, j'ai voulu lui demander la permission de quitter la table pour venir vous annoncer cette bonne nouvelle ; mais l'œil bleu de ce jeune roi est si dur, que je n'ai point osé. Deux heures

de bonheur ont été perdues pour votre cœur maternel, madame ; mais ces deux heures, à moi aussi, je vous le jure, m'ont paru deux siècles.

DON RUIZ.

Merci de cette bonne nouvelle, don Velasquez ! (A doña Mercédès.) Madame, remerciez donc notre ami.

DONA MERCÉDÈS, à don Velasquez.

Señor, vous venez de rendre au cœur d'une mère la seule joie qu'elle attendît désormais du ciel.

(Don Velasquez fait un mouvement vers elle ; elle s'éloigne vivement vers la gauche, sur le devant.)

DON RUIZ, à don Velasquez.

Mon ami, la grâce ne vient pas de vous, mais la nouvelle vient de vous ; je vous suis aussi reconnaissant de la nouvelle que de la grâce...

(Don Ramiro paraît au fond.)

DONA MERCÉDÈS, se retournant.

Don Ramiro !

DON RUIZ, à don Velasquez.

Silence, devant ce jeune homme !

SCÈNE IV

Les Mêmes, DON RAMIRO.

DON RAMIRO.

Excusez-moi, señor don Ruiz, mais mon père, qui a eu l'honneur de vous voir à l'Alhambra, m'a dit que vous aviez eu la bonté de vous informer de moi près de lui... Je viens vous présenter mes remercîments de ce souvenir, et suis heureux de rencontrer chez vous le noble don Velasquez et la belle doña Flor, pour leur présenter en même temps qu'à la señora Mercédès mes très-humbles respects.

DON RUIZ, lui offrant un siége.

Soyez le bienvenu dans cette maison, don Ramiro.

DON RAMIRO, s'assoyant.

Et mon cher don Fernand est toujours en voyage ?

DON RUIZ, prenant un siége.

Toujours !

DON VELASQUEZ, s'asseyant aussi.

Mais j'annonçais à l'instant même à doña Mercédès qu'il ne tarderait pas à revenir.

DON RAMIRO.

Ce sera avec un grand bonheur que je serrerai la main à l'ami de mon enfance. (A don Velasquez.) Seigneur don Velasquez, vous ne doutez point que je ne vous aie cherché dès que j'ai su le terrible événement qui vous était arrivé dans la montagne... C'est en vous cherchant que j'ai appris que vous étiez l'hôte de don Ruiz... Mais comment n'ai-je rien vu, moi qui suis passé par le même chemin, un quart d'heure avant vous?

DONA FLOR, faisant un mouvement.

En effet, vous nous précédiez, don Ramiro.

DON RAMIRO, se levant.

Je vous remercie de vous en être aperçue... Eh bien, vous avez donc vu ce fameux Saltéador?... Voyons, señora, l'œil d'une femme ne se trompe point à ces sortes de choses... était-il aussi beau, aussi brave, aussi courtois qu'on le prétend?

DONA FLOR.

Je disais à l'instant même à doña Mercédès que c'était un des cavaliers les plus accomplis que j'eusse jamais vus.

DON RAMIRO.

Vous doublez mes regrets, señora, de ne point l'avoir rencontré; j'eusse, je l'avoue, été curieux de voir ce phénix des bandits.

DON VELASQUEZ.

Vous le verrez, don Ramiro.

DON RAMIRO

Comment! je le verrai?...

DON VELASQUEZ.

Sans doute; car le roi vient de m'annoncer, comme à son grand justicier, qu'il lui avait accordé grâce pleine et entière.

DON RAMIRO.

Ah! par malheur, cette grâce, fût-elle envoyée par l'aigle même que le roi porte dans ses armes, arriverait trop tard.

DONA MERCÉDÈS.

Comment! trop tard?...

(On se lève.)

DON RAMIRO.

Vous ne savez donc pas les nouvelles de la montagne?

TOUS.

Non!

DON RAMIRO.

Terribles! Tous les bandits sont exterminés.

(Mouvement général. — Don Velasquez va serrer la main de don Ruiz.)

DON RUIZ, à don Velasquez.

Votre main tremble plus que la mienne, don Velasquez.

DONA MERCÉDÈS, à don Ramiro.

Vous disiez, señor?...

DON RAMIRO.

Vous savez que le roi avait donné les ordres d'extermination les plus sévères?

DONA FLOR.

Nous l'ignorions.

DONA MERCÉDÈS.

Mon Dieu!

DON RAMIRO.

Hier, les bandits ont été entourés par quatre cents hommes. L'alcade mayor, sur la promesse du chef, a pénétré jusqu'à leur repaire et les a sommés de se rendre. Ils ont refusé... et alors...

DON VELASQUEZ.

Les soldats les ont attaqués...

DON RAMIRO.

A quoi bon risquer la vie de braves soldats contre celle de pareils bandits? Non! on a tracé un cercle autour de la montagne... et on y a mis le feu...

DONA MERCÉDÈS, se levant, à doña Flor.

Le feu! entendez-vous? le feu!

(Elle passe à droite.)

DON VELASQUEZ.

Mais le bruit a couru, on le disait tout à l'heure au palais, que le Saltéador avait réussi à se réfugier dans une espèce de caverne souterraine.

DON RAMIRO.

Dont on a fini par découvrir l'issue... Alors, on a amoncelé aux deux entrées des barils de poudre, et...

DONA MERCÉDÈS, avec un cri.

Ah! n'achevez pas!...

DONA FLOR, à Mercédès.

Contenez-vous...

DONA MERCÉDÈS, éclatant.

Oh! dites donc à une mère de se contenir quand on lui annonce la mort de son fils !

(Elle tombe assise. Doña Flor s'agenouille près d'elle, à sa gauche.)

DON RAMIRO.

De son fils !

DON VELASQUEZ, entraînant don Ramiro.

Sortez, don Ramiro, sortez ! Hier, vous étiez courrier d'amour; aujourd'hui, vous êtes messager de malheur !... Oh! de par le ciel, éloignez-vous !...

(Il le fait sortir.)

SCÈNE V

DON RUIZ, DONA MERCÉDÈS, DON VELASQUEZ, DONA FLOR.

DON RUIZ, allant à doña Mercédès.

J'ai fait ce que j'ai pu, madame !

(Il remonte lentement vers le fond.)

DONA MERCÉDÈS, se levant.

Oh! monsieur, je ne vous accuse pas, je vous bénis.

DON VELASQUEZ, d'une voix tremblante.

Voulez-vous que moi et ma fille restions auprès de vous, madame, ou préférez-vous que nous vous laissions?...

DONA MERCÉDÈS.

Non, non ; ne m'enlevez pas votre enfant... laissez-la-moi. Oh! ma fille ! ma fille ! Toucher au bonheur, croire que l'on n'a plus qu'à étendre la main, et le voir s'évanouir comme une ombre! Fernand ! mon Fernand !

DONA FLOR.

Pleurez, pauvre mère !... pleurez !

DONA MERCÉDÈS, pleurant.

Oh! si vous saviez comme je l'aimais! Oh! mon Dieu! qu'il est vrai de dire que plus un enfant a coûté de larmes aux yeux de sa mère, plus il est cher à son cœur! (S'asseyant.) Señora !...

DONA FLOR.

Appelez-moi votre fille! Ne l'aimais-je pas comme un frère?

DONA MERCÉDÈS, tressaillant.

Comme un frère! Tu as dit comme un frère... Oui, chère enfant, pleure-le comme un frère! (A tous.) Ah! si vous saviez quel cœur j'ai perdu!

DON VELASQUEZ, qui est passé au milieu.

Parlez, madame, parlez-nous de lui; cela est si doux de prononcer et d'entendre le nom de celui que l'on pleure!...

(Doña Flor s'agenouille près de doña Mercédès.)

DONA MERCÉDÈS, continuant.

Pour moi... pour me voir un instant... ce qu'il risquait!... c'est incroyable... et cela est vrai cependant!... La seule chose qu'il eût emportée de cette maison, c'était la clef de ma chambre... Eh bien, depuis trois ans qu'il est loin de nous, pas un mois ne s'est écoulé, sans que, au risque d'être pris... et être pris, c'était pour lui une mort ignominieuse! eh bien, sans qu'au risque d'être pris, se glissant dans la ville, escaladant un mur, il ne rentrât dans cette chambre!... Je me sentais tout à coup éveillée au milieu de mon sommeil par un baiser au front... C'était lui! lui qui, pendant une heure, en m'embrassant, en m'appelant sa mère... oubliait tout et me faisait tout oublier! (Se levant.) Ah! cependant, je ne puis rester ainsi... on ne l'a pas vu mort... on n'a pas touché son cadavre!... Qui me dit qu'il ne s'est pas échappé, qu'il n'erre pas autour de cette maison, qu'il n'est pas derrière cette porte, et qu'il ne va pas entrer... Ah! je suis folle! Fernand! Fernand!

SCÈNE VI

Les Mêmes, DON FERNAND, GINESTA.

Ils entrent par le fond.

DON FERNAND.

Ma mère! me voici!

(Il tombe dans les bras de sa mère.)

DONA MERCÉDÈS.

Lui! mon fils! lui!... Ah!... ah! ne me tuez pas, mon Dieu! donnez-moi la force de vivre!...

DON FERNAND, se tournant vers don Ruiz.

Señor, béni soit le jour où il est permis à mon amour filial de venir se prosterner à vos pieds!

(Il plie le genou devant don Ruiz.)

DON RUIZ.

Voici ma main, et Dieu vous rende aussi sage que mon instante prière l'en supplie du fond du cœur.

DON FERNAND effleure la main de don Ruiz; puis, se relevant, il s'élance de nouveau dans les bras de sa mère. — Montrant Ginesta, qui est restée au fond.

Ma mère, voici la courageuse enfant qu'il vous faut bénir. Elle m'a apporté ma grâce et celle de mes compagnons malgré le feu et les balles... Elle s'appelle...

DONA MERCÉDÈS, entourant Ginesta de ses bras.

Elle s'appelle ma fille!

GINESTA.

Madame, je suis payée...

DON FERNAND, allant à Velasquez.

Monsieur, je sais tout ce que vous avez tenté de faire pour moi, et l'intention à mes yeux vaut le fait; je ne sais comment vous en remercier; mais il y a près de vous une personne qui devinera peut-être tout ce qu'il y a de reconnaissance brûlante dans mon cœur.

(En disant cela, il a tiré de son pourpoint une fleur fanée qu'il porte à ses lèvres.)

GINESTA, à part.

Dieu! il l'aime!

(Mercédès a entendu le mot de Ginesta et tressaille.)

DON VELASQUEZ.

Ne parlons plus du passé, don Fernand. Tout est oublié, puisque vous voilà gracié... Mais je crois être l'interprète fidèle de... votre père, en vous demandant avec de tendres prières, en vous conjurant de changer de mœurs et de conduite, et de travailler à reconquérir l'estime publique... en sorte que même vos ennemis reconnaissent que les âpres leçons du malheur ne sont jamais perdues pour un cœur noble et un esprit intelligent.

(Velasquez s'arrête comme dominé par l'émotion.)

DON FERNAND.

Ah! si je pouvais mériter que mon père devînt un jour mon ami!

DON RUIZ, s'approchant.

Il le deviendra... (Mouvement de joie de don Fernand. — Don Ruiz, reprenant vivement.) Il le deviendra le jour où vous en serez digne, le jour où, corrigé de vos passions violentes, vous serez devenu vous-même un si parfait gentilhomme, que le père le plus scrupuleux n'hésitera pas à vous prendre pour gendre...

DON FERNAND.

Que dites-vous!... Quelle félicité me laissez-vous entrevoir!... Avez-vous entendu, doña Flor, ce qu'a dit mon père?... Ah! pour vous mériter, pour être digne de vous, que ne ferais-je pas désormais!

GINESTA, à elle-même.

Mon Dieu!

DONA MERCÉDÈS, comme malgré elle.

Fernand pas un mot de plus, c'est impossible!...

DON FERNAND.

Ma mère!...

DON RUIZ.

Madame!...

DONA MERCÉDÈS, à part.

Qu'ai-je dit!...

DON VELASQUEZ, sur le devant, à gauche.

Dieu puissant!... c'est bien mon fils!

DON FERNAND, remontant vers Ginesta.

Ginesta!

(Elle s'éloigne vivement jusqu'au seuil de la porte du fond.)

GINESTA, s'arrêtant.

Je ne suis plus Ginesta, je suis la sœur Filippa de l'Annonciade.

(Elle disparait.)

DON RUIZ, à doña Mercédès.

Pourquoi donc cela serait-il impossible, madame?

(Doña Mercédès baisse la tête sans répondre.)

DON VELASQUEZ, qui a suivi ce jeu de scène, à lui-même.

Ciel!...

ACTE QUATRIÈME

SIXIÈME TABLEAU

La place de la Viva-Rambla. — A droite, la maison de don Ruiz avec une terrasse.

SCÈNE PREMIÈRE

VICENTE, TORRIBIO, PÉDRILLE, un Alguazil, Gens du peuple.

On va et l'on vient sur la place.

VICENTE, montrant à Torribio la maison de don Ruiz.

C'est là qu'il demeure...

TORRIBIO.

Notre capitaine?

VICENTE.

Oui, celui qui fut notre capitaine.

TORRIBIO.

Tu l'as vu?

VICENTE.

Ce matin, il est sorti à la pointe du jour. Il a pris la rue que voilà, et, en passant, il m'a reconnu. Ça m'a fait battre le cœur. Je lui ai dit : « Capitaine, vous ne me semblez pas d'une gaieté folle! » Il a souri, m'a donné deux quadruples d'or, et s'est éloigné sans me répondre... Ça m'a fendu le cœur.

TORRIBIO.

Mais tu as gardé les quadruples?

(A ce moment, quelques groupes se forment.)

VICENTE.

Pour lui être agréable... Mais j'ai eu l'idée de les employer en bonnes œuvres. D'abord, je connaissais un cabaret où je suis allé vertueusement boire à la santé du capitaine; puis j'ai joué et j'ai gagné quelques douros sur le chiffre 25, qui est l'âge de notre capitaine... On m'a accusé de tricher, je me suis fâché, on s'est battu, et j'ai tué mon homme, avec un certain coup de tierce qu'affectionnait notre capitaine.

TORRIBIO.
Ça te fait trois bonnes œuvres.
VICENTE.
Attends donc !... Mais que diable fais-tu là?
TORRIBIO.
Je pratique une nouvelle invention?
VICENTE.
Ça, c'est une nouvelle invention?
TORRIBIO.
Oui... Ceci, vois-tu, c'est une herbe rapportée d'un pays nommé Tabago... Cela s'allume par un bout et se fume par l'autre... C'est très-mauvais, mais c'est très à la mode.
VICENTE.
Et c'est à cela que tu passes ton temps?
TORRIBIO.
A cela et à d'autres choses. Mais je m'ennuie; je trouve le pavé du roi plus dur que le gazon du bon Dieu.
VICENTE.
A qui le dis-tu !... Je m'y déforme les pieds.
TORRIBIO.
Moi, j'y maigris... D'abord, j'ai trouvé assez amusant de me promener ainsi le nez au vent, à droite, à gauche, devant moi, sans apercevoir le plus petit bout de carabine braquée à hauteur d'œil et prête à m'envoyer une balle... Mais on a beau dire, la carabine a du charme... (A un Homme qui passe au fond.) Tiens! bonjour, Pédrille!
PÉDRILLE.
Bonjour, Torribio !
TORRIBIO, continuant, à Vicente.
Il est vrai que j'ai rencontré un alguazil qui m'a reconnu et m'a salué poliment : cela m'a flatté... Un autre s'est approché de moi et s'est informé de ma santé : cela m'a véritablement attendri. Mais un troisième est venu, puis un quatrième, puis tous les uns après les autres, et tous ont été avec moi d'une douceur, d'une politesse qui a fini par me tourner sur le cœur... Tu ne saurais t'imaginer combien un alguazil sucré est affadissant ! Pouah !... Tiens, rien que d'en parler, je me sens incommodé.
VICENTE.
A moins que ce ne soit la fumée que tu avales?

TORRIBIO.

Cela se pourrait encore. (Chancelant.) Soutiens-moi, Vicente, je me sens véritablement malade... Mais où est donc Comacho?... Je ne vois pas Comacho...

(Il tombe dans les bras d'un Alguazil qui se trouve à sa droite.)

L'ALGUAZIL, le soutenant.

Eh! c'est ce cher Torribio! Est-ce que tu es malade?

TORRIBIO.

Ça ne va pas bien.

L'ALGUAZIL.

Viens boire quelque chose.

TORRIBIO, se retournant avec effroi.

Encore un alguazil!... (Se sauvant.) Non, non, je n'ai plus soif... Ça va mieux!

L'ALGUAZIL.

Mais écoute-moi donc!

(Torribio s'éloigne toujours de lui. — L'Alguazil disparaît.)

VICENTE.

Tu demandes Comacho? (Indiquant le fond à droite.) Justement, le voilà!

SCÈNE II

LES MÊMES, COMACHO, CHANTEURS et MUSICIENS, DANSEUSES MORESQUES, DON RAMIRO, SEIGNEURS, DAMES, GENS DU PEUPLE, SERVITEURS.

TORRIBIO, avec étonnement.

Pas possible!

COMACHO, aux gens qui le suivent.

Halte! c'est ici. C'est à cette terrasse que nous devons l'attirer par le charme amoureux de nos voix et de nos instruments. Mais attendons pour commencer que les danseuses moresques soient arrivées. (A Torribio et à Vicente.) Bonjour, bonjour!

VICENTE.

Mais est-il assez pimpant, assez emplumé, assez enrubané, assez empanaché!

COMACHO.

Que voulez-vous! cela tient à mes nouvelles relations. Don Ramiro et moi, nous ne nous quittons plus. Nous avons mis tout en commun, don Ramiro et moi : sa garde-robe, sa cave, sa cuisine et sa bourse... Et il n'y a pas d'occasion qu'il ne saisisse de me donner quelque nouvelle marque de son estime. (Don Ramiro lui donne un coup de pied par derrière. — Comacho portant la main à son cœur.) Ciel ! j'ai reconnu la voix de mon maître !

DON RAMIRO.

Eh bien, drôle ! et les Moresques ?

COMACHO.

Elles me suivent. (Indiquant le côté droit.) Tenez, señor, les voilà !

(Entrée des Danseuses moresques.)

DON RAMIRO, à Comacho.

Rappelle-toi que je me place là, à l'angle de ce pavillon, et que, si, toi et les musiciens, vous avez le malheur de ne pas chanter juste, je te mets pour quinze jours au régime du pain sec et des coups de canne.

TORRIBIO, sur le devant à gauche, à Vicente.

Attention, Vicente ! il s'agit ici de montrer qu'on se connaît en beaux-arts.

(Don Ramiro place un Chanteur à l'angle du pavillon, Comacho est à côté de lui ; le Chanteur s'accompagne d'une mandoline. — Pendant le divertissement, la terrasse est occupée par plusieurs personnes, au nombre desquelles se trouvent doña Flor et, un instant, doña Mercédès.)

AIR NOUVEAU de M. Amédée Artus.

CHŒUR.

Toi que j'aime et qui sommeille,
  Quand tout s'éveille !
  Ouvre l'oreille
Aux chants de l'aube vermeille ?
  Je suis le jour,
  Je suis l'amour !

LE CHANTEUR.

Lève-toi, mon adorée,
Et, sur ta lèvre empourprée,
Laisse errer à ton réveil
Le sourire et le soleil.

CHŒUR.

Toi que j'aime, etc.

LE CHANTEUR.

Tout ici te réclame :
L'oiseau pour chanter sa flamme,
La rose pour refleurir !
Mon cœur, pour ne pas mourir !
　　Ah ! ah ! etc.

CHŒUR.

Toi que j'aime, etc.

LE CHANTEUR.

Fleur de Grenade, que j'adore,
C'est pour toi que les cieux épris
Nous prêtent leur plus belle aurore,
Et le prophète ses houris !
　　Ah ! ah ! etc.
　　　Amandier
　　　Printanier,
　　　Sur ta branche
　　　Rose et blanche,
　　　L'oiseau bleu,
　　　L'œil en feu,
　　Écoute mon doux aveu,
　　　Et son aile
　　　Étincelle
　　　Quand ma belle
　　　Lève un peu
　　　Son œil bleu
　　　Vers la branche
　　　Rose et blanche
　　Où la nuit et le jour
　　Est le bel oiseau d'amour ;
　　　Et sur ta tête,
　　　O ma coquette,
　　　Sur tes seins blancs,
　　　Tombe et repose
　　　La 'neige rose
　　　Du vert printemps.

CHŒUR.

Dansez, brunes almées,
Gazelles bien-aimées
De la brise et des fleurs,
Dont vous êtes les sœurs !

(Vers la fin du divertissement, on voit une femme voilée qui se dirige vers la gauche. Don Ramiro l'aperçoit ; il fait un signe à Comacho. Musique très-douce sur le dialogue qui suit.)

DON RAMIRO.

Comacho !

COMACHO, s'approchant.

Maître !

DON RAMIRO.

N'est-ce pas la belle Missaouda ?

COMACHO.

Oui, maître, c'est elle.

DON RAMIRO.

Elle se rend sans doute au bain. — Va et tâche de nous l'amener.

COMACHO.

Très-bien ! compris ! (Allant à la rencontre de Missaouda et l'arrêtant.) Petite ! écoute un peu, petite ! j'ai un mot à te dire. (L'amenant sur le devant.) Belle Missaouda, te plairait-il de te joindre à nous et au seigneur don Ramiro, mon maître, pour distraire un instant la belle doña Flor, la rose de Grenade ? (La Moresque fait un mouvement comme pour s'éloigner.) Attends donc ! (Confidentiellement.) Il y a cent sequins d'or au bout de cette aimable complaisance. (Appuyant.) Cent sequins d'or... et nous partagerons. (La Moresque indique qu'elle veut bien. — A don Ramiro.) Elle consent.... Cent sequins : c'est pour rien.

(Le divertissement recommence. Après le pas de Missaouda, don Ramiro jette une bourse à la Danseuse; puis paraît un Domestique qui invite don Ramiro à entrer dans la maison pour y recevoir les remercîments dus à sa galanterie, et bientôt la terrasse et la place restent vides.)

SCÈNE III

VICENTE, TORRIBIO, DON FERNAND.

TORRIBIO, regardant vers le fond.

Voilà le capitaine ; voyons s'il me reconnaîtra.

DON FERNAND, paraissant au fond, à Torribio.

Ah ! c'est toi, coquin ?

TORRIBIO, avec joie.

Il m'a appelé coquin ! Il m'a reconnu ! Vicente, il m'a reconnu !

DON FERNAND.

Écoute ici.

TORRIBIO.

Plaît-il?

DON FERNAND.

Écoute donc!

TORRIBIO.

Est-ce que nous retournons dans la montagne?... Ah! capitaine, si vous vouliez, ça ne serait pas long!

VICENTE, venant à la gauche de don Fernand.

Oh! oui, ça ne serait pas long! J'ai encore bon pied, bon œil, et, de plus, un couteau catalan... (faisant claquer sa lèvre) un velours!

DON FERNAND.

Vous vous rappelez la petite bohémienne qui vivait parmi nous?

TORRIBIO.

Ginesta? Je crois bien! une vraie fille de l'air et du soleil.

VICENTE.

La fée de la montagne, comme nous l'appelions...

TORRIBIO.

Et qui chantait comme une alouette! Sa chanson nous réveillait avec l'aube, et, la nuit, pendant les longues heures de l'embuscade, elle égrenait au clair de lune ses jolies notes perlées... Ah! c'était le bon temps!

DON FERNAND.

Eh bien, elle a quitté comme nous la montagne, mais pour s'enfermer dans un cloître.

VICENTE.

Ah!

TORRIBIO, avec mélancolie.

Eh bien, je comprends cela... J'y ai déjà songé, moi, au cloître.

VICENTE, riant.

Toi!... Et dans quel cloître, capitaine?...

DON FERNAND.

Elle est, dit-on, au couvent de l'Annonciade.

VICENTE.

Aux portes de la ville... Je vois cela d'ici.

DON FERNAND.

J'ai passé la journée d'hier et une partie de la nuit à errer autour de ces murs silencieux; mais je n'ai pu l'apercevoir.

VICENTE.
Les novices sortent librement par la ville, cependant.

DON FERNAND.
Aussi, allez-vous tous deux vous tenir aux aguets, un jour, deux jours, tout un mois s'il le faut, vous m'entendez! et, lorsqu'elle sortira, vous lui remettrez ce médaillon, et vous lui direz : « Celui qui vous envoie cela, Ginesta, vous conjure de l'entendre avant que vous prononciez vos vœux. »

TORRIBIO, remontant.
Très-bien!... Ah! j'ai une idée... Pour la faire sortir tout de suite, si je mettais le feu au couvent?

DON FERNAND.
Pas de folie!

VICENTE.
Voyons, Torribio, ne le contrarie pas!

TORRIBIO.
Tu as raison. Et puis voilà une occupation pour quelques jours. — Nous obéissons, capitaine.

DON FERNAND, près de la maison à droite.
Si vous réussissez, prévenez-moi; c'est ici que je demeure. Allez!

(Torribio et Vicente sortent par le fond à droite.)

SCÈNE IV

DON FERNAND, puis DON RAMIRO.

DON FERNAND.
Que se passe-t-il donc dans mon cœur? Je le sens partagé entre une douleur et une colère. Ginesta s'éloigne! Ginesta disparaît!... et voilà qu'elle me manque!... et voilà que je la regrette! Est-ce que j'aimerais Ginesta?... Pourquoi ma mère s'est-elle placée entre doña Flor et moi?... Je suis donc à jamais maudit, à jamais séparé du monde, que ma mère elle-même se récrie à la pensée de voir son fils épouser la fille d'un gentilhomme? Pourquoi m'a-t-elle repoussé?... Pourquoi?... Il y avait ici, tout à l'heure, danses et sérénade. Qui était donc le galant?

(Don Ramiro paraît à droite.)

DON RAMIRO, s'élançant dans les bras de Fernand.
Ah! cher don Fernand!

DON FERNAND.

C'est vous, Ramiro !...

DON RAMIRO.

Je viens d'apprendre à l'instant votre retour, et c'est la fortune qui m'a protégé, puisqu'elle me permet de vous rencontrer aussitôt. Mais, vive-Dieu ! Fernand, les voyages ont-ils changé votre humeur ? Vous nous revenez triste et sombre, il me semble.

DON FERNAND.

Vous vous trompez. Quant à moi, si j'en juge par la sérénité de votre visage, vous êtes resté ce fortuné Ramiro, toujours aimant et toujours aimé, qui bouleversait tous les cœurs à Grenade comme à Malaga !

DON RAMIRO.

Ah ! pauvre ami, que l'amour est un cruel tyran, et comme il traite en esclaves les cœurs sur lesquels il règne !

DON FERNAND.

Mais c'est vous qui précisément avez l'habitude de régner.

DON RAMIRO.

Pas toujours ! et, dans ce moment-ci, eh bien, je doute.

DON FERNAND.

Vous doutez... vous ? (Riant.) Cependant, si je m'en souviens bien, au moment où nous nous séparâmes, la modestie, en fait d'amour, cher don Ramiro, n'était pas mise au nombre des défauts que les femmes vous reprochaient.

DON RAMIRO.

C'est qu'avant de la voir, je n'avais pas aimé !

DON FERNAND.

Et quelle est cette merveilleuse beauté qui a eu l'influence de faire, de l'orgueilleux don Ramiro, l'homme le plus modeste de l'Andalousie ?

DON RAMIRO.

Je la vis un soir que je passais, à cheval, dans les rues de Malaga.

DON FERNAND.

Ah ! c'était à Malaga ?

DON RAMIRO.

Oui ; je l'aperçus par une jalousie entr'ouverte, et je m'arrêtai tout émerveillé ! Sans doute, elle prit pour de l'audace ce qui n'était que de l'admiration... car elle referma sa jalousie, quoique, muet de surprise et les mains jointes, je la priasse de n'en rien faire! Enfin, ma belle inconnue et son père étant sur le point de quitter Malaga pour Grenade...

DON FERNAND.

Ah! pour Grenade!... Vous les avez suivis, n'est-ce pas cela, don Ramiro?

DON RAMIRO.

Vous ne vous trompez que sur un point : au lieu de les suivre, je les ai précédés! Cela m'offrait un avantage : chaque halte qu'elle faisait me rappelait à son souvenir, chaque chambre où elle demeurait lui parlait de moi... Je me fis son courrier d'amour!

DON FERNAND, fronçant le sourcil.

Voyez-vous cela!

DON RAMIRO.

Oui... Vous le savez, on ne trouve rien dans nos misérables auberges... eh bien, j'ordonnais les repas... Je savais le parfum qu'elle préférait : j'en brûlais dans les corridors qu'elle devait traverser! Je savais quelles fleurs elle aimait : de Malaga à Grenade, elle ne marcha que sur des fleurs!

DON FERNAND.

Mais c'est du dernier galant! Et... la belle señora... ?

DON RAMIRO.

Ah! voilà!... Seulement, vous pouvez me rendre un service que je n'oublierai de ma vie.

DON FERNAND.

Moi?

DON RAMIRO.

Vous!... Le hasard... (mouvement de don Fernand) non, je me trompe... la Providence a combiné deux évenements qui doivent, si quelque catastrophe inconnue n'éclate pas sur mon chemin, faire de moi le plus heureux des hommes.

DON FERNAND, essuyant la sueur qui lui coule du front.

Et quels sont ces événements?

DON RAMIRO.

Le père de celle que j'aime est l'ami de votre père, et vous, mon cher Fernand, comme un ange sauveur, vous êtes arrivé d'hier.

DON FERNAND.

Eh bien, après?

DON DAMIRO.

Eh bien, votre père a précisément offert l'hospitalité...

DON FERNAND.

A qui ?

DON RAMIRO.

Eh ! ne devinez-vous donc pas, cher ami ?

DON FERNAND.

Je ne devine rien ; il faut tout me dire.

DONA FLOR, paraissant sur la terrasse et jetant un léger cri.

Ah !

DON RAMIRO, voyant doña Flor.

Est-il besoin de dire le nom du soleil, quand vous sentez sa chaleur?.,. (Lui montrant la terrasse.) Tenez, levez les yeux, don Fernand.

DON FERNAND, à part.

C'est bien elle !

(Tous deux saluent respectueusement la jeune fille. — Doña Flor laisse tomber une fleur et se retire. — Don Fernand s'élance et ramasse la fleur.)

DON RAMIRO, tendant la main.

Merci, cher Fernand !... Rendez-moi cette fleur.

DON FERNAND.

Et pourquoi vous la rendrais-je ?

DON RAMIRO.

Mais... parce qu'il me semble que c'est à mon intention qu'on l'a laissée tomber...

DON FERNAND.

Qui vous a dit cela ?

DON RAMIRO.

Personne ; mais personne non plus ne me dit le contraire.

DON FERNAND.

Si fait ! quelqu'un le dit.

DON RAMIRO.

Qui cela ?

DON FERNAND.

Moi !

DON RAMIRO, reculant en voyant don Fernand pâle et le visage bouleversé.

Vous ! pourquoi vous ?

DON FERNAND.

Parce que... celle qui vous aime... je l'aime !

DON RAMIRO.

Vous aimez doña Flor?...

DON FERNAND.

Je l'aime!

DON RAMIRO.

Et où l'avez-vous connue?

DON FERNAND.

Que vous importe!

DON RAMIRO.

Mais il y a deux mois que je l'aime, moi!

DON FERNAND.

Et, moi, il n'y a que deux jours; mais, en deux jours, j'espère avoir fait plus de chemin dans son cœur que vous n'en avez fait en deux mois.

DON RAMIRO.

Prouvez-le-moi, don Fernand, ou je dirai tout haut que vous êtes un homme qui ne respecte rien... pas même la réputation d'une jeune fille!

DON FERNAND.

Vous m'avez dit que vous aviez couru devant elle, n'est-ce pas? de Malaga à Grenade.

DON RAMIRO.

Je viens de vous le dire.

DON FERNAND.

Vous avez passé à la venta du *Roi more?*

DON RAMIRO.

Je m'y suis même arrêté.

DON FERNAND.

Vous avez commandé un repas pour don Velasquez et sa fille, un bouquet pour doña Flor?

DON RAMIRO.

Oui...

DON FERNAND.

Dans ce bouquet, il y avait une anémone pareille à celle-ci?...

DON RAMIRO.

Eh bien?

DON FERNAND.

Cette anémone, elle me l'a donnée!

DON RAMIRO.

Donnée de sa main?

DON FERNAND.

De sa main! et la voici sur mon cœur, où elle s'est fanée, comme celle-ci s'y fanera.

DON RAMIRO.

Cette anémone, vous l'avez prise, don Fernand... arrachée à son bouquet... sans qu'elle le sût... ramassée sur son chemin, où elle l'avait laissée tomber par mégarde... Avouez cela, et je vous pardonne.

DON FERNAND, avec force.

Vous me pardonnez !... D'abord, il n'y a que de Dieu et du roi que j'accepte un pardon... Et, quant à la fleur, elle me l'a donnée !

(A ce moment paraissent quelques personnes qui circulent, et qui, entendant la provocation entre don Fernand et don Ramiro, appellent d'autres Bourgeois et Gens du peuple, pour être témoins.)

SCÈNE V

Les Mêmes, Bourgeois, Gens du Peuple, Alguazils, qui se promènent.

DON RAMIRO.

Vous mentez, don Fernand !... Et, de même que vous avez volé la seconde de ces fleurs, vous avez volé la première !

DON FERNAND.

Eh bien, soit! données ou volées, les voilà toutes deux à terre... Celui qui dans cinq minutes vivra les ramassera !... L'épée à la main, don Ramiro!

DON RAMIRO, tirant l'épée à son tour et faisant un pas en arrière.

A la bonne heure, don Fernand! voilà un marché comme je les aime ! (A ceux qui se promènent sur la place.) Holà ! cavaliers, venez çà, afin que nous ne nous battions pas sans témoins, et que, si don Fernand me tue, on ne dise pas au moins qu'il m'a assassiné... comme on a dit qu'il avait assassiné don Alvar!

DON FERNAND.

Qu'ils viennent! qu'ils viennent, don Ramiro! car, j'en jure Dieu, ce qu'ils vont voir mérite d'être vu!

(Ils descendent à l'avant-scène. — Le cercle se forme. — Les deux jeunes gens ont l'épée à la main; ils engagent le fer.)

SCÈNE VI

Les Mêmes, DON RUIZ, entrant vivement, puis DONA MERCÉDÈS, DONA FLOR.

DON RUIZ.

Arrêtez, don Fernand! Arrêtez, don Ramiro!

DON FERNAND, avec impatience.

Mon père!

DON RAMIRO, avec respect, se découvrant.

Señor!

(Il abaisse son épée et fait un pas en arrière.)

DON RUIZ, à Ramiro.

Je n'ai pas d'ordre à vous donner, don Ramiro; mais à vous, don Fernand, à vous qui êtes mon fils, je dis : Arrêtez!

(Don Fernand veut reprendre le combat.)

UN ALGUAZIL, qui se trouve à gauche, à don Fernand.

Arrêtez, señor!

DON RUIZ, à Fernand.

Comment, malheureux! ne peux-tu donc te dompter une fois toi-même! Gracié d'hier, vas-tu, dès aujourd'hui, te remettre dans les mains de la justice?

DON FERNAND.

Mon père, ceci est une affaire d'honneur entre don Ramiro et moi; laissez-nous la vider à notre guise, je vous prie.

DON RUIZ.

Ici, dans la rue, à la face du soleil!

DON FERNAND.

Pourquoi pas, si c'est ici, dans la rue, à la face du soleil que don Ramiro m'a insulté? (Montrant la foule.) Ils ont été témoins de l'insulte, qu'ils le soient de la vengeance!

DON RUIZ.

Remettez votre épée au fourreau, don Fernand.

DON FERNAND, faisant un pas en avant.

En garde, don Ramiro!

DON RUIZ, le retenant.

Ainsi, tu me désobéis?

DON FERNAND.

Pensez-vous que je me laisserai ôter l'honneur que vous

m'avez transmis, comme votre père l'avait reçu de ses aïeux?

DON RUIZ.

Plût au ciel que tu eusses gardé une étincelle de celui que je t'avais transmis! Don Ramiro, puisque mon fils n'a aucun respect pour les cheveux blancs et les mains tremblantes qui l'implorent, quoique ces mains tremblantes et ces cheveux blancs soient ceux d'un père, écoutez-moi, et donnez cet exemple à ceux qui nous entourent, qu'un étranger me montre plus d'égards que mon fils!

DON RAMIRO, faisant un pas en avant, et saluant don Ruiz en abaissant son épée.

Vous avez bien fait d'en appeler à moi, señor don Ruiz de Torillas! vous avez bien fait de compter sur moi... La terre est grande... la montagne est solitaire... je rencontrerai mon adversaire dans un autre lieu.

DON FERNAND.

C'est déguiser adroitement sa peur.

DON RAMIRO.

Moi! j'ai peur?... Ah! don Fernand, tu le veux!...

DON RUIZ, à Fernand.

Insensé! comment! lorsque tu vois qu'un étranger me respecte et m'obéit, tu me désobéis et tu me braves! (Levant sa canne.) Vive-Dieu! je ne sais à quoi tient que je ne t'enseigne publiquement ton devoir!

DON FERNAND.

Prenez garde, monsieur! votre bâton est levé sur moi!

DON RUIZ.

L'épée au fourreau, malheureux!

DON FERNAND.

Abaissez d'abord votre canne, señor!

DON RUIZ.

Obéis d'abord... quand je te dis d'obéir!

DON FERNAND.

Señor! señor! ne tenez pas plus longtemps votre bâton levé... ou, vive-Dieu! vous me jetterez dans quelque extrémité! (En passant à droite, à don Ramiro qui s'éloigne.) Oh! ne vous éloignez pas, don Ramiro; je puis faire face à la fois à la canne d'un vieillard et à l'épée d'un fat!

DON RUIZ, lui saisissant le bras droit.

Une dernière fois, m'obéiras-tu, misérable?...

DON FERNAND.

Non ! non ! arrière ! arrière ! (Il l'écarte d'un revers de la main, et court au-devant de don Ramiro, en criant.) A moi, don Ramiro ! (La main de Fernand a porté sur la joue de don Ruiz, qui chancelle, et que plusieurs personnes s'empressent de soutenir. Don Fernand engage le fer avec don Ramiro. Il lui perce le bras droit. Doña Mercédès parait, éperdue; doña Flor, qui l'a précédée, la reçoit dans ses bras et la fait asseoir sur un banc qui se trouve près de la maison. Pendant le combat, don Ruiz est passé à gauche, avec les personnes qui l'entourent. — Après le combat, Fernand s'écrie.) Ces deux fleurs sont à moi ! (Il les ramasse, puis sort en menaçant de son épée quiconque voudrait l'arrêter, et criant.) Place ! place !

(Mouvement général.)

SCÈNE VII

Les Mêmes, hors DON FERNAND ; puis DON CARLOS, DON VELASQUEZ.

DON RUIZ, avec accablement et d'une voix sourde.

Que le ciel t'écrase, infâme ! qui as osé frapper ton père au visage !... Oui, le ciel, à défaut des hommes, car la cause d'un père outragé est la cause du ciel !

DON RAMIRO, enveloppant de son manteau son bras droit blessé, et offrant le gauche à don Ruiz.

Señor, vous plaît-il d'accepter mon bras pour rentrer chez vous ?

L'ALGUAZIL, qui est près de doña Mercédès.

Señor, voici doña Mercédès qui vient de perdre connaissance...

DON RUIZ, avec un regard terrible.

Doña Mercédès !... Ah ! oui, doña Mercédès !

DONA MERCÉDÈS, revenant à elle et se levant.

Qu'y a-t-il, monseigneur ?

DON RUIZ, la saisissant par la main et la faisant passer à gauche.

Il y a, madame, il y a que votre fils m'a frappé au visage !

DONA MERCÉDÈS, à voix basse.

Oh ! calmez-vous, seigneur, et voyez tout ce peuple qui nous entoure.

DON RUIZ.

Ah ! qu'il vienne ! qu'il approche ! car il vient, car il approche pour me défendre!... (A la foule.) Venez tous!... Oui, hommes, regardez-moi, et tremblez d'avoir des fils!... Oui, femmes, regardez-moi, et tremblez de mettre au jour des enfants qui, pour les récompenser de vingt-cinq ans de sacrifices, de soins, de douleurs, soufflettent vos maris!... J'ai demandé justice au Maître suprême; je vous demande justice à vous!... et, si vous ne me dites pas à l'instant que vous vous chargez de la justice paternelle... eh bien... cette justice... j'irai... (Remontant.) Je vais la demander au roi, au roi don Carlos lui-même!... (On s'est écarté comme pour lui livrer passage. — Il se trouve en présence d'un homme enveloppé d'un manteau. La foule, qui reconnaît cet homme, murmure : « Le roi! le roi!... » — Don Ruiz, d'un air joyeux.) Le roi!...

DON CARLOS.

Tu demandes justice?

DON RUIZ.

Oui, sire!

DON CARLOS.

Encore!... Hier, tu demandais grâce; aujourd'hui, tu demandes justice!... Tu demandes donc toujours?

DON RUIZ.

Oh! cette fois, quand le roi m'aura fait justice, je le tiendrai quitte de l'avenir en le remerciant du passé... Sire, écoutez-moi!... Quelle peine mérite un jeune homme qui a donné un soufflet à un vieillard?

(Mouvement d'attention.)

DON CARLOS.

Si c'est un roturier, le fouet en place publique, avec un numéro sur mes galères... S'il est noble, il mérite la prison perpétuelle et la dégradation.

DON RUIZ.

Et si celui qui a donné le soufflet était le fils?... si celui qui l'a reçu était le père?...

DON CARLOS.

Comment dis-tu, vieillard?... Je dois avoir mal entendu... Je croyais qu'en Espagne, au contraire, les fils vengeaient les soufflets donnés à leur père!

DON RUIZ.

Du temps du Cid, oui; mais nous ne sommes plus au temps du Cid... Aujourd'hui, ce sont les fils...

DON CARLOS.

Impossible, vieillard ! impossible !

DON RUIZ.

Sire, hier, je vous ai demandé la grâce de mon fils, meurtrier et voleur !... Sire, aujourd'hui, je vous demande justice contre l'enfant denaturé qui a levé la main sur son père !

DONA MERCÉDÈS, soutenue par doña Flor.

Mon Dieu ! mon Dieu !

DON CARLOS.

Mais savez-vous bien que c'est la mort de votre fils que vous me demandez là ?...

DON RUIZ.

Je ne sais si c'est la mort que je demande ; mais, à coup sûr, c'est justice !

DON CARLOS.

Elle te sera faite. (Mouvement des Gens du peuple. Ils forment des groupes et parlent entre eux. — A don Velasquez, qui est à droite près de doña Mercédès.) Don Velasquez, ne vous représentez devant moi que quand le coupable sera arrêté.

DON VELASQUEZ, bas, à doña Mercédès.

Le coupable !... Entendez-vous cela, Mercédès ? Et c'est la mort !... la mort, qui attend votre fils et le mien... et vous ne parlerez pas ?

DONA MERCÉDÈS, passant comme pour aller au Roi.

Ah ! c'en est trop... et je veux...

DON RUIZ, au milieu, la saisissant par la main.

Silence !... silence, madame !... je vous l'ordonne !...

(Elle s'arrête sous le regard terrible de don Ruiz.)

DON CARLOS, qui a suivi ce mouvement, à part.

Qu'avait donc à dire cette femme ?

SEPTIÈME TABLEAU

Un appartement chez don Ruiz. — Porte au fond. — A droite, don Ruiz, pâle et immobile, assis auprès d'une table; sur cette table un candélabre allumé. — De l'autre côté, Mercédès accroupie sur des coussins et la tête renversée sur le siége d'un canapé. — Doña Flor près d'elle, à sa droite. — Le théâtre est faiblement éclairé.

SCÈNE PREMIÈRE

DON RUIZ, DONA MERCÉDÈS, DONA FLOR.

DONA FLOR.

Ma mère, ma mère!... n'y a-t-il donc aucun moyen de sauver don Fernand?... (Silence.) Oh! répondez-moi, ma mère!

DONA MERCÉDÈS, avec effort et sans voix.

Aucun.

DONA FLOR.

Mais enfin, madame, il me semble que, si, après vingt ans de mariage, vous demandiez cette grâce à don Ruiz...

DONA MERCÉDÈS.

Il me la refuserait.

DONA FLOR.

Cependant, madame, un père est toujours un père.

DONA MERCÉDÈS, cachant sa figure dans ses mains.

Oui!... un père!... N'ayons d'espoir qu'en Dieu, ma fille. Peut-être aura-t-il permis que Fernand ait pu s'échapper.

DONA FLOR.

Hélas! madame!

DONA MERCÉDÈS, se soulevant.

Il est arrêté?...

DONA FLOR.

Il s'est rendu.

DONA MERCÉDÈS.

A qui?

DONA FLOR.

A celui qui avait ordre de le ramener mort ou vif, et qui ne pouvait, sans crime, désobéir à cet ordre : au grand justicier d'Andalousie, à mon père, madame.

DONA MERCÉDÈS, se relevant.

Votre père!... c'est votre père qui le livre au supplice?

DONA FLOR.

Il l'a arraché à une mort inévitable, madame, et, en retardant sa dernière heure, il lui a laissé ces chances suprêmes de salut que gardent toujours au condamné l'amour d'une mère et la clémence d'un roi. Fernand était poursuivi par la foule. A cette foule s'étaient joints des soldats. Lassé de fuir, et se réfugiant dans la tour de Vela, il avait attendu là ceux qui le poursuivaient. Le combat s'était engagé avec un acharnement mortel, c'était une lutte désespérée. Fernand s'était posté dans l'escalier étroit et tournant qui conduit à la plateforme, et la défense lui était facile. Son épée dans la main droite, le bras gauche enveloppé dans son manteau, dont il s'était fait un bouclier, il combattait marche à marche, et sur chaque marche un homme était tombé. Le combat durait, et l'issue n'en pouvait être douteuse, lorsque mon père arriva : « Ne le tuez pas!... ne le tuez pas!... cria-t-il avec désespoir; il importe que je le prenne vivant. — Vivant! cria Fernand à son tour. L'un de vous ne vient-il pas de dire qu'il me prendrait vivant? — Oui, moi, don Velasquez. » Et, sans attendre la réponse, mon père s'élança à travers les assaillants, et franchit les degrés vides jusqu'à portée du bras de don Fernand. « Que voulez-vous? lui dit votre fils. — Ce que je veux, c'est que vous me rendiez votre épée; ce que je veux, c'est que vous renonciez à vous défendre et que vous vous reconnaissiez mon prisonnier. — Et à qui avez-vous promis d'accomplir un pareil miracle? — Au roi. — Eh bien, retournez vers le roi et dites-lui que vous avez été chargé d'une mission impossible. — Mais qu'espérez-vous donc, insensé? — Mourir en tuant! — Alors... tue!... » répondit mon père en présentant sa poitrine. Et, comme le bras de Fernand s'abaissait, il fit un pas vers lui et reprit de nouveau : « Votre épée! — Jamais! — Je vous en prie, Fernand. — Jamais! — Fernand, je vous en supplie! » Et mon père tendit la main. En ce moment, les regards de votre fils rencontrèrent ceux du grand justicier. Fernand balbutia encore quelques mots, comme si, dominé par une puissance inconnue, il s'efforçait en vain de se soustraire à l'étrange fascination exercée sur lui. Puis sa tête s'inclina lentement sur sa poitrine, sa main s'ouvrit comme si elle avait perdu toute sa force, et son épée tomba aux pieds de mon père.

DON RUIZ, à doña Flor.

Retirez-vous, mon enfant!

(Elle sort par le fond.)

SCÈNE II

DONA MERCÉDÈS, DON RUIZ.

DON RUIZ, s'approchant de doña Mercédès, qu'il n'a pas quittée du regard depuis la dernière partie du récit.

Ainsi, madame, pour la seconde fois, le lion s'est fait agneau à la voix de don Vélasquez... Ainsi, tandis qu'il insulte tout haut à mon autorité et outrage en public mes cheveux blancs, votre fils, obéissant malgré lui à une puissance secrète, inconnue, fait preuve envers un autre... envers un étranger, d'une déférence sans borne et d'un respect... presque filial... (Mouvement de doña Mercédès.) Cela ne vous surprend-il pas autant que moi, ou, du moins, ne redoutez-vous rien des réflexions auxquelles peut donner lieu ce rapprochement?... Ne serait-ce point ici que la voix du sang est muette, et qu'elle parle là-bas?...

DONA MERCÉDÈS, avec effroi et se levant.

Don Ruiz!

DON RUIZ.

Silence!... on pourrait nous entendre. Tantôt, le péril du coupable, la menace du roi don Carlos ont failli vous arracher un aveu que j'ai arrêté sur vos lèvres. Cet aveu, je demande, j'exige qu'il n'en sorte jamais. Vous comprendrez, madame, que c'est bien assez pour moi d'avoir été outragé par le fils, sans que je me résigne encore à m'entendre déshonorer par la mère!

DONA MERCÉDÈS.

De grâce...

DON RUIZ.

Laissez-moi parler. Par un mot, par la révélation d'un secret gardé depuis vingt-cinq ans, vous réussirez sans doute à diminuer aux yeux de tous la grandeur du crime et à désarmer la rigueur du châtiment; mais ne l'oubliez pas, ce mot qui sauve est en même temps le poignard qui tue. Votre position est telle, que vous ne pouvez préserver la tête du fils qu'en immolant l'honneur du père. Or, cet honneur, madame, je le défendrai, non pas seulement comme mien, mais comme appartenant à ceux qui me l'ont transmis pur et sans tache avec leur nom. (Montrant une petite croix.) Il y eut un jour, doña Mercédès, où, debout devant moi et détachant de la muraille cette croix pendue au chevet de votre lit, vous me dîtes : « Don Ruiz, jurez-moi que jamais un mot relatif au passé ne sortira de votre bouche. » J'en pris l'engagement devant Dieu; j'ai tenu parole, madame. Aujourd'hui, à mon tour, c'est moi qui viens à vous cette croix à la main, et qui vous dis : Au nom du Dieu sauveur, jurez-moi de garder enseveli au fond de votre cœur le secret qui, vingt-cinq ans, a dormi dans le mien?

DONA MERCÉDÈS, avec désespoir.

Fernand! Fernand!

DON RUIZ.

Jurez-le, madame, et que Dieu vous fasse la grâce d'être fidèle à votre serment comme je l'ai été à ma parole.

DONA MERCÉDÈS, étendant lentement la main sur la croix que lui présente don Ruiz.

Ah! ah!...

(Elle cache, en sanglotant, sa figure dans ses mains.)

SCÈNE III

Les Mêmes, DONA FLOR.

DONA FLOR, accourant.

Ah! madame!... le roi!

DON RUIZ et DONA MERCÉDÈS.

Le roi!

DONA FLOR.

C'est vous qu'il a demandée en entrant, c'est à vous qu'il veut parler, madame.

DONA MERCÉDÈS.

A moi?

DON RUIZ, bas, à Mercédès.

Pas un mot! pas un geste!... (Indiquant la porte à gauche.) Je serai là...

(Il sort rapidement en lançant à Mercédès un dernier regard.)

DONA FLOR.

Le roi!

(Don Carlos entre; deux ou trois personnes qui l'accompagnent s'arrêtent au fond.)

DONA MERCÉDÈS, s'élançant vers lui et se jetant à ses pieds.

Ah! sire!... vous n'avez pas condamné le fils puisque vous venez chez la mère!...

DON CARLOS.

Qu'on nous laisse seuls.

(Doña Flor se retire. — La porte du fond se ferme.)

SCÈNE IV

DON CARLOS, DONA MERCÉDÈS.

DON CARLOS.

Levez-vous, madame; commandez, s'il se peut à votre émotion, reprenez vos esprits; car, avant d'aborder le sujet qui m'amène, je désire que vous soyez parfaitement rendue à vous-même.

DONA MERCÉDÈS, après avoir essuyé ses larmes et s'efforçant de reprendre son calme.

Je vous écoute, sire.

DON CARLOS.

Un attentat vient d'être commis, si nouveau, qu'il est sans précédent dans l'histoire d'Espagne; si monstrueux, qu'il étonne la conscience publique. Or, plus le crime est monstrueux, révoltant, inouï, plus je lui cherche une explication, et cette explication, c'est à vous que je viens la demander.

DONA MERCÉDÈS, tressaillant.

A moi, sire?... Le roi a résolu de m'interroger?...

DON CARLOS.

Je ne suis pas roi... ici du moins...

DONA MERCÉDÈS.

Qu'êtes-vous donc, sire?

DON CARLOS.

Je suis un confesseur. (S'approchant du canapé.) Venez là, Mercédès, et racontez-moi votre vie.

DONA MERCÉDÈS, avec effort.

Ma vie?... Comment et en quoi le récit de ma vie peut-il intéresser Votre Majesté?...

DON CARLOS.

Comme l'aveu du pécheur intéresse le ministre de Dieu qui le condamne ou l'absout. (Il s'assied.) Racontez-moi votre vie, doña Mercédès.

DONA MERCÉDÈS.

Sire... je n'ai rien à vous en dire... sinon qu'elle s'est passée dans les larmes (suppliant don Carlos du regard), et que, suivant votre clémence ou votre sévérité, elle finira dans la joie, ou s'éteindra dans le désespoir.

DON CARLOS.

Sommes-nous bien seuls ici, madame ?

DONA MERCÉDÈS, d'une voix étouffée.

Seuls.

DON CARLOS.

Ce que vous auriez à me confier à voix basse et à genoux, personne que moi ne l'entendrait ?

DONA MERCÉDÈS.

Personne.

DON CARLOS.

Pour la troisième fois, Mercédès, racontez-moi votre vie.

DONA MERCÉDÈS.

Sire, j'ai répondu... comme je réponds encore : le récit de ma vie ne vous apprendrait rien...

DON CARLOS, se levant, comme à lui-même.

Ainsi, point de faute cachée!... point de mystère dans l'existence de cette femme!... point d'excuse au crime!... Ainsi, c'est bien le père qui est venu me demander justice contre le fils! c'est bien le fils qui a levé la main sur son père!...

(Il passe à droite.)

DONA MERCÉDÈS.

Ah ! sire!... qui peut dire comment cela s'est fait?... qui peut dire si le bras fut coupable et si le hasard ne l'a pas égaré?... Avait-il conscience de ses actions, celui que, dans ce moment-là, un adversaire provoquait, insultait peut-être?... Non... Je ne veux rien dire qui soit à la charge de don Ramiro : il a tout fait pour éviter cette fatale querelle, je veux le croire, je le crois ; mais, sire, il avait l'épée à la main, et, devant une épée, demander à Fernand de reculer, c'était demander au sanglier blessé de ne pas faire tête au chasseur, à un insensé d'avoir sa raison. Don Ruiz le sait bien; et, le sachant, comment a t-il pu croire que sa voix serait écoutée?... Qu'espérait-il en menaçant, lorsqu'en priant, la mère elle-même n'eut peut-être rien obtenu de son fils?... Et cependant qui doute du cœur de Fernand, de son respect pour moi, de sa tendresse? Personne! oh! personne, sire! Eh bien, me chérissant comme il me chérit, lorsque, tout jeune encore, presque enfant, il se croyait l'objet d'une raillerie ou d'un dédain, quand le sang lui montait au visage avec la colère, il devenait sourd à ma voix, il méconnaissait mes ordres, il m'eût repoussée aussi, comme il a fait de don Ruiz... Seulement, moi, je ne menaçais pas, je pleurais, et, dès que s'éclaircissait le voile que la colère avait jeté sur ses yeux, dès que le jour se faisait dans cette âme un moment obscurcie, il venait en silence s'agenouiller devant moi; ses yeux baissés semblaient craindre de rencontrer les miens; il pleurait à son tour, et sa vie, alors, il l'eût donnée pour expier sa faute... Sire, on ne demande pas compte de ses actes à l'enfant que la raison n'éclaire pas encore. Celui qui la perd une heure, un instant... pendant cette heure, cet instant, n'est-il pas redevenu un enfant, et ne peut-on lui pardonner?... Sire, la volonté fait le crime, et celui-là n'est pas coupable qui a agi sans discernement. Sire, Fernand n'est pas criminel! ce n'est qu'un malheureux digne de pitié.

(Elle tombe à genoux.)

DON CARLOS.
Ce n'est pas à ma pitié, madame, que l'on a fait appel, c'est à ma justice.

DONA MERCÉDÈS.
Oui, je le sais... et, si elle doit être inflexible, puisse celui qui l'a invoquée en éprouver un remords éternel!

(Elle se relève.)

DON CARLOS.
Femme, celui qui l'a invoquée est un père, c'est-à-dire le chef de la maison, le représentant de Dieu dans la famille, comme je suis son représentant sur le trône. Qui l'outrage est impie, qui le frappe est sacrilége... C'était son droit de me demander justice; c'était pour lui une obligation, car tout chef de famille est un gardien de la morale publique. Et quel plus grand attentat contre les lois divines et humaines que le fils révolté contre le père, que le vassal foulant aux pieds

son suzerain, que la créature souffletant le créateur!... Pleure, tu es femme; prie, tu es mère; mais laisse-nous, nous autres hommes, accusateur ou juge, père ou roi, suivre inflexiblement la ligne du devoir.

DONA MERCÉDÈS.

Non, sire!... un père ne dénonce pas son fils!... Vous parlez du renversement de toutes les lois naturelles?... En serait-il un plus grand que celui-là : le père dénonçant sa propre chair?... (Elle rencontre le regard de don Carlos.) Oui... je sais que don Ruiz l'a fait, aveuglé qu'il était par son ressentiment; mais, devant les conséquences de cette action, peut-être s'épouvante-t-il au fond du cœur! peut-être voudrait-il déjà désarmer votre main sévère du glaive que lui-même y a placé. La voix qui a crié vengeance serait-elle moins écoutée si elle criait grâce?... De quel nom faudrait-il appeler cette justice qui se prévaudrait de l'accusation et repousserait la défense, qui accueillerait la colère et serait sans pitié pour les remords?... Ah! sire, par ceux qu'il aurait un jour, par mon désespoir...

DON CARLOS.

Pourquoi donc êtes-vous seule à me supplier, doña Mercédès?

DONA MERCÉDÈS.

Sire...

DON CARLOS.

Pourquoi donc celui dont les entrailles ont droit de s'émouvoir aussi à l'approche du jugement, n'est-il pas là, à vos côtés?...

DONA MERCÉDÈS.

Je vais...

DON CARLOS, la saisissant par le bras et la faisant tomber à genoux.

Pourquoi m'as-tu dit qu'un père ne dénonçait pas son enfant?... pourquoi l'a-t-il fait, lui?

DONA MERCÉDÈS.

Au nom du ciel!

DON CARLOS.

Tu vois bien, femme, que tu me trompais...

DONA MERCÉDÈS, se relevant.

Grâce!...

(Elle passe à droite.)

DON CARLOS.
Tu vois bien que Fernand n'est pas son fils...
DONA MERCÉDÈS, tombant de nouveau à genoux.
Malheureuse!...
DON CARLOS.
Ah! tu ne m'échapperas plus!... Il y a dans ta vie un mystère que tu t'efforces de me dérober; mais je veux le connaître, entends-tu? je le veux!
DONA MERCÉDÈS.
Mon Dieu! donnez-moi la force de me taire!...
DON CARLOS.
Don Ruiz est-il le père de Fernand?... Réponds! réponds-moi donc!
DONA MERCÉDÈS, d'une voix étouffée.
C'est son père.
DON CARLOS.
Ah! tu m'as bien compris pourtant?... Tu sais qu'en persistant dans ton mensonge, c'est l'arrêt de ton fils que tu prononces?... Tu sais que tu le condamnes à un supplice tel, qu'il restera dans la mémoire des hommes comme un effrayant exemple de ma sévérité?... Tu sais tout cela, femme, n'est-ce pas?
DONA MERCÉDÈS.
Tuez-moi, seigneur!... tuez-moi!
DON CARLOS.
Don Ruiz est-il le père de Fernand?
DONA MERCÉDÈS.
C'est... son père.
DON CARLOS.
Eh bien, meure donc celui l'a frappé!
DONA MERCÉDÈS, se relevant vivement.
Arrêtez!... non... cet enfant...
DON CARLOS.
Eh bien, cet enfant?... Parle! parle!

SCÈNE V

DON CARLOS, DONA MERCÉDÈS, DON VELASQUEZ.

DON VELASQUEZ, s'élançant aux pieds du Roi.
Sire! c'est le mien.

DONA MERCÉDÈS.

Je me meurs!

DON CARLOS.

Ah! je savais bien, moi, qu'un fils ne donnait pas un soufflet à son père!...

DON VELASQUEZ.

Non, sire! Fernand ne l'a pas fait!... Dieu, qui a permis que sa main ne restât pas toujours innocente, n'a pas voulu, du moins, qu'elle fût souillée d'un si grand crime. Que la mère se taise, ou contrainte ou confuse; qu'elle n'ose où ne puisse confesser la vérité, même en présence du billot préparé pour son fils, je la plains, je l'excuse; je ne la juge pas. Mais que l'on me demande, à moi, d'étouffer dans mon cœur la voix qui me crie: « Sauve-le, c'est ton devoir!... Sauve-le, c'est ton fils!... » que je m'impose une discrétion barbare, et craigne, même aux dépens de l'honneur de la mère, de préserver la tête de l'enfant?... Non, sire, ce serait criminel, révoltant, impossible... Mercédès, pardonnez-moi, vous que j'ai tant aimée! vous dont je n'ai jamais prononcé le nom qu'avec respect; vous qui, même après mon aveu, n'avez pas perdu tout droit à la considération, à l'estime!... pardonnez-moi de vous avoir forcée à rougir d'une faute qui fut la mienne, et, plus encore, celle de nos familles! Pourquoi la haine succéda-t-elle à l'amitié qui les avait unies jusque-là? pourquoi voulurent-elles séparer ceux qu'elles avaient rapprochés?... Qu'avions-nous à voir, nous, pauvres enfants nés l'un près de l'autre, qui avions grandi l'un pour l'autre, qu'avions-nous à voir aux haines de nos parents?... Et quand, pendant dix ans, on nous avait répété chaque jour: « Aimez-vous! » n'étions-nous pas bien excusables de ne pas obéir, quand on nous disait tout à coup: « Haïssez vous!... »

DONA MERCÉDÈS, qui était assise, à part, en se levant.

Oh! quel souvenir!... (Faisant un mouvement pour sortir.) Sire, permettez...

(Un regard de don Carlos la retient. — Elle s'agenouille.)

DON VELASQUEZ.

Voilà ce qui la perdit, ce qui nous perdit tous deux... Oh! ce fut une terrible épreuve, quand, déjà coupable, et toujours repoussé par son père, prêt à suivre le Génois Christophe Colomb sur des mers inconnues, je reçus une lettre d'elle, qui m'avertissait des conséquences de notre faute, et m'apprenait que nous n'étions pas malheureux à demi. Je dévorai l'espace qui sépare Palos de Cordoue. Je sautai dans une barque attachée au rivage, et, profitant de la nuit, ainsi que des flots grossis du Guadalquivir, qui m'élevaient presqu'au balcon où elle avait coutume de m'attendre, je m'élançai près d'elle... Oh! Mercédès! Mercédès! ne vous suppliai-je pas de fuir avec moi?... Votre père venait d'être ruiné, et vous, la dernière consolation, la seule compagne de votre père devenu pauvre, vous étiez résolue à lui tout confier, à vous exposer à sa colère, mais à ne pas le quitter... Dites si, vingt fois dans cette nuit, je ne descendis pas dans ma barque et ne remontai pas au balcon?... Dites si, la dernière, je ne vous pris pas dans mes bras et ne voulus pas vous emporter de force?... On venait à vos cris... il fallait fuir... Je la quittai pour toujours, sire, et je tombai sans mouvement en sentant son cœur se détacher du mien.

(Mercédès s'incline et tombe à genoux devant le Roi.)

SCÈNE VI

DON CARLOS, DONA MERCÉDÈS, DON VELASQUEZ, DON RUIZ.

DON RUIZ, qui s'est avancé lentement.

Relevez-vous, Mercédès. Vous avez quelque chose à ajouter au récit de cet homme...

(Il la fait passer près du Roi, et descend tout à fait à droite.)

DONA MERCÉDÈS.

Oui, car il fut bien noble, celui qui, en apprenant la ruine de mon père, vint lui demander ma main, c'est-à-dire le droit de substituer sa fortune à celle que nous avions perdue. Il fut bien généreux, celui qui, froidement accueilli par moi... et presque repoussé, n'en témoigna ni dépit ni ressentiment, et qui, m'aimant enfin, et pressé par mon père de m'arracher une réponse, entendit, sans paraître m'en respecter moins, le terrible aveu que j'avais à lui faire. Oui, sire, il fut bien grand, l'homme dont je déchirais le cœur en ce moment, et qui, me prenant les mains, me dit: « Mercédès, votre père veut être obéi. Je retirerais bien ma demande ; mais à quoi cela servirait-il ? Un jour ou l'autre, il faudra que le monde sache tout... et alors, vous serez déshonorée !... Un homme peut vous sauver, qui vous soit assez dévoué pour être votre époux aux yeux du monde, et un frère seulement vis-à-vis de vous. Je vous offre d'être ce frère, cet époux. Lorsque j'aime, Mercédès, c'est avec toutes les passions, non-seulement du cœur, mais encore de l'âme, et le dévouement est au nombre de ces passions... — Ah ! mon frère, m'écriai-je ayez pitié de votre femme, et sauvez l'honneur de mon père !... » Voilà ce qu'est don Ruiz, sire, et voilà ce que je lui dois !...

DON RUIZ, passant au milieu, à don Carlos.

Et maintenant, roi don Carlos, à vous d'apprécier le crime, et de savoir ce que vous ferez du nom que je porte.

DON CARLOS.

Demain, Grenade connaîtra ma sentence !

ACTE CINQUIÈME

HUITIÈME TABLEAU

Une vaste terrasse devant l'Alhambra. — A gauche, le palais. — En face, à droite, l'entrée d'une prison. — Au fond, et dominée par la terrasse, la ville de Grenade, vers laquelle on descend par une large rampe qui longe à droite les murs de la prison. — Au lever du rideau, Ginesta, vêtue de blanc et enveloppée dans un long voile de novice, est assise sur une pierre, à la porte de l'Alhambra. — Comacho, assis par terre, au fond, paraît fort occupé à jouer aux cartes avec deux autres de ses compagnons. — Vicente, son chapeau posé sur le visage pour se garantir du soleil, est couché tout de son long du côté de la prison, comme un homme qui fait sa sieste. — Torribio, vêtu en mendiant, et debout vers le côté gauche de la scène, paraît s'être placé là pour implorer la pitié de ceux qui entrent à l'Alhambra.

SCÈNE PREMIÈRE

GINESTA, TORRIBIO, COMACHO, VICENTE et DEUX AUTRES

BANDITS, DON LOPEZ et UNE DIZAINE DE SEIGNEURS, sortant successivement et par groupes du palais.

Tous ces Seigneurs traversent en causant la terrasse et se dirigent vers la rampe qui descend à Grenade. Quelques-uns d'entre eux font l'aumône à Torribio, qui tend la main sur leur passage.

DON LOPEZ, aux deux Seigneurs avec lesquels il cause.

Qu'un roi païen ou more fasse consister sa grandeur à se rendre invisible même à ses courtisans les plus intimes, cela se conçoit de la part d'un despote barbare; mais qu'un prince chrétien, un roi d'Espagne, affecte de se dérober aux regards de ses fidèles sujets avec autant de soin que le feraient un sophi de Perse ou un sultan des Turcs, voilà ce que per- ne saurait approuver.

PREMIER SEIGNEUR.

Votre humeur est légitime, don Lopez; par bonheur, la conduite de votre fils don Ramiro se justifie d'elle-même, et il n'est pas nécessaire que vous intercédiez pour lui auprès du roi.

DON LOPEZ.

Eh! vive-Dieu! don Manoel, le roi n'a-t-il donc à s'occu- per que de mon fils? Et, à propos de ce duel et de ses consé- quences fatales, un autre que Ramiro n'est-il pas en cause? Cependant que fait le roi don Carlos pendant que les heures du jour s'écoulent? Vous le savez, vous, don Manoel, vous qui de loin, comme moi, avez pu apercevoir l'intérieur de la chambre royale. Isolé dans sa pensée et penché sur la carte d'Espagne, il suit des yeux le courrier qui lui apporte le résultat de l'élection de Francfort et le nom du nouvel empereur d'Allemagne! Par saint Jacques, don Manoel, on ne se joue pas avec cette indifférence de l'impatience de tout un peuple et de la douleur d'une famille.

PREMIER SEIGNEUR.

Je ne sais, don Lopez, si, dans l'intérêt de ceux qui sont en cause, vous avez raison de souhaiter que ce jeune homme s'arrache à son isolement et à sa rêverie; car, s'il en sort, je crains bien que ce ne soit pour quelque chose de ter- rible.

(Pendant ces dernières phrases, un Officier débouche de droite et se dirige vers le palais. — Don Lopez et les Seigneurs échangent un signe et repren- nent leur chemin vers la droite.)

TORRIBIO, au moment où ils passent près de lui.

Messeigneurs, ayez pitié d'un pauvre estropié, s'il vous plaît !

SCÈNE II

LES MÊMES, hors DON LOPEZ et LES SEIGNEURS.

L'OFFICIER, à Ginesta.

Je vous ai dit, señora, que le moment n'est pas venu pour vous de parler au roi.

GINESTA.

Voilà quatre heures que j'attends sans me plaindre, señor; j'attendrai bien encore le bon plaisir de Sa Majesté. La seule grâce que je demande, c'est que l'on ne me chasse pas d'ici. Non ! ce n'est pas la seule. Peut-être votre devoir ne s'oppose-t-il pas à ce que vous m'appreniez ce que l'on a fait de don Fernand, dans quelle prison il a été conduit ?

L'OFFICIER.

Je l'ignore, señora.

(Il entre au palais.)

TORRIBIO, qui peu à peu s'est approché de Ginesta, vivement et à voix basse.

Je le sais, moi.

GINESTA.

Vous ?

TORRIBIO.

Chut !

GINESTA, descendant vivement la scène avec Torribio.

Vous ?

TORRIBIO.

Oui, moi.

GINESTA, la reconnaissant.

Torribio !

TORRIBIO.

Diantre ! je suis fâché que vous m'ayez reconnu si vite. Cela prouve que les autres n'y trouveraient pas plus de difficulté que vous, et, ceci posé, je crois que nous ferions aussi bien d'aller causer ailleurs.

GINESTA.

Pourquoi ?

TORRIBIO.

Parce que je me suis de nouveau brouillé avec la justice. Dire qu'hier encore, nous étions si bien ensemble ! Mais c'est une fatalité ! Depuis que je me connais, soit par sa faute, soit par la mienne, nous n'avons jamais pu vivre huit jours de suite en bonne intelligence.

GINESTA, avec angoisse.

Où est-il, Torribio? où est-il?

TORRIBIO, indiquant la prison à droite.

Là !

GINESTA.

Dans la prison des condamnés ! Tu l'as vu ?

TORRIBIO.

Je lui ai parlé.

GINESTA.

Quand ?

TORRIBIO.

Cette nuit.

GINESTA.

Comment ?

TORRIBIO.

Par sa fenêtre, huché que j'étais sur les épaules de quatre hommes dont le premier, celui de dessous, se tenait en équilibre sur un fragment de roche en saillie, à une vingtaine de pieds au-dessus de la route. Nous disons vingt... et mettons seize environ pour la hauteur de la pyramide, ça nous fait de trente-six à quarante pieds d'élévation au-dessus du sol, qui est très-raboteux en cet endroit. Vous saurez dans un instant pourquoi je suis si ferré sur la hauteur à laquelle je me trouvais. Donc, mes quatre hommes aidant, et un cinquième qui a eu l'idée de se faire alguazil, non pas par vocation, mais pour s'entretenir la main ; un cinquième, dis-je, Calabasas, aidant aussi en faisant le guet, me voilà à la fenêtre du capitaine. « Je voudrais, lui dis-je en passant mon nez entre deux barreaux, avoir à vous offrir un escalier plus commode que celui-ci ; mais, tel qu'il est, on y monte ; et, si on monte, on peut descendre. Un bond jusqu'à la croisée (c'est votre affaire), un coup de lime au grillage (ça me regarde), et vous êtes libre... — Merci de ton dévouement, ami, merci de ton souvenir... » Et comme l'accent de ce merci ne me convenait qu'à moitié : « Capitaine, ajoutai-je tout en continuant mon opération sur le premier barreau, rien n'est perdu quand cinquante gaillards comme nous sont prêts à se faire tuer pour sauver la vie d'un homme... — Non, ma vie a déjà coûté l'existence à trop de gens : ne vous occupez pas de moi, mes amis... — Pardieu! dit une voix qui partait de la même cellule, mais d'un coin tellement sombre, qu'un chat-huant n'aurait pu y rien distinguer, puisque ce gentilhomme ne se sent pas d'humeur à profiter de vos services, j'en profiterai volontiers, moi... — Vous n'êtes donc pas seul ici, capitaine?... — Eh! non, reprit la voix, il n'est pas seul; mais, comme il le sera demain, au dire d'un petit chiffon de papier qu'on est venu me lire ce soir de la part du tribunal, autant vaut que je me sépare de lui tout de suite et que j'épargne à la justice le soin de m'arranger un cortége... » Je commençais à reconnaître cette voix sans pouvoir me rappeler cependant où je l'avais entendue... « Mon brave homme, dis-je, vous me semblez on ne peut plus intéressant; mais vous comprendrez que, si j'expose ma vie pour mon capitaine, je n'éprouve nullement le besoin de me faire trouer la peau pour vous... — Ah! tu refuses, Torribio?... — José l'Aragonais!... » C'était José l'Aragonais!... je l'avais reconnu... José, le traître qui a fait tomber notre ancien chef dans une embuscade!... « Te voilà donc pris!... Te voilà donc où tu aurais voulu nous voir! Oh! si je te tenais! — Ah! tu refuses! » qu'il me dit, et soudain il pousse un cri de rage. A ce cri, la porte s'ouvre : deux ou trois alguazils, l'arquebuse au poing, paraissent sur le seuil de la cellule. Le scélérat leur montre la croisée. Une balle siffle, je l'esquive; une seconde, je me baisse; à la troisième, l'escalier fléchit, la pyramide chancelle, elle s'égrène, je reste en l'air... On veut saisir ma main : je lâche les barreaux... et, sans savoir comment, sans avoir eu le temps de me voir descendre, je me trouve assis sur la route! De trente-six à quarante pieds, je ne me trompe pas de six pouces...

(Pendant ce récit, Vicente, Comacho et les deux autres se sont levés et approchés peu à peu, ayant toujours l'œil au guet, afin de ne pas éveiller l'attention. — A la fin du récit, tous sont auprès de Torribio.)

GINESTA, à elle-même.

Fernand enfermé avec un criminel, avec un condamné à

mort! (Se tordant les mains avec désespoir.) Mais je ne pourrai donc pas voir le roi?

TORRIBIO.

Maintenant, señora, que l'échafaud se dresse ici ou ailleurs, que ce soit à ce coquin de José d'y monter ou à notre capitaine, nous serons là.

VICENTE.

Pour laisser faire s'il s'agit de José.

COMACHO.

Pour nous ruer sur l'escorte, s'il s'agit de don Fernand.

(En ce moment arrive sur l'esplanade un chef d'Alguazils, suivi d'un peloton de ses hommes. Il va avec eux vers la prison. Parmi ces hommes est Calabasas. Il marche le dernier. L'Officier s'arrête, frappe, le guichet s'ouvre, puis la porte. L'Officier fait entrer sa troupe. Pendant qu'elle pénètre dans la prison, Calabasas jette, en passant, un mot dans l'oreille de Comacho.)

CALABASAS, à Comacho.

Il est condamné.

COMACHO, à Vicente.

Condamné!

VICENTE, à Torribio.

Condamné!

TORRIBIO, aux autres.

Condamné!

(Ces mots ont passé de bouche en bouche avec une extrême rapidité. L'Officier a placé de chaque côté de la porte, qui reste ouverte, deux Alguazils. L'un des deux est Calabasas. A peine les mots précédents ont-ils été prononcés, que l'on voit apparaître sur l'esplanade deux files de pénitents noirs qui se dirigent vers la prison.)

GINESTA, avec effroi.

Quels sont ces hommes, Torribio?

TORRIBIO.

Ce sont les frères de la Miséricorde, señora.

GINESTA.

Et que viennent-ils faire?

TORRIBIO.

Ils ont pour mission...

GINESTA.

D'accompagner le condamné au supplice?

TORRIBIO.

Non, señora, non pas de l'accompagner, mais... Ma foi!

j'aimerais autant qu'un autre que moi vous donnât ces explications.
GINESTA.
Achève !
TORRIBIO.
Mais... d'aller chercher son corps pour l'ensevelir quand le bourreau a rempli sa tâche. (Ginesta paraît près de s'évanouir.) Voyons, señora, un peu d'énergie !... Rien ne prouve encore qu'il soit question du capitaine. Moi, j'espère toujours qu'il s'agit de ce gueux de José. Ah ! brigand ! si je te tenais !
VICENTE.
Quelqu'un sort du palais.
TORRIBIO.
C'est le grand justicier.
(Ils remontent vers le fond.)

SCÈNE III

Les Mêmes, DON VELASQUEZ.

GINESTA.
Ah ! monseigneur, vous qui savez pour qui se font ces apprêts funèbres, ayez pitié de mon effroi et de mes tortures !
DON VELASQUEZ, d'un ton morne et d'une voix étouffée.
Que demandez-vous, ma sœur ? Je ne suis plus chef de la justice. Titre, rang, dignité, j'ai tout rendu à celui de qui je tenais tout. Je ne suis rien qu'un pauvre gentilhomme isolé, sans amis, qui n'a pas même le crédit de pénétrer jusqu'à son roi et de lui crier grâce !
(Il tombe assis sur la pierre qui servait de siége à Ginesta au commencement du tableau.)
GINESTA.
Quoi ! même pour vous, le roi est invisible ?
DON VELASQUEZ.
Le roi n'est plus au palais... et nul ne sait où n'a daigné me dire de quel côté il a porté ses pas.
GINESTA, avec désespoir.
Oh ! mon Dieu !
(Un Héraut d'armes suivi de quatre trompettes, marchant entre deux pelotons de Gardes la hallebarde sur l'épaule, sort de l'Alhambra et se dirige vers

la ville. La foule envahit le théâtre de chaque côté. Le Hérant arrive à l'entrée de la rampe qu'il descend ; le cortége s'arrête ; les trompettes sonnent ; le Héraut se penche sur la balustrade et lit.)

LE HÉRAUT.

« Carlos, roi, faisons savoir à tous que le crime dont Fernand de Torillas s'est rendu coupable étant de ceux auxquels la miséricorde divine peut seule pardonner, nous voulons et ordonnons qu'aujourd'hui, à la même heure et à la même place où fut commis le crime, Fernand de Torillas, la tête voilée, comme les sacriléges, soit décapité par la main du bourreau. Moi, LE ROI. »

(Les trompettes sonnent de nouveau ; le cortége reprend sa marche.)

TORRIBIO, à ses Compagnons.

A notre poste !

(Ils disparaissent sur les pas des Soldats. Velasquez, sans mouvement et sans force, pleure, la figure cachée dans ses mains.)

GINESTA, morne et immobile.

Lui, c'est lui !... et plus d'espoir !... plus rien !

(La foule commence à envahir la scène.)

SCÈNE IV

Les Mêmes, Peuple, DONA MERCÉDÈS, DONA FLOR.

DONA MERCÉDÈS, entrant éperdue.

Le roi !... le roi !... où est-il ?... Dites-le, je veux le voir... Conduisez-moi.

DON VELASQUEZ, tressaillant à cette voix et se levant avec terreur.

Mercédès !

VOIX DANS LA FOULE.

C'est la mère !...

DON VELASQUEZ, serrant doña Flor dans ses bras.

Oh ! bénie sois-tu, ma fille, qui ne l'as pas quittée !

GINESTA, à doña Mercédès.

Madame, venez !... éloignons-nous d'ici.

DONA FLOR, la suppliant.

Venez, venez, ma mère !

(On entend le glas d'une cloche. Tous les personnages restent immobiles et comme pétrifiés. La porte de la prison s'est ouverte : des Soldats en sortent, qui font reculer et ranger la foule en formant la haie. Dans le chemin laissé libre défilent les Alguazils, puis tout le funèbre cortége, puis enfin le Condamné, soutenu par deux Hommes et tout entier couvert d'un drap noir; derrière lui vient le Bourreau, puis deux Aides et deux Alguazils.)

DONA MERCÉDÈS, poussant un cri qui meurt comme étouffé dans sa poitrine.

Ah !...

(Elle s'affaisse sur elle-même, presque évanouie; doña Flor et Ginesta sont mourantes à ses côtés.)

DON VELASQUEZ.

Mon fils !... mon fils !... Ah !...

(Les larmes le suffoquent. Le cortége s'éloigne. Les Soldats qui formaient la haie se rapprochent et suivent en fermant la marche. Le Peuple se précipite sur leurs pas.)

DONA FLOR, après un long silence, reprenant à demi ses sens.

Ma mère ! (Pleurant.) Je ne puis rien pour lui... rien pour vous !

DONA MERCÉDÈS.

Pour lui ? Oui... il était là... tout à l'heure... il était... Ma fille !... mes enfants !... ne me quittez pas ! il me semble que je deviens folle... Il était au milieu d'eux... voilà... Je vais... je cours... (Apercevant don Ruiz qui entre.) Ah ! son bourreau !

SCÈNE V

Les Mêmes, DON RUI

DON RUIZ, pleurant.

Non, Mercédès... Le prisonnier du roi... l'homme à qui, depuis ce matin, il a été interdit de faire entendre sa voix, d'émouvoir par ses prières ; l'homme que l'on a conduit ici sans lui permettre de s'approcher de la foule pour crier : « Je pardonne ! » l'homme enfin que son repentir...

(Un immense cri, poussé au loin par la foule, glace de terreur tous les personnages. — La cloche tinte. — La nuit est venue peu à peu.)

DONA MERCÉDÈS.

Fernand !

DON VELASQUEZ..

Mort !

GINESTA.

Ils avaient promis de l'arracher des mains des soldats. Lâches !... oh ! lâches !

DON RUIZ, d'une voix entrecoupée et comme si sa tête s'égarait,

Quels sont les insensés qui avaient promis cela ?... Pouvait-on approcher de la place fatale ? Un triple rang de hallebardiers n'en défendait-il pas toutes les issues ? O roi don Carlos ! malheur à celui qui, emporté par sa colère, s'adresse à ta justice ; car elle est prompte comme la foudre et impitoyable comme la fatalité !

(La nuit est obscure. — Un Homme enveloppé d'un manteau est entré pendant que don Ruiz parlait. — Il s'est tenu dans l'ombre et s'avance lentement. — C'est don Carlos.)

SCÈNE VI

Les Mêmes, DON CARLOS.

DON CARLOS.

Attendez, don Ruiz ; attendez, Velasquez ; attendez tous, avant de juger le roi.

DON VELASQUEZ.

Lui !

DON RUIZ.

Don Carlos !

(En ce moment, la porte de la prison s'ouvre et donne passage aux frères de la Miséricorde, qui passent deux à deux.)

DONA MERCÉDÈS.

Sire, une grâce... Je vous demande une grâce, une seule. — Vous le voyez : ces hommes, ils vont relever au pied de l'échafaud le corps mutilé de mon fils. — Sire, je vous demande les restes de mon enfant !

(Le Roi fait un signe au dernier des Moines ; les autres passent.)

DON CARLOS, s'approchant de don Ruiz, à demi-voix.

Don Ruiz, tu m'avais fait gardien de ton honneur, j'ai voulu qu'il sortît pur et intact de mes mains. J'ai voulu, par la sévérité de ma sentence, prouver à Grenade, à l'Espagne, à tous, que c'était bien le fils qui avait levé la main sur son père. Mais ce que je n'ai pas voulu, don Ruiz, puisque le fils n'était ni assez peu coupable pour n'être point puni, ni assez criminel pour mourir de la mort des parricides, ce que je n'ai pas voulu..., c'est qu'une mère pleurât à jamais son enfant. (Allant à l'Homme et lui découvrant le visage.) Femme, voilà ton fils !

SCÈNE VII.

Les Mêmes, DON CARLOS.

MERCÉDÈS, poussant un cri.

Ah !

DON FERNAND, s'élançant dans ses bras.

Ma mère !

TOUS.

Fernand !

DON CARLOS, à don Velasquez.

Velasquez, vous n'êtes plus mon grand justicier ; mais je

vous fais vice-roi du Mexique. (Mouvement de doña Flor.) Don Ramiro pourra vous y suivre. — Et vous, Ginesta, enfant dévouée (elle s'agenouille)! vous n'êtes ni la bohémienne de la venta du *Roi more*, ni la religieuse du couvent de l'Annonciade... Relève-toi, marquise de Montefior!... sœur de roi et fille de roi! Tu as la grandesse d'Espagne... et cette grandesse, tu pourras, avec ton nom, la donner à ton mari (regardant don Fernand), ce mari fût-il un exilé. (Il fait un signe à don Fernand, qui s'approche.) Monsieur, en vous substituant un coupable obscur que la loi devait frapper aujourd'hui, en laissant croire que c'est sur vous que s'est appesantie ma justice, je vous ai dépouillé de votre noblesse et de votre nom. Vous n'êtes plus Fernand de Torillas... vous êtes un soldat... Mes États du Mexique vous sont ouverts. Partez à l'instant, à l'instant même. — A vous de demander à votre épée un nom nouveau et une noblesse nouvelle.

DON VELASQUEZ, au Roi.

Je pourrai le suivre. — Merci, mon roi, merci!

DON FERNAND.

Ginesta! ma mère! (S'agenouillant devant don Ruiz.) Pardon, mon père! oh! pardon!

DON RUIZ.

Je vous pardonne.

(On entend des rumeurs prolongées.)

DON CARLOS, à lui-même.

Des nouvelles d'Allemagne, peut-être. Est-ce François Ier? est-ce moi?

SCÈNE VIII

Les Mêmes, un Cavalier allemand.

Grands cris de joie au dehors. — La foule accourt par la droite avec des torches. Bruit de canon et de cloches.

LE CAVALIER, un parchemin à la main.

Le roi?... le roi?... Sire!... Écoutez tous, vous ici présents! Écoute, Grenade! écoute, Burgos! écoute, Espagne! monde, écoute !... Salut à Charles-Quint, empereur élu ! Gloire à son règne !... Sire !...

(Il s'agenouille et présente le parchemin au Roi.)

DON CARLOS.

Merci, monsieur le duc de Bavière ; je n'oublierai pas que c'est à vous que je dois l'annonce de cette grande nouvelle.

LE DUC.

Gloire à Charles-Quint ! gloire à l'empereur !

LE PEUPLE.

Gloire à Charles-Quint ! gloire à l'empereur !

DON CARLOS.

Messieurs, gloire à Dieu seul, car Dieu seul est grand.

(Cris et fanfares.)

FIN DU GENTILHOMME DE LA MONTAGNE

LA DAME DE MONSOREAU

DRAME EN CINQ ACTES, EN DIX TABLEAUX

PRÉCÉDÉ DE

L'ÉTANG DE BEAUGÉ

PROLOGUE

EN SOCIÉTÉ AVEC M. AUGUSTE MAQUET

Ambigu-Comique. — 19 novembre 1860.

DISTRIBUTION

CHICOT.. MM.	MÉLINGUE.
HENRI III..	CASTELLANO.
BUSSY..	LACRESSONNIÈRE.
MONSOREAU.......................................	BRÉSIL.
LE DUC D'ANJOU..................................	FAILLE.
SAINT-LUC..	L. LEROY.
LE BARON DE MÉRIDOR.............................	LAUTE.
NICOLAS DAVID...................................	MACHANETTE.
GORENFLOT.......................................	VERNER.
LA HURIÈRE......................................	HOSTER.
BONHOMET..	SCHEY.
LE DUC DE MAYENNE...............................	DORNAY.
LE DUC DE GUISE.................................	PONTIS.
QUÉLUS..	ANTONIN.
DE NANCEY.......................................	RICHER.
AURILLY...	DESORMES.
MAUGIRON..	CONSTANT.
ANTRAGUET.......................................	COURTÈS.
SCHOMBERG.......................................	RÉGNIER.
MONSIEUR DE LORRAINE............................	MARTIN.
LIVAROT...	LAVERGNE.
D'ÉPERNON.......................................	DUCHEMIN.
RIBÉRAC...	LOYER.
UN HUISSIER.....................................	MERCIER.
UN ÉCUYER.......................................	BOURCE.
DEUX VALETS..................................... {	FOULON.
	BERNAY.
DIANE... Mmes	LUTHER FÉLIX.
LA DUCHESSE.....................................	FÉRAUDY.
MADAME DE SAINT-LUC.............................	DEFODON.
GERTRUDE..	MILLA.

PROLOGUE

L'ÉTANG DE BEAUGÉ

Une salle basse du château de Beaugé, en Anjou; bois sculptés; tentures de cuir d'Espagne; lourdes tapisseries. Portes à gauche et à droite. A gauche, au fond, pan coupé avec portes donnant sur un vestibule éclairé par des cires rouges. Au fond, large fenêtre à trois vantaux vitrés, donnant sur l'étang de Beaugé. — Horizon d'arbres noirs. Fin d'hiver.

SCÈNE PREMIÈRE

AURILLY, VALETS, à l'ouvrage.

AURILLY, entrant.

Cet appartement est-il prêt? le feu dans les deux chambres?... Bien! A-t-on enlevé partout les verrous et les fermetures intérieures?... Bien! Maintenant, retenez ceci : Une personne va venir occuper cet appartement; si quelqu'un de vous cherche à voir et à connaître cette personne, le cachot! Il serait possible que vous entendissiez du bruit, des cris... Prenez garde! car celui de vous qui répondrait soit à un signal, soit à un cri venant de cet appartement, celui-là serait regardé comme traître, et, pour les traîtres, il y a mieux qu'un cachot dans la justice de monseigneur le duc d'Anjou!

(Les Valets s'inclinent.)

SCÈNE II

LES MÊMES, UN ÉCUYER.

L'ÉCUYER.

Maître Aurilly, on entend le pas des chevaux sur la chaussée.

AURILLY.

C'est bien! Vous m'avez tous compris?... Qu'on n'entende

plus un souffle, qu'on ne distingue plus une ombre dans le château, jusqu'à l'arrivée de monseigneur! Allez!

(Les Valets se retirent.)

L'ÉCUYER, rentrant.

Maître Aurilly, la litière s'arrête devant le perron du château. J'en vois descendre...

AURILLY.

C'est bon!... Retirez-vous, chez moi, et n'en sortez que si j'appelle.

(L'Écuyer sort; Aurilly le suit et ferme la porte.)

SCÈNE III

DIANE, un Homme masqué, puis GERTRUDE.

DIANE.

Je ne ferai plus un pas, si vous ne répondez à mes questions! (L'Homme lui désigne la salle.) Où suis-je?...

(L'Homme ne répond rien.)

GERTRUDE.

Du calme, mademoiselle! nous voici probablement arrivées où l'on voulait nous conduire, et nous allons trouver à qui parler.

(Pendant ce temps, l'Homme sort.)

DIANE, abattue, à elle-même.

Oh!...

GERTRUDE.

Eh bien, il est parti?... il ferme la porte?... Ah! par exemple!

DIANE.

Je meurs d'effroi!

GERTRUDE.

Ah! mais je vais me fâcher, à la fin! Attendez!... (Elle va heurter à la porte, en criant.) Monsieur!... Holà!... Au secours! au secours! (A Diane.) Vous allez voir.

DIANE.

Gertrude, prends garde!

GERTRUDE.

Bah! mademoiselle, il faut en finir! (Elle frappe avec fureur.) Au meurtre! au feu!

DIANE.

On vient.

GERTRUDE.

J'en étais bien sûre! (Apercevant Aurilly.) Encore un homme masqué!

SCÈNE IV

LES MÊMES, AURILLY, masqué.

DIANE.

Monsieur, je suis la baronne Diane, l'unique enfant du baron de Méridor, le compagnon d'armes du roi François Ier. Sommes-nous si loin de chez mon père, qu'on me méconnaisse ou qu'on ose m'offenser?... Je me rendais au château du Lude, chez une parente. Pourquoi vos gens ont-ils arrêté ma litière? Pourquoi m'a-t-on détournée de mon chemin? De quel droit les cavaliers qui m'ont amenée ici ont-ils maltraité et chassé mes serviteurs? Qui sont ces misérables, et qu'êtes-vous, vous-même?... Où suis-je, ici? où suis-je?

AURILLY.

Chez vous, madame?

DIANE.

Voilà une raillerie...

AURILLY.

Daignez commander, madame. Il vous suffira de frapper avec le marteau de cette porte, pour faire accourir à vos ordres un serviteur qui ne quittera point ce vestibule.

GERTRUDE.

On nous garde à vue!

DIANE.

Enfin, que veut-on faire de moi?

AURILLY.

Vous traiter comme une reine!

(Il salue et sort.)

SCÈNE V

DIANE, GERTRUDE.

DIANE.

J'aimerais mieux des menaces !... Gertrude, tu ne dis plus rien !

GERTRUDE.

Ah ! mademoiselle, nous sommes dans un piége !

DIANE.

Dont il n'est pas difficile de deviner l'auteur !

GERTRUDE.

M. le comte de Monsoreau ?

DIANE.

Qui serait-ce, sinon lui ?... Depuis que je le connais, je connais le malheur !

GERTRUDE.

Mais, mademoiselle, M. de Monsoreau n'avait pas besoin de vous enlever, puisqu'il peut vous voir librement à Méridor, puisqu'il vous a demandée à votre père, et que votre père ne vous a point refusée !

DIANE.

Oui ; mais j'ai refusé, moi !

GERTRUDE.

Vous avez eu tort, peut-être.

DIANE.

Qu'en sais-tu ? Voudrais-tu nier l'inexplicable épouvante qui me saisit quand, pour la première fois, j'entendis prononcer à Méridor ce nom de Monsoreau ? Pressentiment sans doute, puisque je n'avais pas encore aperçu le comte. Et, depuis que je l'ai vu, sais-tu pourquoi tout mon cœur se glace quand il s'approche de moi, quand je sens s'attacher sur moi son regard avide et fourbe ?... Non, tu ne le sais pas, Gertrude ? Eh bien, tu vas le savoir. Te souviens-tu du jour où nos bûcherons me rapportèrent au château, mourante, évanouie ?

GERTRUDE.

Si je m'en souviens ! M. le baron faillit expirer de douleur en vous voyant si pâle, et pourtant vous n'étiez qu'un peu lasse. C'était le jour où M. de Monsoreau chassa pour la première fois dans la forêt de Beaugé.

DIANE.

Eh bien, oui! M. le duc d'Anjou venait de l'envoyer dans cette province, qu'il administre en son nom. Jusque-là, j'avais vécu bien heureuse à Méridor, au milieu de mes fleurs, de mes brebis et de mes cygnes, idolâtrée de mon vieux père, et rendant cet amour à tout ce qui m'entourait, aux oiseaux du ciel, aux fauves des bois. Tout m'aimait aussi, et ma biche Daphné quittait ses halliers profonds pour venir manger dans ma main. Un matin, j'entends le cor et l'aboi des chiens dans les forêts voisines. C'était, comme tu l'as dit, la première chasse du nouveau gouverneur. Curieuse, je cours jusqu'à la grille du parc, et j'aperçois Daphné poursuivie, haletante; derrière elle, toute la meute, et, au même instant, un cavalier, animant son cheval noir, rapide comme la tempête; c'était M. de Monsoreau qui chassait la pauvre Daphné... Je criai : « Grâce!... » Il était passé sans m'entendre!

GERTRUDE.

Ah!

DIANE.

Pour interrompre cette poursuite qui me déchirait le cœur, j'essayai de retrouver le comte ou l'un de ses veneurs. J'avançai à travers le bois, guidée par les bruits de la chasse. Parfois j'entrevoyais, toujours fuyant, la malheureuse Daphné déjà lasse. Une fois, elle passa près de moi en bramant tristement, comme pour me dire adieu. J'avançais oubliant ma fatigue, appelant, lorsque, enfin, je me trouvai dans l'allée de vieux chênes qui conduit au château de M. le duc d'Anjou, au bord du vaste étang de Beaugé. Je repris haleine, j'écoutai. Tout à coup gronda un tourbillon d'aboiements, de fanfares et de cris... La chasse revenait; et, de l'autre côté de la nappe immense, la biche bondit hors du bois, et se lança dans l'eau comme pour venir à moi. Je la regardais, les larmes aux yeux, les bras tendus. Elle nageait de toutes ses forces, au milieu des chiens prêts à la saisir. M. de Monsoreau parut alors à la lisière du bois et sauta à bas de son cheval. Sans doute il m'avait vue, il m'avait entendue supplier, car il courut à un bateau dont il détacha rapidement l'amarre : il allait sauver ma pauvre Daphné. Déjà il la touchait, écartant ses ennemis.

féroces, quand soudain je vis briller un éclair : il avait tiré son couteau de chasse. L'éclair disparut avec la lame, qui se plongea tout entière dans le cœur du pauvre animal. Daphné poussa un gémissement lugubre, et glissa morte dans l'eau, rougie de son sang ! Moi, je fis quelques pas pour fuir cet horrible spectacle, et j'allai tomber évanouie dans les bruyères, où je fus trouvée le soir par nos gens. Ah ! Gertrude depuis ce jour, chaque fois que j'ai revu le comte, — appelle-moi bizarre, injuste et folle, — il y avait, entre lui et moi, ce cri, ce sang, cette agonie !

GERTRUDE.

Mais, mademoiselle, il ignorait que la pauvre Daphné fût votre favorite ; et ce qu'il a fait, tout chasseur le fait comme lui, sans crime.

DIANE.

Oui, peut-être.

GERTRUDE.

Le comte vous aime trop, il vous respecte trop pour risquer de se faire mépriser et haïr. Une violence, vous ne la lui pardonneriez pas ; un enlèvement, à quoi bon ?... Ne suis-je pas là pour vous défendre ?

DIANE.

Bonne Gertrude !... Cependant cette violence, ce rapt, nous ne pouvons les contester, et ils ont un auteur.

GERTRUDE.

Voulez-vous connaître mon idée, mademoiselle ?

DIANE.

Parle.

GERTRUDE.

Vous avez été invitée, avec votre père, à Angers, il y a un mois, à cette fête que donna M. de Monsoreau à M. le duc d'Anjou, frère de notre roi Henri III.

DIANE.

Une bien splendide fête !

GERTRUDE.

Où se trouvait réunie toute la noblesse de la province, où vous fûtes bien regardée, bien admirée !

DIANE.

Oui, je me souviens d'un regard opiniâtre qui pesa étrangement sur moi toute la soirée.

GERTRUDE.

Quel regard?

DIANE.

Continue.

GERTRUDE.

M. de Monsoreau est un peu jaloux, c'est naturel, puisqu'il vous aime. M. de Monsoreau, dis-je, eut, le lendemain, avec M. de Méridor, votre père, un long entretien, d'où M. le baron sortit assez préoccupé.

DIANE.

C'est vrai.

GERTRUDE.

A la suite de cet entretien, votre père décida précipitamment votre départ pour la terre du Lude.

DIANE.

Tu as raison.

GERTRUDE.

Eh bien, mademoiselle, j'en conclus que vous aurez, à cette fête, produit une impression trop vive sur quelque seigneur du voisinage; que M. le comte s'en sera aperçu, et que, craignant une rivalité dangereuse pour lui, dangereuse pour vous peut-être, il aura conseillé à votre père de vous éloigner de Méridor. Voilà pourquoi nous allions ce soir au Lude; voilà pourquoi aussi des hommes masqués ont arrêté la litière, chassé vos gens, et pourquoi nous sommes ici.

DIANE.

Chez ce rival de M. de Monsoreau! chez un homme capable d'un guet-apens si lâche! Mais, en vérité, Gertrude, rien n'est effrayant comme ta supposition!... Où sommes-nous?... Il faut le savoir

GERTRUDE.

Patience! ne perdons pas la tête! Et d'abord, mademoiselle a-t-elle remarqué que, pour venir dans cette chambre, nous n'avons monté que cinq marches?

DIANE.

Oui.

GERTRUDE.

Donc, nous sommes au rez-de-chaussée, en sorte que, si ces fenêtres...

DIANE.

Si ces fenêtres ne sont pas grillées, veux-tu dire?

GERTRUDE.
Et si mademoiselle a du courage...
DIANE.
Si j'en ai? Tu verras!
GERTRUDE.
Chut!... Ah! il y a une autre chambre là. Attendez! (Elle y porte le flambeau, tandis que Diane cherche à ouvrir les volets de la fenêtre.) Laissez-moi faire.
(Diane a ouvert les volets; on aperçoit le paysage sous un nuage d'abord, puis il s'éclaire, l'étang resplendit.)
DIANE, avec joie.
Pas de grilles!
GERTRUDE.
Oui, mais de l'eau qui baigne les murs.
DIANE.
De l'eau! un étang immense!... Oh! mais je me reconnais, c'est l'étang de Beaugé.
GERTRUDE.
Nous sommes donc au château?
DIANE.
Nous sommes chez M. le duc d'Anjou!
GERTRUDE.
Eh bien, mademoiselle?
DIANE.
Eh bien, Gertrude, l'homme dont le regard sinistre, dont l'attention dévorante m'ont torturée pendant toute la fête, c'était le duc d'Anjou!
GERTRUDE.
Oh!
DIANE.
Le tyran redouté de toute la province, le sombre débauché au pâle visage, le frère tout-puissant du roi, qui a peur de ses complots et de ses crimes!
GERTRUDE.
Silence! silence!...
DIANE.
Mais nous sommes dans sa maison, en son pouvoir! c'est lui qui a tendu ce piége infâme! Gertrude, il faut sortir d'ici.
GERTRUDE.
C'est tout ce que je demande; mais comment?

DIANE, *regardant la chambre voisine.*

Ici, une chambre sans issue... Ici, leurs espions, leurs gardes... Là...

(Elle montre la fenêtre.)

GERTRUDE.

La mort!

DIANE.

La mort, c'est souvent le salut!... Il me semble à présent que les murs me menacent, que des yeux de flamme me surveillent; je ne puis plus penser, je ne respire plus, j'ai peur! Enfermons-nous! enfermons-nous!

GERTRUDE.

Rien! pas un verrou! pas une clef! Ils ont tout prévu, mademoiselle!

DIANE.

O mon père! mon bon père! tu me défendrais!

GERTRUDE.

Et dire qu'on est femme! qu'on n'a pas la force, qu'on n'est rien!... Il y a là-bas, tenez, à cent toises, un bateau dans les saules, je le vois; si j'étais un homme, je l'irais chercher à la nage!

DIANE.

Oh! mon Dieu!

GERTRUDE.

Qu'avez-vous?

DIANE.

Je suis éblouie, je suis folle!

GERTRUDE.

Mais quoi donc?

DIANE.

Il me semble que je vois remuer ce bateau.

GERTRUDE.

Oui, il marche!

DIANE.

Il avance!

GERTRUDE.

Et ces ombres qui se meuvent sur la lisière du bois... des amis, peut-être!

DIANE.

Ou le prince!

GERTRUDE.

Il ne se cacherait pas ainsi. Voyez comme cette barque cherche l'obscurité, voyez comme ces ombres glissent mystérieusement dans les roseaux, sous les saules.

DIANE.

Un cheval a henni.

GERTRUDE.

Oh! la lune se cache, je ne vois plus rien.

DIANE.

Moi, j'entends l'aviron !

GERTRUDE

Tout près !

DIANE.

Ferme cette fenêtre !

UNE VOIX, au dehors.

Gertrude !

DIANE.

Qu'y a-t-il ?

GERTRUDE.

Mon nom !

DIANE.

Qui donc est là ?

SCÈNE VI

Les Mêmes, MONSOREAU.

MONSOREAU, paraissant par-dessus le balcon.

Un ami !

GERTRUDE.

M. de Monsoreau !

DIANE.

Lui !

MONSOREAU.

Ne m'attendiez-vous pas, mademoiselle, puisqu'il s'agit de votre honneur ?

GERTRUDE, bas, à Diane.

Voyez-vous !

MONSOREAU.

On vient de m'apprendre, à Méridor, la trahison dont vous

êtes victime. Des ravisseurs masqués vous enlevaient : j'ai couru, je les ai poursuivis, j'ai retrouvé vos traces. Ne craignez plus rien, mademoiselle, me voici !

DIANE.

Je vous suis reconnaissante, monsieur.

MONSOREAU.

Donnez-moi vos ordres, mademoiselle : j'ai en bas une barque ; dans le bois, j'ai de bons serviteurs avec mes meilleurs chevaux. Nul ne m'a vu, nul ne me soupçonne. Ne perdons pas de temps, partons !

DIANE.

Où me conduisez-vous ?

MONSOREAU.

A Méridor !.

DIANE.

Chez mon père ?

MONSOREAU.

Vous pouvez l'embrasser dans trois heures !

DIANE.

Oh ! monsieur, si vous disiez vrai !

MONSOREAU.

Êtes-vous prête ?

DIANE, hésitant.

Monsieur !...

MONSOREAU.

Les instants sont précieux... Le prince n'est pas au château ; mais demain, peut-être, il arrivera. Fuir au grand jour, impossible ! Et, le prince une fois arrivé, je ne pourrai plus rien pour vous, que risquer en vain ma vie, comme je la risque en ce moment avec l'espoir de vous sauver.

DIANE.

Vous risquez votre vie ?

MONSOREAU.

Sans doute, puisque le prince m'appelle son ami, et que je le trahis pour vous ! S'il pouvait soupçonner que je suis ici, il me ferait assassiner demain !

GERTRUDE.

Ah ! mademoiselle, croyez-le !

DIANE, à elle-même.

Le secours me fait autant peur que le danger !

MONSOREAU.

Est-ce par faiblesse que vous hésitez? est-ce par défiance?... J'espérais mieux de mon dévouement.

DIANE.

Vous venez de Méridor, dites-vous, averti, envoyé par mon père... Comment n'est-il pas venu avec vous?

MONSOREAU.

Ici! chez Son Altesse! j'aurais souffert qu'il s'exposât ainsi! Passe pour moi!... mais votre père...

DIANE.

Mais il pouvait m'écrire; une ligne de lui m'eût persuadée, je vous suivais! (Monsoreau tire par un mouvement rapide une lettre de son pourpoint.) Il a écrit, n'est-ce pas?... Donnez!

(Elle tend la main.)

MONSOREAU, qui a réfléchi et caché la lettre.

Non, mademoiselle, il n'a pas écrit!... Pouvait-il croire qu'un ami dévoué, un libérateur, vous fût à ce point suspect?

GERTRUDE.

Écoutez! des pas!... on vient!

DIANE.

Monsieur le comte!...

(On frappe.)

MONSOREAU.

Je suis perdu, et sans vous sauver!

(On frappe.)

GERTRUDE.

Ici, monsieur, ici!

(Elle le cache dans la chambre voisine. On frappe toujours. Diane tombe assise.)

SCÈNE VII

Les Mêmes, MONSOREAU, caché; AURILLY, masqué.

GERTRUDE, ouvrant.

Quoi?... qu'y a-t-il?

AURILLY, montrant une lettre.

Mademoiselle!...

XXIII.

DIANE.
De quelle part venez-vous?
AURILLY.
Prenez la peine de lire.
DIANE.
Je ne lirai pas cette lettre sans savoir de qui elle vient. Je la refuse.

(Aurilly pose la lettre sur le coussin devant Diane et sort.)

SCÈNE VIII

Les Mêmes, MONSOREAU.

GERTRUDE, lisant.
« A la belle Diane de Méridor. »
DIANE.
Jette dehors ce papier.
MONSOREAU.
Lisez-le, lisez-le, mademoiselle, au contraire !
(Gertrude le décachette précipitamment et le donne à Diane.)
DIANE, lisant.
« Un malheureux prince, éperdu d'amour, vous a offensée, et veut obtenir sa grâce. Ce soir même, à dix heures, il viendra la demander à vos pieds. »
MONSOREAU.
Ce soir !...
GERTRUDE.
A dix heures !...
(On entend sonner l'horloge du château.)
MONSOREAU.
Neuf heures trois quarts sonnent à Beaugé, et le duc est très-exact, mademoiselle, à ses rendez-vous d'amour !
DIANE.
Ah ! quelle torture !
MONSOREAU.
Et pour Diane de Méridor, qui est si belle, il est capable de devancer l'heure. Tenez, voyez-vous ces lumières à travers le bois?
GERTRUDE.
C'est vrai !

MONSOREAU.
Les flambeaux de son escorte !
GERTRUDE.
Mademoiselle ! mademoiselle ! je vous en supplie...
DIANE, immobile.
Je voudrais fuir, impossible !

(On entend une rumeur, un son de cloches lointain.)

MONSOREAU.
Le duc entre au château ; une minute encore, il sera trop tard !

(Il place un meuble devant la porte.)

DIANE.
A moi, Gertrude ! à moi !
GERTRUDE.
Me voici ! me voici !

(Elle la soulève et l'entraîne vers le balcon.)

MONSOREAU, jetant le voile de Diane dans l'étang.
Son voile ! ils la croiront morte, cela vaut mieux ainsi !

(Il disparaît à son tour.)

SCÈNE IX

AURILLY, puis LE DUC D'ANJOU.

AURILLY, frappant en dehors.
Ouvrez ! ouvrez ! ne craignez rien, c'est monseigneur. (La porte est ébranlée. Aurilly entre par l'autre porte, et, la trouvant sans lumière, va voir dans la chambre voisine, puis dérange le meuble. Entrent des Écuyers avec des flambeaux, puis le Prince.) Personne, monseigneur ! (Il court à la fenêtre ouverte.) Disparue !

LE DUC, entrant, et regardant au balcon.
Son voile flottant sur l'eau ! morte ! morte !

(Il se détourne épouvanté.)

ACTE PREMIER

PREMIER TABLEAU

Un grand cabinet, attenant à la galerie de l'hôtel de Cossé-Brissac. Portes au fond, à gauche et à droite. Illumination splendide.

SCÈNE PREMIÈRE

MAUGIRON, assis; SCHOMBERG, SAINT-LUC, puis QUÉLUS.

SCHOMBERG, entrant avec Saint-Luc.
Ah! mon cher Saint-Luc, tes noces sont magnifiques! Mais, sais-tu, quand je vois un homme se marier, c'est plus fort que moi, j'étouffe!

SAINT-LUC.
Pauvre Schomberg! dans ce cabinet tu vas pouvoir respirer... (Apercevant Maugiron.) Tiens! tu es déjà ici, Maugiron?

MAUGIRON.
Oui! je me suis sauvé... La mariée est trop belle! et j'attends ici Quélus, qui est aux prises avec M. de Brissac, ton beau-père.

QUÉLUS, entrant.
Ah! messieurs, quel beau-père!... (Apercevant Saint-Luc.) Pardon, mon brave Saint-Luc, mais voilà sept fois que ce cher M. de Brissac me demande si le roi viendra honorer de sa présence... Est-ce qu'on sait jamais si le roi viendra ou si le roi ne viendra pas!

(Ils rient.)

SCÈNE II

Les Mêmes, JEANNE.

JEANNE, entrant.
Comment! le roi ne viendra pas? Mais, messieurs, on m'a promis le roi!

SAINT-LUC.
C'est vrai, mes amis; rassurez madame de Saint-Luc.
QUÉLUS.
Ai-je dit le roi, madame?... La langue m'a fourché; nous parlions de M. le duc d'Anjou, et je disais: « J'espère qu'il ne viendra pas! »
JEANNE.
Mais on m'a promis aussi M. le duc d'Anjou.
SAINT-LUC, bas.
Ma chère Jeanne!
JEANNE.
Pourquoi ne le verrait-on pas?
QUÉLUS.
Parce que, madame, nous n'avons aperçu ici aucun angevin.
SCHOMBERG.
Dieu merci!
JEANNE, étonnée.
Dieu merci?
SAINT-LUC, lui faisant signe.
Hum! hum!
QUÉLUS.
Madame de Saint-Luc, qui nous arrive de son couvent toute fraîche et toute charmante, ne connaît pas encore les habitudes de la cour angevine. Sachez, madame, que M. le duc d'Anjou ne fait jamais un pas sans éclaireurs, sans une petite avant-garde de sbires, de coupe-bourses et de coupe-jarrets!
JEANNE.
Oh!...
QUÉLUS.
Un Antraguet, un Ribérac, un Livarot ou un Bussy quelconque.
JEANNE.
Louis de Clermont, seigneur de Bussy, un coupe-jarret!
SAINT-LUC, à Jeanne.
Quélus veut rire.
QUÉLUS, gravement.
Pas le moins du monde. Ainsi, madame, comme on n'aperçoit pas céans M. de Bussy, le tranche-montagne, il est certain qu'on n'y apercevra pas M. d'Anjou.

8.

JEANNE.

Il est encore temps !

SAINT-LUC, bas, à Jeanne.

Taisez-vous donc !

JEANNE.

Hein ?

QUÉLUS.

Plait-il ?

SAINT-LUC, à Quélus.

Madame de Saint-Luc se plaint du temps.

JEANNE.

La chaleur ici, la neige dehors !

SCHOMBERG.

Il ne fait jamais beau, les jours de noces.

SAINT-LUC.

Voilà mon beau-père qui se dirige de ce côté.

QUÉLUS.

Il veut peut-être savoir si le roi honorera...

SAINT-LUC, avec intention.

Il cherche quelqu'un.

QUÉLUS.

Moi, peut-être !

SAINT-LUC.

Il se pourrait bien.

QUÉLUS, à Maugiron.

Sauve qui peut !

SAINT-LUC.

Vous nous quittez ?

QUÉLUS, à Saint-Luc.

Cela ferait huit fois ; mon ami, nous reviendrons ! (Aux autres.) Vite !...

(Ils sortent précipitamment.)

JEANNE.

Mais ils sont fous, tous ces gens-là !

SAINT-LUC.

Enfin, nous voilà seuls !

SCÈNE III

JEANNE, SAINT-LUC.

JEANNE.

Mais vous me mettez à la torture! Qu'y a-t-il?

SAINT-LUC.

Ce qu'il y a, ma Jeanne adorée?... C'est que vous voulez changer nos noces en noces de Pirithoüs! on va s'y égorger, ma chère!

JEANNE.

Eh! pourquoi cela, Dieu du ciel?...

SAINT-LUC.

Comment! vous souhaitez de voir ici le roi, et, avec le roi, M. le duc d'Anjou!... Mais c'est le feu et l'eau que vous appelez chez nous! la conflagration et le déluge!

JEANNE.

Deux frères?

SAINT-LUC.

Non: deux fils de Catherine de Médicis!... Ah! ma belle comtesse, c'est toute une éducation que je vais avoir à faire.

JEANNE.

Faites, monsieur, faites!

SAINT-LUC.

Vous soutenez M. d'Anjou et M. de Bussy, imprudente! devant les amis du roi! Mais, Jeanne, notre roi n'a d'autre héritier que François, son frère, et François voudrait hériter tout de suite... Il en résulte qu'Henri a peur de François, et que François exècre Henri, c'est clair!

JEANNE.

Trop clair!

SAINT-LUC.

Maintenant, les amis d'Henri veulent qu'il vive et qu'il règne... oui, mais les amis de François ne le veulent pas, pour que François règne à son tour. Comment faire?

JEANNE.

C'est épouvantable! Et l'on souffre cela?

SAINT-LUC.

Oh! que non! Il y a là quelqu'un qui veille!

JEANNE.

A la bonne heure!

SAINT-LUC.

Quelqu'un qui ne veut ni d'Henri ni de François!

JEANNE.

Parce que?...

SAINT-LUC.

Parce qu'il veut régner lui-même.

JEANNE.

Qui donc?

SAINT-LUC.

Trois têtes bien distinctes et bien unies, comme celles d'Hécate. L'une préside aux armées, et s'appelle Henri de Guise; la seconde, aux conseils, c'est Mayenne; la troisième, à la religion, c'est le cardinal de Lorraine. Je ne compte pas certaine petite tête de rechange, tête de vipère, leur sœur, madame de Montpensier, la plus dangereuse de toutes... Eh bien, roi, frère du roi, Guise en trois ou quatre têtes, chacun a son parti, son but, son intrigue; chacun conspire et lance sur ses rivaux sa petite armée de conspirateurs. A eux tous, ils sont partout, ils occupent tout. Vous n'ouvrez pas les yeux, vous n'ouvrez pas la bouche, que l'un d'eux ne vous voie, ne nous entende. Êtes-vous pour l'un, vous avez contre vous tous les autres. Aussi, ma Jeanne bien-aimée, voyez sans regarder, parlez sans rien dire, craignez tout, souriez à tout, mentez toujours et ne soyez que d'un parti, du nôtre, et n'aimez que vous, et moi, qui tremble même ici, en vous disant à l'oreille que je vous aime!

JEANNE.

Quoi! voilà la cour?

SAINT-LUC.

Notre cour, oui!

JEANNE.

Voilà le bonheur que vous me réservez?

SAINT-LUC.

Oh! patience! Si vous saviez ce qu'il m'a fallu d'efforts et d'adresse pour conquérir un commencement de liberté, pour échapper à l'amitié du roi! Oh! Jeanne, le roi est très-jaloux de ses amitiés! Il n'a pas vu mon mariage avec plaisir, un mariage qui le prive d'un ami, lui qui en a si peu! Il pourrait bien nous garder rancune... Croyez-moi, effaçons-nous, tâchons qu'on nous oublie, et cherchons tout bas, bien bas, un moyen de vivre uniquement l'un pour l'autre.

JEANNE.
Je l'ai trouvé, moi : allons à Méridor.
SAINT-LUC.
Qu'est-ce que Méridor?
JEANNE.
Le contraire de la cour : des bois, des fleurs, le ciel!... une amie, belle, adorable, un trésor! ma chère Diane, la compagne de mon enfance, Diane et son vieux père, le bon seigneur Augustin, qui nous appelait ses deux filles!... Oh! les jours enchantés que j'ai passés à Méridor! Ce matin, à la chapelle, vous m'avez vue pleurer, et vous me demandiez pourquoi ces larmes... C'est que je pensais à Diane absente et à la promesse que nous avions échangée de ne pas nous marier l'une sans l'autre... Elle n'est pas ici; c'est le seul bonheur qui manque à mon plus heureux jour!
SAINT-LUC.
Que ne l'avez-vous fait venir?
JEANNE.
J'ai écrit, mais pas de réponse... C'est si loin, l'Anjou! et nous nous sommes mariés si vite!
SAINT-LUC.
Me le reprochez-vous?
JEANNE.
Non! mais, maintenant que je connais le sort qui nous attend ici, vous comprenez si je veux aller à Méridor! Tenez, partons!
SAINT-LUC.
Comment, partons?... Et la noce, et la cour, et le roi?
JEANNE.
Allez-vous me refuser la première grâce que je vous demande?
SAINT-LUC.
Oh! non! non!... Cependant...
JEANNE.
Méridor! Méridor! Méridor!
SAINT-LUC, à genoux.
Eh bien, oui, demain!
JEANNE.
Demain?... Cette nuit! tout de suite!

SCÈNE IV

Les Mêmes, ANTRAGUET, LIVAROT, RIBÉRAC.

ANTRAGUET.

Aux genoux de sa femme!... Mes compliments!

SAINT-LUC.

Antraguet! les angevins!

JEANNE.

Les angevins?

ANTRAGUET, à Saint-Luc.

Faites-nous l'honneur, comte, de nous présenter à madame la comtesse.

SAINT-LUC, à Jeanne.

M. le marquis d'Antragues, M. de Livarot, M. de Ribérac, dont vous regrettiez l'absence tout à l'heure, comtesse. (A part.) Pourvu que les autres ne reviennent pas!

JEANNE.

Ces messieurs voudraient peut-être saluer mon père?

ANTRAGUET.

Nous avons eu cet honneur, madame, et M. de Brissac a demandé à plusieurs reprises...

SAINT-LUC.

Si le roi viendrait.

ANTRAGUET.

Précisément; mais c'est peu probable... Le roi ne marche jamais sans une escouade de certaines gens que nous ne voyons pas ici.

RIBÉRAC.

Dieu merci!

SAINT-LUC, à Jeanne.

Eh bien?

JEANNE, inquiète.

Oui! oui!

ANTRAGUET.

Mais M. le duc d'Anjou va venir.

SAINT-LUC, à part.

Peste! (Haut.) Son Altesse nous comble.

ANTRAGUET.

Son Altesse a donné rendez-vous à Bussy, qui est arrivé sans doute.

SAINT-LUC.

Pas encore ! (Il écoute.) Quélus qui revient !... (Haut.) Nous pourrions aller voir ensemble, voulez-vous ?

ANTRAGUET.

Allons !

JEANNE à Saint-Luc.

Tâchez de les perdre.

(Au moment où Saint-Luc va emmener les Angevins, Quélus paraît à la porte qu'il barre, occupé qu'il est de parler à M. de Brissac.)

SCÈNE V

LES MÊMES, QUÉLUS, puis SCHOMBERG et MAUGIRON.

QUÉLUS, tournant le dos.

Oui, M. de Brissac, oui, le roi viendra.

SAINT-LUC.

Bon !

ANTRAGUET, voyant Quélus.

Ah ! ah !

QUÉLUS, avançant sans rien voir.

Il viendra d'autant plus volontiers qu'il n'y a que de bons Français ici : pas un angevin !

ANTRAGUET, RIBÉRAC et LIVAROT.

Plaît-il ?

SAINT-LUC.

Aïe !

QUÉLUS, les apercevant.

Oh ! oh !

ANTRAGUET, à Saint-Luc.

Vous avez entendu, monsieur de Saint-Luc ?

SAINT-LUC, gracieusement.

Quoi donc ?

ANTRAGUET.

Ce que monsieur vient de dire des angevins !...

QUÉLUS.

Eh bien, après ?

JEANNE, effrayée, suppliante.

Monsieur de Quélus !...

QUÉLUS.

Oh ! madame !...

SCHOMBERG et MAUGIRON, qui viennent d'entrer.

Que veulent ces messieurs de l'Anjou ?

ANTRAGUET, les voyant.

A la bonne heure ! nous aurons chacun le nôtre.

SAINT-LUC.

Messieurs ! messieurs !

JEANNE.

Messieurs !

SAINT-LUC.

Devant une femme !

(Bruit, murmures du dehors qui annoncent la présence du Roi.)

SCÈNE VI

Les Mêmes, LE ROI, à une porte latérale; CHICOT, à l'autre porte; COURTISANS, PAGES, au fond de la galerie.

LE ROI.

Qu'y a-t-il, messieurs ?

CHICOT, prenant la pose du Roi.

Messieurs, qu'y a-t-il ?...

LE ROI.

Deux rois ici, maître Chicot !... Pourquoi cette mauvaise plaisanterie ?

CHICOT.

Écoute, Henriquet : je vais faire le roi, tu vas faire Chicot. Je vais trôner, tu vas danser. Je vais écouter toutes les fadaises et tous les mensonges de ces messieurs ; toi, pendant ce temps-là, tu t'amuseras, pauvre roi !

LE ROI.

Tu as raison, je veux m'amuser, m'amuser beaucoup !... Entendez-vous, monsieur de Saint-Luc ?

SAINT-LUC.

Sire !... (A part.) Il est furieux !

LE ROI, passant devant Jeanne, qui le salue profondément.

Madame de Saint-Luc ?...

SAINT-LUC.

Oui, sire !

LE ROI, d'un ton sec.

Vous êtes charmante, madame.

(Il passe en s'éloignant.)

JEANNE, à Saint-Luc.

Que dites-vous de la rancune du roi ?... Le roi trouve que je suis charmante !

SAINT-LUC.

Eh ! tant pis !

(Il veut s'esquiver.)

JEANNE.

Vous me laissez ?

SAINT-LUC.

Ne me regardez pas comme cela, au nom du ciel, ma chère. Vous voyez bien que le roi sourit toujours : il médite quelque mauvais tour.

LE ROI, appelant.

Saint-Luc !

SAINT-LUC, s'empressant.

Sire !

LE ROI.

T'offrirai-je de ces pastilles ? (Saint-Luc remercie.) Écoute donc, on gronde là dedans... entends-tu ? Le roi se fâche.

SCÈNE VII

Les Mêmes, CHICOT, sur le seuil.

CHICOT.

Oui, j'ai fait des ordonnances somptuaires ; mais, si elles ne suffisent pas, j'en ferai d'autres, j'en ferai encore, j'en ferai toujours ; si elles ne sont pas bonnes, au moins elles seront nombreuses. Corne de Belzébuth !... M. de Bussy ?

LE ROI.

Que dit-il de Bussy ?

(Murmures, au dehors.)

VOIX, au dehors.

Bussy ! Bussy ! Bussy d'Amboise... Bussy !

JEANNE.

M. de Bussy !

SAINT-LUC.

Il nous manquait celui-là !

(On voit six Pages magnifiquement vêtus entrer et se placer devant la galerie.)

LE ROI.

Six pages !

QUÉLUS.

Comme le roi !

(Bussy paraît.)

SCÈNE VIII

LES MÊMES, BUSSY, cherchant le Roi.

CHICOT.

La la ! monsieur de Bussy, regardez-nous donc ! Ne voyez-vous pas que je suis le vrai Henri ?... ne distinguez-vous pas le roi de son bouffon ?

BUSSY, au Roi.

Sire...

LE ROI, sèchement.

Le roi vous appelle, monsieur.

(Il lui tourne le dos.)

BUSSY, blessé.

Ah !... (Se retournant, à Chicot.) Pardon, sire ! je confondais !

LE ROI, se retournant.

Que dit-il ?

SAINT-LUC.

Rien, sire, absolument rien.

CHICOT, à Bussy.

Monsieur, vous empiétez sur mes prérogatives ! Vous vous ruinez en pages ! Quoi ! du drap d'or à ces maroufles et à vous, un colonel, un Clermont, presque un prince, du simple velours noir !

BUSSY, toisant les Mignons, qui le regardent insolemment.

Sire, quand on vit dans un temps où les maroufles sont vêtus comme des princes, il est de bon goût qu'un prince, pour se distinguer, s'habille comme les maroufles !

QUÉLUS, SCHOMBERG, MAUGIRON.
Mordieu! maugrebleu!. sangdieu!
LE ROI.
L'insolent!
CHICOT, à Bussy.
Ouais!... Pour qui dites-vous cela? est-ce pour mes amis ou pour ceux de mon frère?
BUSSY.
Pour quiconque voudra s'en fâcher, sire.
QUÉLUS, s'avançant.
Eh bien, monsieur...
SAINT-LUC, le retenant.
Au nom du ciel, modère-toi, attends.
QUÉLUS.
Eh! attends toi-même! Qui nous attaque, touche au roi.
LE ROI, doucement.
Quélus, taisez-vous.
BUSSY, à ses amis.
Laissez-moi faire, vous allez voir.
SAINT-LUC, à part.
A l'autre maintenant! (A Bussy.) Monsieur de Bussy...
BUSSY, à Saint-Luc.
Vous désirez une explication de ce que je viens de dire?
SAINT-LUC.
Je ne désire rien, que vous saluer, en vous remerciant, avec madame de Saint-Luc, de l'honneur que votre présence fait à notre maison.
BUSSY, respectueusement.
Excusez-moi, madame... Rien ici ne pourra me faire perdre le respect qui vous est dû.
LE ROI, à ses amis.
Saint-Luc le provoque. Mais je ne veux pas qu'il se fasse tuer, pourtant, même le jour de ses noces! Va, Quélus... Non, pas toi; tu es trop mauvaise tête. Va, Maugiron... Non, toi non plus.
CHICOT, à part.
Pauvre roi! (A Bussy.) A quoi songez-vous, comte de Bussy? On dirait que vous perdez la tête; ne voyez-vous pas mon frère qui entre, mon frère François, le maître que vous avez choisi... Il n'est pas beau, c'est vrai; mais, enfin, vous l'avez choisi, tant pis pour vous!

SCÈNE IX

Les Mêmes, LE DUC D'ANJOU, qui entend ces derniers mots.

LE DUC, au Roi.
Sire, on peut trouver plaisant qu'un bouffon insulte à tort et à travers des gentilshommes, vos serviteurs et les miens; mais qu'il s'attaque à moi, à un fils de France, c'est autre chose! je ne le supporterai pas.

CHICOT, au Roi.
Répondez, Chicot, je vous y autorise.

LE ROI.
Mon frère, vous êtes trop susceptible. Notre aïeul François Ier gâtait Triboulet. Henri II, notre père, riait de voir Brusquet aux prises avec le maréchal de Strozzi. Moi, je pardonne beaucoup à Chicot, parce qu'il m'aime un peu. Ne le méprisez pas, François... Il est gentilhomme; il a été recueilli orphelin et honorablement élevé chez un de vos angevins, un Méridor, vieille race royale...

LE DUC, à part.
Méridor!

JEANNE.
Méridor!

LE ROI.
Et puis Chicot ne se laisserait peut-être pas mépriser, même d'un prince. Il tire rudement l'épée.

LE DUC.
Pas contre moi, je suppose. Il ne l'a pas tirée contre M. de Mayenne, qui l'a fait bâtonner; ni même contre Nicolas David, qui tenait le bâton.

LE ROI.
François, vous avez la mémoire cruelle!

CHICOT.
Eh bien, quoi, Chicot? on vous rappelle que vous avez été battu, que vous avez reçu quarante-neuf coups de bâton... mettons cinquante. Mais ce n'est pas votre faute; cela peut arriver à tout le monde. Tenez, voilà M. de Bussy, un brave, un superbe : demandez-lui ce qu'il dirait si, un soir, surpris chez sa maîtresse par un rival, par un prince jaloux,

il se voyait écraser sous les bâtons de douze portefaix et d'un avocat normand... Répondez, Bussy; que diriez-vous?
BUSSY.
Que le prince est un misérable et un lâche, et qu'il s'est déshonoré lui même : voilà ce que je lui dirais.
CHICOT.
Bien! Et que feriez-vous?
BUSSY.
Je ne sais pas; mais, le lendemain, ce prince-là m'eût payé la dette!
CHICOT.
Le lendemain?... Oh! monsieur de Bussy, que vous faites mal les affaires ! Chicot n'a pas réglé son compte le lendemain, lui, oh! que non pas! il a laissé courir les intérêts. Or, voilà sept années de cela, dont une bissextile; à dix du cent, ce qui est le taux légal, le taux auquel le roi emprunte aux juifs, il faut sept ans pour que les intérêts doublent le capital. Il en résulte que les cinquante coups d'étrivières distribués à Chicot, et qui ont tiré de son corps une pinte de sang, s'élèvent aujourd'hui à cent coups et à deux pintes pour chacun de ses débiteurs, de telle façon que M. de Mayenne, tout gros qu'il est, et Nicolas David, si long qu'il puisse être, n'ont plus assez de peau ni assez de sang pour payer Chicot, et vont être réduits, quelque jour, à lui faire banqueroute, en expirant vers le quatre-vingt-huitième ou le quatre-vingt-dixième coup de trique.

(Rires.)

BUSSY.
Pas si fou !
LE ROI, au Duc.
Que dites-vous de cette arithmétique?
LE DUC.
Admirable, sire... M. Chicot est une perfection. Aussi, maintenant, n'est-ce plus de l'estime que nous aurons pour lui, c'est du fanatisme.

(Rires.)

CHICOT, au Duc.
Vrai, on va l'aimer un peu, ce pauvre Chicot?
LE DUC.
On va l'adorer!

CHICOT.

Oh! quelle jolie petite cour nous aurons! Tous agneaux bêlant ensemble... Eh bien, je n'aimais pas beaucoup les angevins, et ils me le rendaient bien... mais, puisque nous voici revenus à l'âge d'or, corne-de-Belzébuth! on va voir couler le lait et le miel dans les rues de Paris. Mon frère, où sont vos amis, que je les adore?... Monsieur de Bussy, je commence par vous, ventre-de-biche!

BUSSY, railleur.

Sire, que de bontés!

CHICOT.

Je ne vous ai jamais rien donné? Non?... Eh bien, j'ai eu tort. Il y a en ce moment vacance d'une des grandes charges de ma couronne: la charge de grand veneur.

LE DUC, à part.

Que dit-il?

LE ROI, à Quélus.

Laissez-moi écouter.

CHICOT, à Bussy.

Oh! je sais que vous en aviez envie, Bussy, et que mon frère vous a promis de me la demander pour vous. (Mouvement de François.) C'est tout simple, vous êtes son plus fidèle serviteur, son meilleur ami, sa perle.

LE DUC, à lui-même.

Le traître!

CHICOT.

Vous êtes un gentilhomme accompli, un parfait seigneur, le brave par excellence, je vous fais grand veneur.

LE DUC, emporté.

Misérable!

CHICOT, gracieusement, au Duc.

Oh! ne me remerciez pas. (Au Roi, bas.) Si tu ne profites pas de cela pour les brouiller à mort, tu n'es pas le fils de ta mère!

(Il s'éloigne.)

LE DUC à part.

Pris dans un piége!

LE ROI.

Mon frère, un peu d'indulgence! Chicot croyait vous faire plaisir. Il ne peut pas savoir que, ce matin, vous m'avez demandé la charge pour un autre.

BUSSY.

Pour un autre!...

LE DUC, à Bussy.

Je te dirai... je t'expliquerai...

BUSSY.

Inutile! monseigneur...

LE ROI.

Ce nouveau grand veneur, messieurs, le protégé de mon frère, est naturellement un angevin, qui s'appelle... Comment s'appelle-t-il donc, François? Jamais je ne parviens à me rappeler ce nom-là!

LE DUC.

Oh!... (Au Roi.) M. le comte de Monsoreau, sire.

CHICOT, au fond.

Monsoreau?

QUÉLUS.

Monsoreau! Qu'est-ce que cela?

BUSSY.

Monsoreau?

TOUS.

Monsoreau?

LE ROI.

Quand nous le présenterez-vous, François, pour qu'on le voie, au moins, puisqu'on ne le connaît pas?

LE DUC.

Sire, accordez-lui quelques jours; M. de Monsoreau est en Anjou, dans ses terres; je n'ai pu l'instruire encore de la faveur dont il est l'objet.

QUÉLUS, au Roi.

Cette belle charge à un ennemi! quelle faute, sire!

LE ROI.

Monsoreau ou Bussy, qu'importe! C'est toujours un angevin : ne vois-tu pas qu'ils sont mes maîtres?

QUÉLUS.

Raison de plus pour nous de vous en délivrer, de les détruire, à commencer par le plus odieux de tous.

LE ROI.

Ce Bussy! Ah! si tu peux sans trop de risques... Eh bien, (plus bas), carte blanche.

QUÉLUS.

Entends-tu, Maugiron?

MAUGIRON.
Entends-tu, Schomberg?
LE DUC, à Bussy.
Bussy, écoute-moi, je t'en prie.
(Bussy le salue froidement.)
CHICOT, qui a vu du fond.
Bien.
SAINT-LUC, au Roi.
Sire, on attend Votre Majesté...
(Musique du bal.)
CHICOT.
Henriquet, allons danser!
LE DUC.
Fou maudit!
LE ROI.
Venez, François!
LE DUC.
Me voici.
(Ils sortent.)

SCÈNE X

QUÉLUS, SCHOMBERG, MAUGIRON, D'ÉPERNON, à gauche; BUSSY, RIBÉRAC, LIVAROT, ANTRAGUET, à droite.

RIBÉRAC.
Bussy, on complote là-bas.
BUSSY.
Quelque nouvelle pommade!
ANTRAGUET.
Les mignons nous attendent.
BUSSY.
Attendons-les.
QUÉLUS, à ses amis.
C'est convenu! (Haut.) Que voulez-vous, messieurs! il faut songer à partir en chasse; le roi a un caprice : il veut que, demain, à son déjeuner, on lui serve une belle venaison, quelque chose de haut goût... une hure de sanglier, par exemple!
MAUGIRON.
Avec une fraise à l'italienne.

SCHOMBERG.

Dans le genre de...
(Il regarde Bussy.)

BUSSY, s'approchant gracieusement.

De celle-ci, peut-être?
(Il montre sa fraise.)

QUÉLUS.

A peu près, monsieur de Bussy.

BUSSY.

En vérité, il fait bien froid... Cela vous gercera la peau, et puis, le sanglier, c'est rude.

MAUGIRON.

Nous aurons des gants fourrés pour toucher l'animal.

RIBÉRAC.

N'en chassez-vous qu'un?

QUÉLUS.

Nous en chasserons autant qu'il y en aura.
(Ribérac, Livarot, Antraguet s'approchent.)

BUSSY.

Bah! ils ne sont que quatre : un seul leur suffira.

TOUS LES MIGNONS.

Insolent!
(Ils se contiennent, sur un signe de Quélus.)

ANTRAGUET, à Bussy.

Mais...

RIBÉRAC, à Bussy.

Un seul!... (Aux Mignons.) Comment chassez-vous, messieurs?

QUÉLUS.

A l'affût. Est-ce que vous êtes des nôtres?

BUSSY.

Comment arranger cela? J'ai affaire, cette nuit, chez mon usurier, au faubourg Saint-Antoine.

MAUGIRON.

Un quartier bien désert.

SCHOMBERG.

Où l'on égorge.

BUSSY.

Vrai? Ma foi, je ne le connais pas. Aidez-moi un peu... Quel chemin me conseillez-vous de prendre?

QUÉLUS.

Oh ! mon Dieu, les quais jusqu'au grand Châtelet, la rue de la Tixeranderie, la Grève, la rue Saint-Antoine jusqu'à l'hôtel des Tournelles, et la Bastille.

BUSSY.

Voilà un itinéraire parfait ! je ne m'en écarterai pas d'une ligne... Vous n'avez rien de plus à me dire, messieurs?

QUÉLUS, saluant.

Absolument rien.

BUSSY, à lui-même.

Pas de provocation? Je ne comprends plus...

SCHOMBERG.

Bon voyage, monsieur le comte !

BUSSY.

Il n'y a rien à faire avec ces gens-là.

QUÉLUS.

Le voilà prévenu, c'est son affaire... Arrangeons la nôtre.

(Ils partent.)

RIBÉRAC, à Bussy.

C'est égal, tu as tort de sortir seul.

BUSSY.

Bah !

LIVAROT.

Nous te suivrons.

BUSSY.

Je vous le défends, ou je vous charge !

RIBÉRAC.

Ne te fâche pas.

ANTRAGUET.

Le duc te cherche.

BUSSY.

Et moi, je le fuis.

(Le Duc paraît. Ils saluent et sortent.)

SCÈNE XI

LE DUC D'ANJOU, puis AURILLY.

LE DUC, les voyant partir.

On ne m'aime pas, mais bientôt on me craindra !

AURILLY.

Monseigneur !

LE DUC.

Aurilly!... Eh bien ?

AURILLY.

Pensez-vous toujours à cette femme que vous avez remarquée, l'autre soir, à l'église Sainte-Catherine?

LE DUC.

Si j'y pense!... Il m'a semblé voir le fantôme de cette belle Liane que j'ai tuée.

AURILLY.

Ce fantôme, je l'ai suivi... Voulez-vous savoir où il demeure?

LE DUC.

Aurilly...

AURILLY.

Dans une maison située vis-à-vis de l'hôtel des Tournelles, à cent pas de la Bastille.

LE DUC.

Tu es sûr ?

AURILLY.

Voici la clef.

LE DUC.

Cette nuit même, j'étoufferai ce remords!

SCÈNE XII

Les Mêmes, CHICOT, qui les observe.

CHICOT.

Tiens, M. Aurilly!... Venez tous! M. Aurilly va nous jouer un peu du luth.

AURILLY.

Pour quoi faire, monsieur?

CHICOT.

Mais pour égayer monseigneur. Voyez la sombre figure!

LE DUC.

Monsieur Chicot, je vois que vous voulez aussi ouvrir un compte avec moi.

CHICOT, *tirant gravement un registre de sa poche.*
Pour vous, monseigneur, nous mettrons les intérêts à quinze.

(Rires. Le Duc sort.)

SCÈNE XIII

Les Mêmes, JEANNE, BUSSY, puis SAINT-LUC.

JEANNE, à Bussy.
Merci, monsieur le comte ; vous n'avez pas voulu attrister ma maison, même par une défense légitime. On avait de l'admiration pour vous, désormais on aura de la reconnaissance ; je n'ose dire de l'amitié.

BUSSY.
Dites-le, madame !... c'est bien moins que ce qui vous est dû.

SAINT-LUC, *bas, à Bussy.*
Monsieur de Bussy, rentrez chez vous, n'allez pas ailleurs.

BUSSY, *étonné.*
Ah !

NANCEY.
Le service du roi !

SCÈNE XIV

Les Mêmes, LE ROI, Courtisans, Dames, Officiers.

JEANNE, à Saint-Luc.
Le roi part. Nous allons être libres pour toujours ; ne nous quittons plus.

SAINT-LUC.
Jamais !... Le roi ! Quittez-moi vite !

LE ROI, à Brissac.
Monsieur de Brissac, tout a été parfait... Mes compliments... Malheureusement, il se fait tard, et je demeure au Louvre.

(Un Page se détache.)

LE DUC.
Aurai-je l'honneur d'accompagner Votre Majesté ?

LE ROI.
Non, merci. Bonsoir, François.
LE DUC, bas, à Aurilly.
Eh bien, partons, Aurilly.

(Ils sortent.)

SAINT-LUC.
J'éclaire Sa Majesté jusqu'aux litières.
LE ROI.
Tous mes amis sont des vauriens qui vont courir le carême-prenant... Mauvaise compagnie! Toi, Saint-Luc, tu es un homme sérieux, un homme marié.
JEANNE.
A la bonne heure.
LE ROI, souriant.
Bonne nuit, madame de Saint-Luc.
JEANNE, ravie.
Sire!... (A part.) Il est parfait!
LE ROI, revenant.
Toute réflexion faite, j'ai peur de m'ennuyer en chemin : tu m'accompagneras, Saint-Luc.
SAINT-LUC, à Jeanne.
Voyez-vous !
JEANNE.
Vous vous en allez !
LE ROI.
Eh bien, Saint-Luc !
SAINT-LUC.
Me voici! me voici! (A Jeanne.) Je reviens!
CHICOT, à part.
Ah! oui!... Pauvre petite !
JEANNE.
Mon Dieu ! mon Dieu !
CHICOT.
Eh bien, quoi ? Avez-vous peur, Saint-Luc ? Le quartier du Louvre est sûr. (Regardant Bussy.) Ce n'est pas comme le faubourg Saint-Antoine, du côté de la Bastille, devant l'hôtel des Tournelles, surtout... Il y a là un enfoncement dans lequel quatre hommes peuvent se cacher à l'aise pour s'élancer sur un pauvre passant.
BUSSY, surpris.
C'est pour moi qu'il dit cela...

CHICOT.

Bonsoir, Henriquet! mon fils, attends-moi.

(Il sort précipitamment.)

BUSSY, à lui-même.

Pour m'effrayer, peut-être... Allons donc ! (A Jeanne.) Tous mes respects, madame !

(Il salue et sort. — D'autres viennent saluer et sortent. — Peu à peu Jeanne reste seule dans la galerie.)

JEANNE.

Me voilà seule... un soir de noces !... O Méridor ! Méridor !

DEUXIÈME TABLEAU

La rue Saint-Antoine, devant l'hôtel des Tournelles. — A gauche, l'hôtel avec ses remparts et son fossé. Un auvent de pierre sous lequel s'abritent les Mignons. A gauche, une maison de bois à balcon, avec porte basse à guichet. La rue passe entre l'hôtel et cette maison ; elle aboutit à la Bastille, dont on voit les tours dans la brume. — Il a neigé. Clair de lune.

SCÈNE PREMIÈRE

QUÉLUS, SCHOMBERG, MAUGIRON, D'ÉPERNON, cachés.

QUÉLUS.

Voilà un froid ! un vrai froid de Pologne ! Cet enragé Bussy avait bien raison : ma peau va se fendre !

SCHOMBERG.

Allons donc ! Tire ton manteau sur tes yeux et mets tes mains dans tes poches.

(Il bat la neige avec son pied.)

QUÉLUS.

On voit bien que tu es Allemand, Schomberg.

MAUGIRON.

J'ai la moustache morte.

D'ÉPERNON.

Moi, ce sont les mains.

QUÉLUS.
Un peu de patience ; tout à l'heure vous trouverez peut-être qu'il fait trop chaud.
MAUGIRON.
Dieu t'entende ! et que la chaleur vienne vite !
SCHOMBERG, écoutant.
Chut !
QUÉLUS.
Quoi ?
MAUGIRON.
Quelque chose a craqué.
SCHOMBERG.
Une fenêtre qui s'ouvre... Tiens, sur ce balcon.
MAUGIRON.
Une femme !
QUÉLUS.
Deux !

SCÈNE II

GERTRUDE, DIANE, au balcon.

GERTRUDE.
Rentrez, mademoiselle, il fait trop froid.
DIANE.
Ce faubourg est effrayant, la nuit. Depuis quinze jours que M. de Monsoreau nous a installées dans cette maison, chaque nuit, nous avons été réveillées par quelque alarme.
GERTRUDE.
Tout est calme, ce soir ; n'importe, rentrez. Vous montrer est imprudent, depuis que M. le duc d'Anjou vous a remarquée à l'église Sainte Catherine.
DIANE.
Et reconnue peut-être... Oh ! mon Dieu !
QUÉLUS, à Maugiron.
Entends-tu ce que disent ces deux bavardes ?
MAUGIRON.
Ma foi, non ; leurs paroles gèlent en route.
GERTRUDE, à Diane.
Des gens cachés là-bas... à l'angle de l'hôtel des Tournelles.

DIANE.

Des malfaiteurs, peut-être... Oh ! va voir si la vieille Marguerite, en s'en allant, a bien fermé la porte de l'allée.

GERTRUDE.

J'y vais, madame.

(Elle rentre.)

MAUGIRON.

Dis donc, Quélus, tu annonçais la chaleur il y a un moment : eh bien, je crois que la voilà qui vient.

SCHOMBERG.

Par où ?

MAUGIRON.

Par la rue Saint-Paul.

QUÉLUS.

Deux hommes, en effet.

D'ÉPERNON.

Ma foi, oui !

GERTRUDE, revenant.

La porte est bien fermée, mademoiselle. Qu'y a-t-il donc qui vous occupe ainsi ?

DIANE, lui montrant la rue.

Vois-tu ces deux hommes qui viennent ?

GERTRUDE.

Ce sont peut-être eux qu'attendent ces gens embusqués... Rentrons...

DIANE.

Si c'était M. de Monsoreau ?

GERTRUDE.

Le comte vient toujours seul.

DIANE.

C'est vrai... Ces hommes s'arrêtent.

GERTRUDE.

Devant notre porte !... Vite, vite, mademoiselle !...

(Elle l'emmène.)

DIANE.

Que va-t-il arriver ?

(Elle rentre, la fenêtre se referme.)

SCÈNE III

QUÉLUS, SCHOMBERG, MAUGIRON, D'ÉPERNON, cachés ; AURILLY, LE DUC D'ANJOU, entrant.

LE DUC.

J'ai entendu fermer une fenêtre.

AURILLY.

Et Votre Altesse, si la vieille sorcière ne m'a pas vendu une fausse clef, va entendre ouvrir une porte. Assurons-nous seulement si c'est la bonne... (Il examine la maison.) Maison de bois ; sous le pignon, une statue de la Vierge.

LE DUC.

C'est cela ; ouvre.

QUÉLUS, de loin, à ses amis.

Ce ne peut être que Bussy ; ne le laissons pas entrer dans cette maison.

TOUS.

Allons ! allons !

(Ils s'avancent à découvert.)

LE DUC, les apercevant.

Des hommes armés ! un guet-apens !

AURILLY, qui a ouvert la porte.

Entrons vite, monseigneur.

QUÉLUS se précipitant le premier.

A mort ! à mort !

TOUS.

A mort !

LE DUC, se croisant les bras.

Je crois, monsieur de Quélus, que vous avez dit « A mort ! » à un fils de France ?

QUÉLUS.

Monseigneur le duc d'Anjou !

TOUS.

Monseigneur !

MAUGIRON

Pardonnez, monseigneur ; c'est une plaisanterie.

LE DUC.

Plaisanterie singulière !

QUÉLUS.

Ce n'était pas Votre Altesse que nous cherchions.

LE DUC.

Je le crois bien ; mais qui donc, alors ?

QUÉLUS.

Un de nos amis.

MAUGIRON.

Pour lui faire peur.

QUÉLUS.

Monseigneur ne peut nous soupçonner d'avoir voulu même troubler ses plaisirs.

LE DUC.

Quels plaisirs, je vous prie, monsieur?

MAUGIRON.

Tout ce qu'il plaira à Votre Altesse, pardon.

QUÉLUS.

Monseigneur peut compter sur notre discrétion.

LE DUC.

Je ne vous la demande pas. Après tout, je n'ai pas de secrets à cacher... J'allais consulter le juif Manassès, un sorcier qui demeure près d'ici... Aurilly vous a vus et vous a pris pour des archers en tournée, et, en vrai consulteur de sorciers qu'il est, il cherchait à raser les murailles pour échapper à la ronde de nuit... Voilà, messieurs, ce que je veux qu'on dise et ce que je veux qu'on croie. Adieu, messieurs.

QUÉLUS.

Nous nous retirons, monseigneur.

(Il fait signe à ses amis de se poster aux environs.)

AURILLY.

Monseigneur, ces gens-là ont de mauvaises intentions.

LE DUC.

Tu crois?

AURILLY.

Ils ne sont pas partis encore, voyez.

LE DUC.

Entrons toujours ici, puisque nous avons tant fait que d'y venir... Je veux savoir si cette femme est aussi belle que Diane.

AURILLY.

Ah! monseigneur, pas d'imprudence! un prince du sang, le duc d'Anjou, l'héritier de la couronne, que tant de gens voudraient ne pas voir hériter!

LE DUC.

Tu as raison... Rentrons à l'hôtel... Je reviendrai mieux accompagné.

AURILLY.

Tenez, les voyez-vous?

LE DUC.

C'est vrai... Tu as repris la clef, fermé la porte?

AURILLY.

Eh! oui, monseigneur, oui, partons!

(Il l'emmène.)

SCÈNE IV

LES MÊMES, hors LE DUC D'ANJOU et AURILLY.

QUÉLUS.

Messieurs!...

TOUS.

Nous voici!

QUÉLUS.

Que venait-il faire dans ce quartier perdu?

MAUGIRON.

Belle question!... Et ces femmes qui guettaient à ce balcon tout à l'heure?

QUÉLUS.

C'est vrai, parbleu! Ah! cette fois, écoutez!

UNE VOIX, chantant au loin.

Un beau chercheur de noise,
C'est monseigneur d'Amboise;
Un bel amant aussi,
C'est monsieur de Bussy!

QUÉLUS.

C'est lui!

MAUGIRON.

Eh! non, celui-là est seul. Ses amis ne l'auraient pas abandonné ainsi.

QUÉLUS.

Je te dis que c'est lui, moi!

MAUGIRON.

Il nous tend un piége, alors.

QUÉLUS.

Piége ou non, attaquons, attaquons! Aux épées!

TOUS.

Aux épées!

SCÈNE V

Les Mêmes, BUSSY, à cheval.

BUSSY, comptant les assaillants.

Deux, trois, quatre. Ah! on m'estime! Merci, messieurs!

QUÉLUS.

Est-ce lui, dites?

BUSSY.

Lui-même, — le sanglier en question... cette fameuse hure... Eh bien, il va en découdre quelques-uns. Je commence.

(Il blesse d'Épernon qui l'attaque.)

D'ÉPERNON, blessé.

Bon! j'ai mon compte; à vous, messieurs!

(Il se retire sous l'auvent pour envelopper sa blessure.)

SCHOMBERG.

Voit-on ce grand mal-appris qui nous parle à cheval!

BUSSY, qui a sauté à bas de son cheval.

Attends!

(Il lui envoie un coup d'épée.)

SCHOMBERG, touché.

Der Teufel!

BUSSY.

Voilà pour deux! Aux autres!

QUÉLUS, blessant Bussy.

Ah! ah! touché!

BUSSY.

Dans l'étoffe!

(Il désarme Quélus d'un revers qui fait sauter l'épée.)

QUÉLUS, revenant à la charge.

Voyons! voyons!... Ah! tu recules!

BUSSY.

Non, je romps !

MAUGIRON, à Bussy.

Tu faiblis !

BUSSY.

Voyez !

(Il le frappe du pommeau de son épée sur la tête.)

MAUGIRON, assommé, roule par terre.

Boucher !

BUSSY.

Allons, du courage !... C'est vous qui mollissez.

QUÉLUS, touché à son tour.

Ah !

TOUS.

A mort ! à mort !

(Ils le poussent vers la porte de Diane.)

BUSSY, s'y adossant, la sent céder derrière lui.

Ouverte !

(Il ferraille et les écarte un moment, puis se précipite dans l'allée.)

TOUS.

Ouverte !

BUSSY, refermant la porte.

Et maintenant, fermée !

(Il rit.)

QUÉLUS.

Ah ! le démon !

SCHOMBERG.

Enfonçons la porte !

(Cloche au loin.)

MAUGIRON, étourdi.

Qu'est-ce que cela ?

QUÉLUS.

La cloche d'alarme de la Bastille.

SCHOMBERG.

La ronde !

QUÉLUS.

Décampons !

TOUS.

Vite! vite!

MAUGIRON.

Aide-moi, Schomberg.

(Ils se traînent, se soutenant, et disparaissent.)

BUSSY, derrière la porte.

Bonne nuit, messieurs!... Il était temps!

(Il chancelle et tombe. — Une troupe armée paraît au loin, sortant de la Bastille.)

ACTE DEUXIÈME

TROISIÈME TABLEAU

Au Louvre. — Trois entrées. A gauche, entrée des appartements du Roi. Autre porte à droite. Au fond, grande galerie attenante au cabinet des armes du Roi.

SCÈNE PREMIÈRE

NANCEY, SAINT-LUC.

NANCEY, à la Sentinelle.

Ne laisse entrer personne en ce moment. (A Saint-Luc, qui arrive.) Ah! monsieur de Saint-Luc, impossible!

SAINT-LUC.

Le roi ne me recevrait pas?

NANCEY.

Ah bien, oui! vous ne savez donc pas la nouvelle?

SAINT-LUC.

Non, je sors de chez moi.

NANCEY.

M. de Maugiron à moitié mort... M. d'Épernon grièvement blessé... M. de Schomberg estropié... M. de Quélus.

SAINT-LUC.

Et par qui, bon Dieu?

NANCEY.

Par M. de Bussy, qui lui-même est mort, à ce qu'il paraît, et qu'on n'a pas revu. Le roi est dans une fureur !... L'entendez-vous?

SAINT-LUC.

Avec qui se querelle-t-il ainsi?

NANCEY.

Avec M. le duc d'Anjou. Oh ! quelle scène !... Ils viennent, ne restons pas là. (Au Garde.) Recule à vingt pas, garde ! Venez, monsieur de Saint-Luc, venez !

(Ils sortent.)

SCÈNE II

LE ROI, LE DUC D'ANJOU.

LE ROI.

Je vous dis que c'est faux, monsieur !

LE DUC.

Et moi, j'affirme que vos amis l'ont attaqué devant l'hôtel des Tournelles.

LE ROI.

Qui vous l'a dit?

LE DUC.

Je les ai vus.

LE ROI.

Voilà qui est fort !

LE DUC.

Il y a plus, ils m'ont pris pour Bussy, et m'ont chargé.

LE ROI.

Vous?

LE DUC.

Oui, moi.

LE ROI.

Et qu'alliez-vous faire à la porte Saint-Antoine?

LE DUC.

Mais que vous importe, mon frère ?

LE ROI.
Je veux le savoir, je suis curieux, aujourd'hui.

LE DUC.
J'allais chez Manassès.

LE ROI.
Un sorcier !

LE DUC.
Vous allez bien chez Ruggieri, un empoisonneur !

LE ROI.
Je vais où je veux ! je suis le roi !

LE DUC.
Ce n'est pas répondre, cela, c'est assommer.

LE ROI.
Votre Bussy a été le provocateur !

LE DUC.
Il a provoqué quatre hommes !... Allons donc !

LE ROI.
Par la mort-Dieu ! je vous dis que j'ai entendu la provocation, moi, au bal de Saint-Luc... C'était un complot.

LE DUC, humblement.
Je ne le défends pas.

LE ROI.
Il vaudrait mieux ! J'en ferai un terrible exemple... Ah ! vous avez des amis qui tuent les miens !

LE DUC.
Vous avez bien des amis qui m'insultent, moi, votre frère, moi que personne en France, excepté Votre Majesté, n'a le droit de regarder en face.

LE ROI.
Qu'est-ce à dire ?

LE DUC.
C'est-à-dire que Votre Majesté m'accable sans justice et sans pitié. C'était hier une scène scandaleuse ; aujourd'hui, une autre scène ; le séjour de votre cour n'est plus tolérable.

SCÈNE III

Les Mêmes, CHICOT.

CHICOT, apportant le déjeuner du Roi.
Eh bien, vous vous disputez ?... Deux frères, c'est joli !

LE ROI.

Tais-toi.

CHICOT.

Toi, Henriquet, tu es le plus grand, tu devrais être le plus raisonnable, et tu fais pleurer le petit.

LE DUC, blessé.

Ah !

CHICOT.

Il est si gentil !... Je ne veux pas qu'on le tourmente, moi; n'est-ce pas, François, mon mignon?

LE DUC.

Sire, mon congé, je vous prie... Ma liberté, l'exil au besoin !...

LE ROI.

Je ne vous retiens pas.

(Le Duc sort.)

CHICOT, saisi, dépose son plat.

Il part?

LE ROI.

Ce Bussy! ce Bussy! si je le tenais!

CHICOT.

Tu le ferais connétable, hein?

LE ROI.

Je le ferais écarteler, et toi avec lui!

CHICOT.

Ingrat !... Tu as quatre mignons qui sont l'exécration publique, quatre sangsues, quatre pestes qui t'ont fait surnommer Hérode, Héliogabale, et qui te feront détrôner un jour ou l'autre... Eh bien, un brave homme te débarrasse de ces quatre abominations, et tu veux le faire écarteler !... Déjeunes-tu?

LE ROI.

Malheureux!

CHICOT.

Tu as un frère unique, un frère modèle, un frère à deux nez... Tu l'exiles !

LE ROI.

Te tairas-tu, insecte! bourdon maudit!

CHICOT, pleurant.

Où va-t-il aller, ce bon François?

LE ROI.

Qu'il aille au diable, et toi aussi!

CHICOT.

Henri de Guise, le grand Henri, te gênait : tu l'as envoyé commander l'armée... Son frère te gênait : tu l'as envoyé retrouver Henri de Guise... Le gros Mayenne te gênait : tu l'as envoyé retrouver le cardinal... Enfin, tu avais pris en grippe leur petite sœur boiteuse, la duchesse, qui rit toujours en affilant ses jolis petits ciseaux d'or, tu sais... avec lesquels elle veut te tonsurer... Tu as tant fait, qu'elle est allée retrouver les trois autres. Et voilà que ton frère François te gêne aussi, et tu l'envoies... Tu veux donc renvoyer tout le monde? Eh bien, ventre-de-biche! Henriquet, tu es un fin politique, tu as raison, ma foi. Laisse-moi tous ces gens-là se mettre ensemble... Ah! ah! envoie-leur par la même occasion ton nouveau grand veneur, ce Monsoreau, l'âme damnée de ton frère ; envoie-leur encore les cinq cent mille Parisiens qui te chansonnent du matin au soir... Tiens, Henriquet, envoie-leur toute la France, et restons tous les deux tout seuls.

LE ROI, appelant.

Monsieur de Nancey!

CHICOT.

Que voilà de bonne friture!

SCÈNE IV

Les Mêmes, NANCEY.

LE ROI.

Priez mon frère de ne pas sortir du Louvre avant de m'avoir parlé.

NANCEY.

Sire, M. le duc vient de partir.

LE ROI.

Courez! rejoignez-le! ramenez-le-moi!

NANCEY.

Oui, sire.

LE ROI, à un huissier.

L'envoyé de M. de Guise, où est-il?

NANCEY.

Il attend là le bon plaisir de Votre Majesté...

(Il sort.)

LE ROI.
J'y vais.
CHICOT, le suivant avec le plat d'or.
Goûtes-en donc.
LE ROI.
Ah ! ce Bussy !...
(Il passe dans la salle voisine.)
CHICOT.
Henriquet !...

SCÈNE V

CHICOT, SAINT-LUC, puis JEANNE.

SAINT-LUC, se montrant.
L'orage est passé... Chicot !
CHICOT, se retournant.
Hein ?
SAINT-LUC.
Laisse-moi te remercier, tu es bon.
CHICOT.
Moi ?
SAINT-LUC.
C'est toi qui m'as rendu la liberté cette nuit, c'est toi qui m'as renvoyé à ma femme, quand le roi me jouait ce mauvais tour.
CHICOT.
Par exemple !
SAINT-LUC.
Oh ! je t'ai deviné... Merci de ta généreuse amitié.
CHICOT.
Je n'ai pas la moindre amitié pour vous, moi.
JEANNE.
Pour lui, peut-être, mais pour Jeanne de Brissac, pour la compagne de Diane de Méridor, de votre petite amie d'enfance, que vous nommiez votre sœur, et sur qui vous veilliez comme un frère... Oh ! si elle était là ! si vous la voyiez avec ses beaux yeux noirs, ses cheveux dorés, son angélique sourire, lui tourneriez-vous le dos comme en ce moment ? Oh ! je vous reconnais bien !

CHICOT.

Allons donc !

JEANNE.

Quoi ! vous n'êtes pas ce pauvre orphelin que le vieux seigneur Augustin a recueilli, élevé, aimé ?

CHICOT.

Je ne comprends pas un mot de ce que vous voulez dire.

SAINT-LUC.

Allons, le roi nous en parlait hier.

CHICOT.

Si tu en es encore à écouter tout ce que dit le roi... Tiens, Saint-Luc, tu es fort désagréable ; laisse-moi déjeuner tranquille.

SCÈNE VI

LE ROI, un Envoyé, puis NANCEY.

LE ROI, à l'Officier envoyé par M. de Guise.

Vous direz enfin à mon cousin de Guise que je n'ai pas besoin de lui à Paris, mais que j'ai grand besoin de lui à la tête de mon armée qui assiége la Charité. Qu'il attende mes ordres et n'en bouge pas... Portez-lui mes compliments. Adieu, monsieur.

(L'Envoyé salue et sort. — Nancey revient.)

LE ROI.

Eh bien ?

NANCEY.

Monseigneur le duc d'Anjou se préparait à partir. Sur l'ordre de Votre Majesté, il revient.

LE ROI.

Bien... Maintenant, a-t-on des nouvelles de M. de Bussy ?

NANCEY.

Mais non, sire ; on le croit mort.

LE ROI.

Je ne veux pas croire, je veux savoir. Un homme ne disparaît pas de la sorte. Faites chercher M. de Bussy mort ou vif, entendez-vous !

SCÈNE VII

Les Mêmes, BUSSY.

BUSSY.

Sire !

TOUS.

Bussy !

LE ROI.

Lui ! en vérité!

BUSSY.

Votre Majesté me fait l'honneur de s'inquiéter de moi, je crois ?

LE ROI.

Vous avez laissé courir le bruit de votre mort... Vous vous cachiez.

BUSSY.

Je ne me cachais pas, sire, puisque me voici.

LE ROI.

Prétendez-vous toujours avoir été attaqué cette nuit ?

BUSSY.

Je n'ai rien prétendu, sire.

LE ROI.

Vous venez vous plaindre, alors ?

BUSSY.

Pourquoi me plaindrais-je, sire ? Il me reste pour me venger les deux mains que j'avais pour me défendre.

CHICOT, au Roi.

Je voudrais te voir une centaine d'amis comme celui-là.

SCÈNE VIII

Les Mêmes, LE DUC D'ANJOU, accourant.

LE DUC.

Bussy !... mon cher Bussy !

(Il l'embrasse.)

BUSSY, le repoussant.

Pardon, monseigneur, vous m'avez fait mal.

LE DUC.
Qu'as-tu donc ?... Réponds-moi.
LE ROI.
C'est bon, c'est bon. François, j'ai à vous parler. Monsieur de Bussy, nous allons régler cette affaire. Attendez-moi ici. Venez, François.

(Les deux Princes rentrent.)

SCÈNE IX

Les Mêmes, hors LE ROI et LE DUC D'ANJOU.

JEANNE.
Ah ! monsieur, que n'avez-vous suivi hier le conseil de mon mari !
BUSSY.
Madame, je suis parfois bien désobéissant, mais je ne suis jamais ingrat.

(Il serre la main de Saint-Luc et baise celle de Jeanne.)

SAINT-LUC.
Croyez-nous au moins une fois, pas de faux point d'honneur. Au lieu d'attendre le roi, qui est furieux, gagnez au large, mettez-vous en sûreté.
BUSSY.
Merci... Mais est-ce l'avis de M. Chicot? Permettez que je le consulte. (A Chicot, bas.) Monsieur, vous avez agi avec moi en galant homme. Je ne sais dans quel but vous m'avez témoigné cet intérêt, mais je vous dois d'être debout aujourd'hui, et, comme je n'ai jamais tant tenu à la vie, je vous rends grâces.
CHICOT.
Eh bien, si vous tenez tant à vivre, comte, soignez-vous, car vous êtes pâle.
BUSSY.
Moi?
CHICOT.
Et voilà une tache de sang qui se fait jour à travers la soie de votre pourpoint. Cachez-la, si vous tenez à faire croire que vous n'avez pas été blessé cette nuit.
SAINT-LUC.
Blessé ! il est blessé !

JEANNE.

Oh!

CHICOT.

Comme c'est heureux!

JEANNE.

Heureux!

CHICOT.

Cette blessure-là va le faire adorer du roi.

JEANNE.

Eh! ne vaudrait-il pas mieux être moins adoré du roi et un peu plus intact?

BUSSY.

Ah! madame, ce bienheureux coup d'épée, je ne le donnerais pas pour un empire. Si vous saviez ce que je lui dois!

JEANNE.

Quoi donc?

BUSSY.

Un rêve!...

SAINT-LUC.

Voyons!

BUSSY.

Oui... un ami charitable m'avait averti de me défier de l'hôtel des Tournelles... C'est là que je fus attaqué. J'estropiai différentes personnes, dont l'une, c'est M. de Quélus, je crois, m'a labouré les flancs d'un très-habile revers.

CHICOT.

C'est Quélus, notre favori, qui vous a blessé? Bonne affaire!

BUSSY.

Mon cheval tué, moi entamé, la situation devenait grave, lorsque, je ne sais comment, je me trouvai adossé à une porte qui s'ouvrit et me livra passage. Je la referme entre mes ennemis et moi; je leur échappais! J'eus à peine le temps de serrer mon mouchoir sur la blessure, le sang m'étouffait... Je crois bien que je m'évanouis.

CHICOT.

Et le rêve?

JEANNE.

Hélas! mais, jusque-là, je ne vois qu'une triste réalité.

BUSSY.

Attendez. C'est ici que le rêve commence. J'ai rêvé que j'étais couché sur un lit de damas blanc à fleurs d'or, en face d'un portrait de femme. Oh! quelle femme!... Tout à coup, le portrait se mit à marcher vers moi et à se pencher sur mon lit. Je vis des cheveux blonds, de l'or pur tombant à flots sur d'adorables épaules, des yeux noirs, profonds, où tremblait une larme, des lèvres qui semblaient murmurer une prière, une peau satinée, frissonnante, sous laquelle je voyais courir le sang. Non, ce n'était pas une femme, il n'en existe pas de semblable! non, sous sa longue robe blanche et bleue, je voyais un de ces anges qui planent autour de la Vierge ou s'agenouillent devant le Seigneur.

CHICOT.

Vous avez de la chance, vous, de faire des rêves pareils!... Et ensuite?

BUSSY.

Ensuite, je la trouvai si prodigieusement belle, que je voulus me jeter à ses pieds; mais je ne réussis pas même à faire un mouvement. Je me mis aussitôt à penser un compliment en vers... Je dis penser, car je ne réussis pas davantage à prononcer une syllabe... Je m'étais évanoui pour la deuxième fois.

JEANNE.

A la fin, cependant, vous avez repris connaissance.

BUSSY.

Certainement, comtesse.

JEANNE.

Eh bien?

BUSSY.

Eh bien, je n'étais plus sur le lit de damas blanc à fleurs d'or... en compagnie d'un ange à robe bleue; j'étais sur le bord d'un fossé du Temple, entre une vieille sage-femme et un gros chantre de paroisse qui m'a pris dans ses bras et porté à mon hôtel.

CHICOT.

A quelle heure?

BUSSY.

Au jour.

CHICOT.

Un chantre rond comme ses futailles?

BUSSY.
Oui; vous le connaissez?
CHICOT.
Mon ami Gorenflot.
BUSSY.
Oui, Gorenflot... Il n'était pas à jeun.
CHICOT.
Dites franchement qu'il était ivre.
BUSSY.
Eh bien, comtesse, on dirait que mon rêve vous donne à réfléchir.
JEANNE.
Ces cheveux d'or... ces yeux noirs... une peau comme une feuille de rose...
BUSSY.
Oh! madame, vous n'êtes pas sans avoir fait un petit tour en paradis, connaîtriez-vous mon ange?
JEANNE.
Je connais un portrait pareil; demandez à M. Chicot.
BUSSY.
Vrai?
CHICOT.
Madame plaisante.
JEANNE.
Non pas! non pas!
BUSSY, à Jeanne.
Vous connaissez ces yeux, ces bras, cette bouche?
JEANNE.
Je dirais oui, si nous étions au fond de l'Anjou. Mais, comme vous me parlez du faubourg Saint-Antoine, je ne dis plus ni oui ni non... Vous avez rêvé, monsieur.
CHICOT.
Le plus sûr de votre affaire, c'est votre coup d'épée.
BUSSY.
Expliquez-moi une chose, alors.
CHICOT.
Expliquons.
BUSSY.
J'avais fermé ma blessure avec mon mouchoir... Je vous l'ai dit, n'est-ce pas?
CHICOT.
Oui.

BUSSY.

Eh bien, en me réveillant, je n'ai plus trouvé mon mouchoir.

CHICOT.

Oh! Gorenflot! fi!

BUSSY.

Voilà ce que j'ai trouvé sur ma blessure.

(Il tire de son pourpoint un mouchoir qu'il montre.)

JEANNE.

Un mouchoir parfumé, brodé...

BUSSY.

Marqué d'un D et d'une M.

JEANNE, vivement.

D. M!

CHICOT, vivement.

Ah!

JEANNE.

Serait-elle à Paris?

BUSSY.

Elle y est, comtesse!

CHICOT.

C'est impossible!

JEANNE, à Chicot.

N'est-ce pas?

BUSSY, à Chicot.

Qu'est-ce qui est impossible?

CHICOT, à Bussy.

Que Gorenflot ait de pareils mouchoirs.

JEANNE, à elle-même.

Elle n'aurait pas quitté ainsi...

BUSSY, à Jeanne.

Qui?... Qui n'a-t-elle pas quitté?... Comtesse, vous êtes un marbre!... Monsieur Chicot, animez-vous!... Prenez pitié de moi tous les deux, je suis amoureux, je suis éperdu, je suis fou!

CHICOT.

Un D et une M...

(Un Page apporte à Jeanne une lettre.)

LE PAGE.

Pour madame la comtesse de Saint-Luc!

BUSSY.

Oh! mais je la retrouverai!

JEANNE, qui a lu la lettre.

Lui à Paris! voilà du merveilleux.

(Elle donne la lettre à Saint-Luc.)

SAINT-LUC, lisant.

« Ma fille Jeanne, je t'attends... Viens! — Baron de Méridor. »

CHICOT, à part.

Méridor!

SAINT-LUC.

Allons, comtesse, ne le faites pas attendre.

BUSSY.

Vous m'abandonnez?... Oh!...

JEANNE.

Au revoir!... Vous pouvez vous flatter d'avoir une étoile.

(Elle sort avec Saint-Luc.)

CHICOT, à part.

A Paris!

(Il sort.)

SCÈNE X

Les Mêmes, LIVAROT, RIBÉRAC, ANTRAGUET, Courtisans, puis NANCEY.

ANTRAGUET.

Bussy! mon brave!

LIVAROT.

Nous commencions à te pleurer.

ANTRAGUET.

J'ai couru tout Paris. Eh bien, il paraît que tu as écharpé les mignons. Les Parisiens t'attendent pour te porter en triomphe.

BUSSY.

Diantre! ce n'est pas le moment!

NANCEY, allant heurter à la porte du Roi.

Sire, M. le comte de Monsoreau est là pour l'audience de Votre Majesté.

VOIX DU ROI.

Qu'il entre!

(Les Courtisans se rapprochent.)

NANCEY.

Introduisez M. le comte de Monsoreau !
(Mouvement de curiosité générale.)

ANTRAGUET.

On va donc le voir, enfin !
(Le Duc d'Anjou sort de chez le Roi lentement et reste sur le seuil.)

BUSSY.

Voyons !

SCÈNE XI

Les Mêmes, MONSOREAU.

L'HUISSIER, à haute voix.

M. le comte de Monsoreau !

NANCEY, à Monsoreau.

Suivez-moi, monsieur.

MONSOREAU, au duc d'Anjou.

Monseigneur, je sais tout ce que je dois à Votre Altesse, et je tâcherai de m'acquitter.

LE DUC.

Entrez, monsieur le grand veneur. Mon frère vous attend avec son meilleur visage.
(Le Duc et Monsoreau entrent chez le Roi.)

SCÈNE XII

Les Mêmes, hors MONSOREAU et LE DUC D'ANJOU;
Courtisans, au fond.

BUSSY.

Oh ! la vilaine figure !... Voilà les gens que vous protégez, monseigneur ?

ANTRAGUET.

Est-il laid, ce Monsoreau !

BUSSY.

Affreux !... C'est étrange, je ne sais pourquoi je sens que j'aurai maille à partir avec cet homme-là.

RIBÉRAC.

Tant pis pour lui.

LIVAROT.
Eh! c'est un ogre, diable!
BUSSY.
Tu le connais?
LIVAROT.
Trop... J'ai une terre près des siennes.
BUSSY.
Pourquoi est-ce un ogre?
LIVAROT.
Écoute. Je revenais une nuit...
ANTRAGUET.
Brrr!... cela commence d'une façon terrible.
BUSSY.
Laissez-le finir.
LIVAROT.
Je revenais, dis-je, de chez mon oncle d'Antragues, à travers les bois de Méridor, il y a de cela six semaines. Tout à coup, j'entends un cri déchirant, et, au bout d'une allée, j'avise un homme emporté sur un grand cheval noir... Cet homme étouffait avec sa main les cris d'une femme renversée sur le devant de sa selle. J'avais mon arquebuse de chasse et j'allais tuer ce bourreau... Mais il a disparu à travers le bois.
BUSSY.
Et après?
LIVAROT.
Après, je m'informai : on m'apprit que c'était M. de Monsoreau.
ANTRAGUET.
Mais cela se fait, d'enlever les femmes!
RIBÉRAC.
Oui; mais on les laisse crier.

(Rires.)

SCÈNE XIII

Les Mêmes, LE DUC D'ANJOU.

LE DUC.
On rit, par ici?
BUSSY.
Ma foi, oui, monseigneur.

LE DUC.

Et de quoi?

BUSSY.

Des services que vous a rendus le grand veneur.

LE DUC.

Tu les connais?

BUSSY.

Vous allez voir. On dit que c'est lui qui enlève les femmes pour Votre Altesse sur son grand cheval noir.

LE DUC.

Monsieur de Bussy!

BUSSY, à lui-même.

On dirait que j'ai sanglé juste.

LE DUC, revenant.

Hé! Bussy!

BUSSY.

Monseigneur? (Le Duc éclate de rire.) Tiens! il paraît que ce que je vous ai dit est devenu drôle.

LE DUC.

Je ris de tes renseignements... Où les prends-tu?

BUSSY.

Dans les bois de Méridor. (Le Duc fait un mouvement. — Bussy, à part.) Le duc est de moitié dans ce qu'a vu Livarot.

LE DUC.

Est-ce que tu nous refuserais le droit d'être amoureux?

BUSSY.

Mais...

LE DUC.

Et jaloux?

BUSSY.

A votre aise, monseigneur.

LE DUC.

Eh bien, rends-moi un service.

BUSSY.

Comme ceux de votre grand veneur?

LE DUC.

Écoute. J'ai aperçu à l'église une femme dont les traits m'ont rappelé une autre femme que j'ai passionnément aimée, que j'aimerai toujours.

BUSSY.

J'écoute, monseigneur.

LE DUC.

On la dit sage et belle, mais...

BUSSY.

Mais vous n'en croyez rien.

LE DUC.

J'ai appris qu'un homme pénètre furtivement la nuit dans la maison.

BUSSY.

Ah! ah! un amant?... un mari?...

LE DUC.

C'est ce que je voudrais savoir.

BUSSY.

Par qui? Par moi?

LE DUC.

Y consens-tu?

BUSSY.

A épier cette femme, moi?...

LE DUC.

A surveiller cet homme.

BUSSY.

Un métier d'espion?... Eh! monseigneur, vous avez M. de Monsoreau.

LE DUC.

Mais, Bussy, il faudra peut-être tirer l'épée.

BUSSY.

Raison de plus pour donner la commission à M. le grand veneur. Il est payé pour tout faire.

LE DUC.

Tu refuses, toi, mon serviteur?

BUSSY.

Faire tort à une femme, ce n'est pas dans le service... Et puis je suis fatigué, je suis blessé.

LE DUC.

Bien... Je ferai le guet moi-même, comme je l'ai fait hier avec Aurilly, quand tu as été attaqué.

BUSSY.

Vous étiez là?

LE DUC.

Là même.

BUSSY.

Cette femme demeure donc...?

LE DUC.
En face l'hôtel des Tournelles...
BUSSY.
Ah !
LE DUC.
Et, s'il m'arrive malheur, tu te le reprocheras.
BUSSY.
N'y allez pas, il ne vous arrivera rien.
LE DUC.
Oh ! elle est trop belle !
BUSSY.
Vous l'avez vue à peine.
LE DUC.
On ne retrouve pas ces admirables cheveux blonds.
BUSSY.
Ah !
LE DUC.
Ces yeux noirs.
BUSSY, à lui-même.
Noirs !
LE DUC.
Ce teint unique au monde, cette taille de divinité.
BUSSY, à part.
C'est elle...! (Haut.) Voyons, monseigneur, vous m'attendrissez.
LE DUC.
Tu railles ?
BUSSY.
Non, sur ma parole. Dites-moi ce qu'il y a à faire.
LE DUC.
Il n'y a qu'à te cacher aux environs de la maison de bois, à toit aigu, avec une Notre-Dame sous le pignon.
BUSSY, à part.
C'est bien là ! (Haut.) Et ensuite ?
LE DUC.
Tu suivras un homme qui entrera dans cette maison, jusqu'à ce que tu saches qui il est.
BUSSY.
Mais il refermera la porte ?
LE DUC.
Voici la clef.

BUSSY.
Donnez.
LE DUC.
Tu iras?
BUSSY.
Si j'irai! ce soir même.
LE DUC.
Ta parole?
BUSSY.
Foi de gentilhomme!
LE DUC.
Bien... L'audience est finie... Adieu!

SCÈNE XIV

Les Mêmes, MONSOREAU, CHICOT.

LE DUC.
Eh bien, monsieur le grand veneur, êtes-vous content du roi?
MONSOREAU.
Enchanté, monseigneur, grâce à la recommandation de Votre Altesse.
LE DUC.
Je n'ai rien dit que de vrai sur votre talent de veneur.
MONSOREAU.
Ce talent, le roi veut le mettre vite à l'épreuve... Il m'ordonne de partir cette nuit pour Fontainebleau, où il veut chasser après-demain.
LE DUC.
Eh bien, partez.
MONSOREAU.
Impossible, Altesse.
LE DUC.
Pourquoi?
MONSOREAU, plus bas.
M. de Guise est à Paris depuis ce matin, et M. de Mayenne vient d'arriver avec Nicolas David.
LE DUC.
Plus bas!

CHICOT, traversant.

Il a dit : « Nicolas David ! »

MONSOREAU.

Le rendez-vous est pour cette nuit, à l'abbaye Sainte-Geneviève.

LE DUC.

Cette nuit !

MONSOREAU.

Votre Altesse m'avait enjoint de parler en son nom ; j'ai parlé : c'est fini.

LE DUC.

Ma parole !... ma parole !...

MONSOREAU.

Parole de prince donnée à des princes, monseigneur.

LE DUC.

Ne partez que demain pour Fontainebleau.

MONSOREAU.

Et, cette nuit, nous comptons sur vous ?

LE DUC.

Oui.

MONSOREAU.

A dix heures à l'abbaye.

LE DUC.

A dix heures.

CHICOT, qui a entendu.

Dix heures !

LE DUC.

Voici le roi. Éloignez-vous.

SCÈNE XV

Les Mêmes, LE ROI, puis MÉRIDOR.

LE ROI.

Eh bien, messieurs, nous chasserons après-demain à Fontainebleau.

UNE VOIX.

Laissez-moi passer, vous dis-je !

(Bruit de voix et d'armes.)

LE ROI.

Qu'est cela ? pourquoi ce bruit ?

LA VOIX.

Demandez au roi s'il fera chasser du Louvre le vieux baron de Méridor.

CHICOT, se dérobant derrière un groupe.

Ah !

LE ROI.

Ce vieillard...

MÉRIDOR, essayant d'écarter les Gardes.

Vous me reconnaissez, sire.

LE DUC, inquiet.

Monsoreau !

MONSOREAU, de même.

Monseigneur !

LE ROI.

Laissez approcher le baron de Méridor.

Les Suisses relèvent leurs pertuisanes. — Méridor s'avance lentement et s'agenouille.)

MÉRIDOR.

Sire, c'est votre vieux serviteur, celui qui, sous quatre règnes, n'a pas fait défaut une seule fois à son pays et à son roi.

LE ROI.

Que nous demandez-vous, monsieur ?

MÉRIDOR.

Justice !

LE ROI.

Parlez !

MÉRIDOR.

J'ai reçu chez moi un gentilhomme, je l'ai reçu en ami... Il m'a enlevé ma fille, il l'a emprisonnée dans son château, lui donnant à choisir entre le déshonneur et la mort.

LE ROI.

C'est un crime qui doit être puni.

MÉRIDOR.

Et mon enfant a choisi la mort... Elle a tout quitté, jeunesse, bonheur, espérance, pour se remettre aux mains de Dieu pure comme elle en était sortie... Elle est morte, seigneur, me laissant seul et désespéré, moi qui n'avais que cette joie sur la terre, moi qui n'ai plus qu'à mourir comme elle, après que je l'aurai vengée ; moi, vieillard que le Ciel oublie et qui frappe du front la terre en disant : « Terre, engloutis-moi, si mon roi ne m'écoute pas ! »

LE ROI.

Je vous écoute, et je vous vengerai. Le coupable? Nommez-le hardiment... Oh! nommez-le, fût-il baron, fût-il duc, fût-il prince!

MÉRIDOR se lève et va droit au Duc.

Le coupable?... Le voici!

TOUS.

Monseigneur!

LE ROI.

Vous entendez, mon frère!

LE DUC.

Cet homme ne sait ce qu'il dit... Je ne le connais pas!

MÉRIDOR.

Tu ne me connnais pas?

LE ROI, au Duc.

Répondez mieux!...

LE DUC.

Ce malheureux gentilhomme a perdu sa fille. Il l'adorait, la douleur l'égare, et, ne pouvant s'en prendre à Dieu, vous voyez, il s'en prend aux hommes.

MÉRIDOR.

Le lâche! Mais quelqu'un doit me connaître ici; quelqu'un dira au roi que jamais je n'ai menti, et qu'au prix d'un mensonge, je n'achèterais pas même ma vie... Messieurs!... (Monsoreau fait un mouvement qui le décèle à Méridor.) Ah! le comte de Monsoreau, mon ami, celui qui m'a prévenu des projets de ce mauvais prince, et que je n'ai pas voulu croire... Comte de Monsoreau, venez : rendez témoignage pour moi.

LE DUC, inquiet.

Il appelle le comte son ami!

MÉRIDOR.

Oui, mon meilleur ami; car, si je l'avais écouté, si j'avais soustrait ma fille à tes regards, elle vivrait, hélas!... elle vivrait encore!

LE DUC.

Eh bien, sire, M. de Monsoreau, le meilleur ami de ce vieillard, je l'accepte pour juge. Qu'il prononce!

MÉRIDOR.

Qu'il prononce... Tout ce qu'il dira sera bien dit.

LE ROI, à Monsoreau.

Parlez, monsieur.

MONSOREAU.

Sire, je n'abandonnerai jamais la cause d'un ami, d'un vieillard si cruellement éprouvé... Cependant, je dois vous dire que, dans toute la province, depuis la mort de sa fille, on sait que le baron de Méridor est fou.

MÉRIDOR.

Moi ?...

LE DUC.

Vous voyez...

MONSOREAU.

Il m'en a bien coûté, mais on ne peut mentir au roi.

MÉRIDOR, exaspéré.

Oh !...

LE DUC, se jetant au-devant du Roi.

Prenez garde, sire ! cette folie peut devenir dangereuse.

MÉRIDOR, à genoux.

Sire, par tout ce qu'il y a de plus saint, par tout ce qu'il y de plus sacré...

LE ROI, doucement.

Oui, oui... Qu'on aille chercher mon médecin Miron ; il vous guérira, je l'espère. (Au Duc.) Pardon, François.

MÉRIDOR.

Est-ce que vraiment je deviens fou ?...

LE ROI.

Monsieur de Nancey, éloignez tout le monde ; puis vous conduirez ce vieillard hors du Louvre avec tous les égards dus à son malheur.

(Il entre à gauche avec le Duc.)

NANCEY.

Oui, sire. (Quand le Roi s'est éloigné.) Sortez, messieurs.

(Il relève le Baron.)

BUSSY.

Je n'abandonnerai pas ce malheureux.

(Il s'approche du Baron.)

CHICOT, bas.

Monsieur de Bussy, allez à cette maison du faubourg Saint-Antoine ; vous y direz ce que vous venez de voir.

BUSSY.

Mais...

CHICOT.

Allez, je reste ici.

(Bussy sort.)

SCÈNE XVI

CHICOT, au fond ; MÉRIDOR.

MÉRIDOR.

Où êtes-vous donc, mon Dieu, que vous ne me voyez pas souffrir? Mon Dieu, je vous supplie! je vous conjure! je vous implore! du secours! envoyez-moi du secours!

CHICOT, lui touchant l'épaule.

Père!

MÉRIDOR, se retournant.

Ah!... mon fils!

CHICOT.

Silence!

MÉRIDOR.

Je ne te quitte plus.

CHICOT.

Vous allez me quitter, au contraire. Si l'on nous voyait ensemble, si l'on se doutait que nous nous connaissons, tout serait perdu.

MÉRIDOR.

Eh! que me fait la vie, puisque Diane est morte!

CHICOT.

Et si elle ne l'était pas?

MÉRIDOR.

Tu dis?

CHICOT.

Rien... Où logez-vous?

MÉRIDOR.

Rue de l'Arbre-Sec, à la *Corne de cerf*.

CHICOT.

Rentrez-y et attendez-moi.

MÉRIDOR.

Tu veux m'abandonner!...

CHICOT.

Je ne suis ni courtisan ni grand veneur pour trahir un ami... Je vous sauverai, soyez tranquille.

MÉRIDOR.

Qu'es-tu, alors?

CHICOT.

Un fou...

MÉRIDOR.

Toi?

CHICOT.

Comme vous!... Allez! allez! (Le baron de Méridor part. — A Nancey qui entre.) Il est parti... Ne vous en occupez pas. Mais pourquoi laisse-t-on entrer ces gens-là au Louvre?

QUATRIÈME TABLEAU

L'intérieur de la maison des Tournelles. Le théâtre est séparé en deux. A droite, vestibule avec fenêtre sur la rue. A gauche, chambre à coucher de Diane, occupant deux tiers du théâtre. Portes à droite et à gauche. Au fond, l'oratoire. Lit de damas blanc, à fleurs d'or. Grand portrait entre les fenêtres.

SCÈNE PREMIÈRE

DIANE, GERTRUDE.

DIANE, rêvant.

Que sera devenu ce malheureux, si brave, si beau?... (Gertrude ouvre la fenêtre du boudoir.) Il était là, pâle, inanimé, et tout à coup ses yeux se sont ouverts... Quel regard!...

(Elle se lève.)

GERTRUDE.

Vous m'appelez?

DIANE.

Tu es sûre que personne aux environs n'a pu soupçonner que nous ayons reçu ici ce gentilhomme?

GERTRUDE.

Personne; car je réponds du petit chirurgien qui l'a pansé et m'a aidé à le transporter au Temple.

DIANE.

L'abandonner ainsi... Oh!...

GERTRUDE.

Les religieux du Temple sont hospitaliers. Soyez tranquille. Rémy m'en a répondu.

DIANE, rêveuse.

Oui, Gertrude, oui! (Gertrude sort.) Que je voudrais savoir son nom!... si jamais je dois le revoir.

GERTRUDE, à côté.

Madame, la porte s'est refermée; il est entré quelqu'un. On monte. Deux hommes!... Le duc, peut-être, avec cet Aurilly!

(Elle y court.)

DIANE, prenant un poignard dans son coffre et le cachant dans son sein.

Qu'ils viennent, je ne les crains plus!

GERTRUDE.

Mademoiselle, c'est M. le comte.

SCÈNE II

Les Mêmes, MONSOREAU.

MONSOREAU.

Je vous effraye toujours?

DIANE.

Mais non, monsieur, je priais.

MONSOREAU.

Puis-je vous entretenir seule?

DIANE.

Va, Gertrude. (Vivement.) Laisse la porte ouverte.

(Gertrude se retire dans le boudoir, de manière à voir sans entendre.)

MONSOREAU.

Vous me craignez bien, Diane!

DIANE.

Vous avez quelque chose d'important à me dire, monsieur le comte?

MONSOREAU.

Vous allez en juger; et, si ma protection devient impuissante, vous serez convaincue qu'il n'y a point de ma faute.

DIANE.

J'écoute.

MONSOREAU.

J'avais, je crois, réussi à vous arracher à M. le duc d'Anjou, réussi à vous sauver l'honneur.

DIANE.

C'est vrai.

MONSOREAU.

Votre voile trouvé flottant sur l'eau, votre disparition inexplicable, avaient accrédité le bruit de votre mort; le duc y croyait.

DIANE.

Hélas! et mon père aussi!

MONSOREAU.

Nécessité cruelle mais salutaire... En voyant le désespoir de votre père, comment douter de votre mort?

DIANE.

Pauvre père! a-t-il dû souffrir jusqu'au moment où vous l'avez détrompé! mais qu'il a du être heureux en apprenant de vous mon salut et ma retraite!

MONSOREAU.

Bien heureux, sans doute; mais votre salut est compromis, votre retraite est découverte. Si vous m'eussiez obéi, si vous fussiez restée enfermée dans cette maison, aujourd'hui peut-être tout danger eût cessé. Vous avez voulu sortir...

DIANE.

Je voulais remercier Dieu d'avoir consolé mon père, j'ai été à l'église Sainte-Catherine.

MONSOREAU.

C'était une faute; le prince y est venu par fatalité, et il vous a aperçue.

DIANE.

C'est vrai; pardonnez-moi de vous l'avoir caché. J'espérais n'avoir pas été reconnue sous mon voile.

MONSOREAU.

Vous avez eu hier la preuve du contraire.

DIANE.

Vous savez...?

MONSOREAU.

Je sais que le duc s'était procuré une clef de cette maison; je sais qu'il était accompagné d'Aurilly, le complice de toutes ses violences; je sais qu'ils allaient entrer ici lorsque, par une méprise heureuse, les mignons du roi l'ont assailli et chargé. Il a eu peur d'être victime de son incognito, il s'est nommé, puis il a fait retraite: suis-je bien informé?

DIANE.

Oui, oui. (A part.) Je tremble!

MONSOREAU.

Vous avez dû être fort inquiète de ce bruit, de ce combat?

DIANE.

Assurément! mais, le duc une fois parti...

MONSOREAU.

C'est un cœur sombre et persévérant; il reviendra.

DIANE.

Il oubliera, monsieur.

MONSOREAU.

Non; j'ai fait ce que j'ai pu pour vous oublier, moi; mais on ne vous oublie pas, lorsqu'on vous a vue.

DIANE.

Monsieur!

MONSOREAU.

Le duc reviendra cette nuit.

DIANE.

Je quitterai la maison; je retournerai chez mon père.

MONSOREAU.

Allez où vous voudrez, il vous suivra jusqu'à ce qu'il vous trouve.

DIANE.

Vous m'épouvantez!

MONSOREAU.

Ce n'est pas mon intention.

DIANE.

Alors, que comptez-vous faire?

MONSOREAU.

Oh! je suis une pauvre imagination... J'avais trouvé, ou plutôt votre père avait trouvé un moyen...

DIANE.

Mon père! Quel moyen?

MONSOREAU.

La dernière fois que je le vis, à Méridor, lorsque je lui appris que vous n'étiez pas morte, mais que vous couriez un grand danger; lorsque je lui jurai de vous délivrer, fût-ce au prix de ma vie, il me remit une lettre.

DIANE.

Vous avez une lettre de mon père, et vous ne me l'avez pas montrée jusqu'à présent!

MONSOREAU.

J'espérais réussir sans vous coûter aucun sacrifice. Je sais toute l'aversion que je vous inspire. Cependant le péril est pressant; nous sommes en face de lui.

DIANE.
Cette lettre, monsieur !
MONSOREAU.
La voici.
DIANE, lisant.
« Ma bien-aimée Diane... »
MONSOREAU.
Vous reconnaissez cette chère écriture ?
DIANE.
Oh ! oui, oui ! (Lisant.) « Le danger que tu cours est immense, insurmontable. Je ne pouvais t'y arracher ; M. de Monsoreau veut le tenter. Fie-toi à lui comme au meilleur ami que le Ciel puisse nous envoyer. Le comte te dira ensuite ce que, du fond de mon cœur, je désirerais que tu fisses pour acquitter notre dette envers lui. Crois-moi, obéis-moi, je t'en conjure. Aie pitié de moi et de notre ami. — BARON DE MÉRIDOR. »

(Diane baisse la tête et pleure.)

MONSOREAU.
C'était le seul moyen : votre père l'approuvait ; vous le repoussez, j'y renonce.
GERTRUDE, rentrant.
On vous a suivi, monsieur le comte ; je vois des ombres à travers les barreaux de la porte.
MONSOREAU.
On attend que je sois parti.
GERTRUDE, désignant la porte.
Voyez-vous ?

(Monsoreau va regarder.)

MONSOREAU, à part.
Mes deux hommes, bon !
DIANE.
Eh bien ?
MONSOREAU.
C'est le duc.
DIANE.
Mon Dieu ! mon Dieu ! Mais, vous-même, monsieur, vous ne pourriez pas me délivrer de cette persécution ?
MONSOREAU.
Pardon, madame ; je suis grand veneur, je ne relève plus que du roi, et, si j'étais marié, c'est le roi qui protégerait ma femme.

DIANE, regardant autour d'elle.

Impossible! Jamais! jamais!

MONSOREAU.

Il ne me reste plus qu'à prendre congé de vous. Je pars pour Fontainebleau, où je resterai huit jours.

DIANE.

Vous m'abandonnez, alors?

MONSOREAU.

Je vous obéis... Puis-je passer une nuit sous votre toit, n'étant pas votre mari?

DIANE.

Je partirai avec vous.

MONSOREAU.

Je ne voudrais pas vous compromettre. On ne peut vous voir qu'avec votre mari.

DIANE.

J'ai des verrous à cette porte.

MONSOREAU.

Des verrous contre un prince du sang?

DIANE.

Je me tuerai!

MONSOREAU.

Vous tuerez votre père!

DIANE.

Oh! oh! (Elle court à la fenêtre du boudoir.) Ils y sont toujours.

(Elle revient abattue.)

MONSOREAU, à un Valet; il entr'ouvre la porte.

Faites entrer le prêtre et son assistant. (A Diane.) Était-ce si difficile d'obéir au baron de Méridor?

DIANE, tirant la lettre qu'elle relit.

C'est comme si Dieu me l'ordonnait. Tu ordonnes, mon père : j'obéirai.

MONSOREAU.

Venez, alors!

DIANE.

Où cela?

MONSOREAU.

Dans votre oratoire.

DIANE.

Dans mon oratoire?

MONSOREAU.

Un prêtre...

DIANE.

Ah! vous aviez tout prévu.

MONSOREAU.

Vous pouvez dire non.

DIANE.

Je veux revoir mon père!

MONSOREAU.

Vous êtes libre, madame; rien ne force votre volonté. Regrettez-vous votre parole, je vous la rends.

DIANE.

Venez, monsieur! Viens, Gertrude!

(Ils sortent par la porte de l'oratoire; au moment où cette porte se referme sur eux, celle du cabinet s'ouvre et Bussy paraît.)

SCÈNE III

BUSSY, seul.

J'ai cru que ces hommes n'entreraient jamais... Ah çà! mais, si j'ai bien compté, il y en a quatre dans la maison. Quel intérêt Chicot a-t-il à m'y envoyer?... Nous verrons. Où suis-je? L'escalier, le palier, ce cabinet... Je ne me reconnais pas. Je ne vois pas ce lit blanc, ce portrait; on m'aura transporté dans une autre chambre. (Il ouvre doucement la porte de la chambre de Diane.) Voilà! voilà! c'est mon rêve; il n'y manque que le bel ange. Mais la maison était pleine de monde, et je ne vois personne. Où sont-ils passés? (Il ouvre une porte.) Un corridor sombre qui rejoint l'escalier... (Il s'approche de l'oratoire et écoute.) C'est étrange! on dirait la psalmodie d'une prière. (Regardant par la serrure.) Un homme à genoux, une femme près de lui!... Elle!... oh! plus belle encore que dans le rêve! Mais cet homme?... Impossible de le voir. Pourquoi ce prêtre? Ah! mais cela ressemble à un mariage. Ils se courbent, le prêtre les bénit. C'est fini... On vient... Alerte, Bussy!

(Il rentre dans le cabinet.)

SCÈNE IV

BUSSY, dans le cabinet; MONSOREAU, GERTRUDE, DIANE.

BUSSY.

M. de Monsoreau! le ravisseur au cheval noir!

DIANE.

Je suis votre femme, monsieur; mais il manque à ce mariage la bénédiction de mon père, au château de Méridor.

BUSSY.

Méridor!... je comprends tout.

MONSOREAU.

Écoutez, Diane! laissez-moi espérer...

DIANE.

Vous m'avez dit : « Soyez ma femme, pour que j'aie le droit de vous protéger. » Vous pouvez m'avouer maintenant, m'avouer au duc d'Anjou, à tout le monde. Eh bien, protégez-moi, défendez-moi!

MONSOREAU.

Retirez-vous, Gertrude.

(Gertrude hésite.)

DIANE.

Va!

(Gertrude sort.)

SCÈNE V

MONSOREAU, DIANE.

MONSOREAU.

Madame, il faut en finir avec ce rôle de victime. Vous êtes à Paris, dans ma maison; vous êtes la comtesse de Monsoreau; c'est-à-dire ma femme....

DIANE.

Conduisez-moi à mon père, maintenant que je n'ai plus rien à craindre.

MONSOREAU.

Ce serait une imprudence; le moment n'est pas venu, pas encore. J'ai des mesures à prendre.

DIANE.

Eh bien, revenez quand elles seront prises.

MONSOREAU.
Vous faites-vous un jeu de mon amour et de mes droits?
DIANE.
Faites que j'aie foi dans le mari, et je respecterai le mariage.
MONSOREAU.
Qu'ai-je fait pour qu'on se défie? Que fallait-il pour mériter votre confiance?
DIANE.
Moins penser à vous, et plus à moi.
MONSOREAU.
Ah! c'en est trop! vous m'insultez, vous me poussez au désespoir!
DIANE.
Gertrude!

(Monsoreau veut l'arrêter au passage.)

MONSOREAU.
Cette nuit même, vous serez à moi!
DIANE, tirant son poignard.
Voilà comment je vous réponds.
(Elle s'élance le poignard à la main dans le cabinet, dont elle pousse la porte.)
MONSOREAU, frappant la porte avec le poing : elle cède.
Diane!
DIANE.
Ouvrez, et vous me trouverez morte sur le seuil!
BUSSY, la remplaçant à la porte, qu'il ferme à son tour.
Et vous auriez un vengeur!
DIANE.
Ah!... (Le reconnaissant.) Lui!...
MONSOREAU, à part.
Neuf heures!... et le rendez-vous des princes! (A Diane.) Vous le voulez, madame? je m'éloigne; pardonnez-moi... Un mot!... un seul!... (Il attend. Silence.) J'obéis... (A lui-même.) Mais je reviendrai!

(Monsoreau ouvre la porte du corridor et disparaît. Gertrude est revenue par l'oratoire. Elle voit partir Monsoreau et le suit pour refermer la porte, qu'on effet on entend retomber violemment en bas.)

SCÈNE VI

DIANE, BUSSY.

DIANE.

Mais, monsieur, comment êtes-vous ici?

BUSSY.

L'homme à qui vous avez sauvé la vie peut-il mettre en péril votre honneur?

DIANE.

Vous m'avez entendu?...

BUSSY.

Hélas! madame!

DIANE.

Qui êtes-vous? votre nom?...

BUSSY.

Louis de Clermont, comte de Bussy.

DIANE, avec un transport de joie.

Bussy! le brave Bussy!... Ah! Gertrude, que je suis heureuse!... Me voilà sous la sauvegarde du plus brave, du plus loyal gentilhomme de France!

ACTE TROISIÈME

CINQUIÈME TABLEAU

L'hôtellerie de la *Corne de cerf*. — Une salle basse. Porte au fond. Fenêtre à droite. Porte à gauche.

SCÈNE PREMIÈRE

CHICOT, entrant; BONHOMET.

BONHOMET.

Comment! c'est vous, monsieur Chicot?... Bonsoir, monsieur Chicot! bonsoir et bon appétit!

CHICOT.

Voilà un souhait profitable à vous autant qu'à moi, mon cher Bonhomet; malheureusement, je n'aime pas à manger seul.

BONHOMET.

S'il le faut, monsieur, je souperai avec vous.

CHICOT.

Merci, j'attends quelqu'un.

BONHOMET.

Maître Gorenflot? C'est donc cela qu'il a demandé un cabinet où il puisse songer et réfléchir.

CHICOT.

Réfléchir, Gorenflot?... Vous avez mal entendu, mon ami; il a dû dire : digérer.

BONHOMET.

Non, monsieur Chicot, non; je suis sûr de ce que je dis. Digérer serait trop facile.

CHICOT.

Le fait est qu'il a un bon estomac.

BONHOMET.

Le plus mauvais estomac digérerait le souper que maître Gorenflot a commandé pour ce soir.

CHICOT.

Bah!

BONHOMET.

Un plat d'épinards au maigre.

CHICOT.

Gorenflot soupe d'un plat d'épinards? Il se passe quelque chose d'inaccoutumé.

BONHOMET, finement.

Eh! eh!

CHICOT.

Paris me fait l'effet d'avoir, ce soir, une de ces physionomies dont je n'ai vu la pareille que la veille de la fête du grand saint Barthélemy. Après cela, peut-être me suis-je trompé. (Bonhomet sourit.) Je ne me suis pas trompé, hein?

BONHOMET.

Je ne sais pas...

LA HURIÈRE, passant sa tête à la porte.

Peut-on vous parler, confrère?

CHICOT.

Je connais cela.

BONHOMET.

Maître La Hurière, un collègue... (A La Hurière.) Je suis à vous tout de suite.

LA HURIÈRE.

Je vous attends.

(Il sort.)

CHICOT.

C'est La Hurière, l'hôte de la *Belle Étoile?*

BONHOMET.

Oui.

CHICOT.

Et il vous attend? Vous avez affaire ensemble?

BONHOMET.

Une petite réunion.

CHICOT.

Bon! bon! allez, maître Claude, allez!... Un moment! vous logez un vieux gentilhomme arrivé aujourd'hui même?

BONHOMET.

Le baron de Méridor, oui, monsieur Chicot.

CHICOT.

Ne vous a-t-il pas dit qu'il attendait une visite, ce soir?

BONHOMET.

Je dois le prévenir quand cette visite sera arrivée.

CHICOT.

Eh bien, prévenez-le qu'il est attendu.

BONHOMET.

Où?

CHICOT.

Ici... Allez, maître Claude, allez!

(Bonhomet sort.)

SCÈNE II

CHICOT, puis BONHOMET.

CHICOT.

Ah! M. La Hurière convoque ses collègues à des réunions nocturnes... Ah! Paris a cette étrange figure... Ah! M. de Monsoreau a nommé Nicolas David... Nicolas David, maître spadassin, tu n'es pas venu seul : l'épée pend toujours à un corps quelconque, et comment séparer Nicolas David de son cher seigneur Mayenne, Mayenne de son cher frère Henri! Guise et Mayenne sont à Paris! C'est cela que le Monsoreau annonçait à M. d'Anjou... Ouais! serait-ce aujourd'hui le jour du payement? Vos comptes sont en règle, monsieur de Mayenne; les tiens aussi, Nicolas David.

BONHOMET, entrant avec un Garçon.

Il descend, il descend, le digne seigneur! Où faut-il mettre votre couvert?

CHICOT.

Qu'est-ce que cela?

BONHOMET.

Le couvert de maître Gorenflot, qui doit arriver à dix heures.

CHICOT.

Et ceci?

BONHOMET.

Sa carafe d'eau.

CHICOT.

Sa carafe?... Décidément, il y a quelque chose de détraqué dans la machine sublunaire.

BONHOMET.

J'entends le pas du vieux gentilhomme.

CHICOT.

A propos... (Il lui parle bas.) Frappez trois coups à ce volet quand ces personnes arriveront.

BONHOMET.

Oui, monsieur Chicot... Par ici, monsieur le baron, par ici!

(Il introduit Méridor et sort.)

SCÈNE III

CHICOT, MÉRIDOR.

MÉRIDOR.

Mon enfant! mon ami!

CHICOT.

Ici, vous pouvez m'embrasser. (Ils s'embrassent.) Asseyez-vous, mon père.

MÉRIDOR, assis.

Non, je ne vis plus, je ne pense plus. Tout mon vieux sang est remonté au cœur... J'ai la fièvre, vois-tu, depuis que je t'ai quitté!

CHICOT.

Ah ! voyons.

MÉRIDOR.

Tu as dit un mot... un mot terrible, un mot qui me tue... Tu as dit : « Si Diane n'était pas morte ! » Prends garde ! prends garde !...

CHICOT.

Je l'ai dit.

MÉRIDOR, avec exaltation.

C'est donc possible !

CHICOT, à part.

Ne le tuons pas. (Haut.) Voyons, calmez-vous ; qu'y a-t-il d'impossible à Dieu ?

MÉRIDOR.

Dieu n'est plus avec moi.

CHICOT.

Du désespoir ? C'est mal.

MÉRIDOR.

Oses-tu me dire d'espérer !

CHICOT.

Écoutez donc... Vous n'avez pas tenu cette pauvre morte entre vos bras, et quelqu'un, au contraire, a vu à Paris une femme si étrangement ressemblante à...

MÉRIDOR.

A Diane ?

CHICOT.

Oui.

MÉRIDOR.

Que...?

CHICOT.

Que je l'ai prié... c'est un ami, un grand cœur... de s'informer et de me rendre réponse.

MÉRIDOR.

Où ?

CHICOT.

Ici.

MÉRIDOR.

Quand ?

CHICOT.

Mais... aujourd'hui... ce soir, peut-être.

MÉRIDOR.

En sorte que...?

CHICOT.

En sorte que, si la réponse était bonne, cet ami arriverait et frapperait trois coups au volet de la fenêtre.

(Trois coups.)

MÉRIDOR, avec transport.

Oh!

CHICOT.

Père, père, il y a espoir, mais non pas certitude. (A Bussy, qui paraît.) Eh bien?

MÉRIDOR, à Bussy.

Monsieur, la vie ou la mort, ne me faites pas souffrir.

SCÈNE IV

Les Mêmes, BUSSY, DIANE.

DIANE.

Mon père chéri!

(Elle s'élance dans les bras du Baron.)

MÉRIDOR.

Diane, mon enfant!

(Ils s'embrassent.)

CHICOT, à Bussy.

Merci!

MÉRIDOR.

Tu es à moi! tu es à moi!

BUSSY, bas, en soupirant.

Non, pauvre père! elle est à un autre.

CHICOT.

A ce misérable Monsoreau? Je m'en doutais.

MÉRIDOR, à Diane.

Je t'emmène, tu ne me quitteras plus.

DIANE, montrant Bussy.

Remerciez au moins mon libérateur.

MÉRIDOR.

Ah! comment le remercier?

(Il serre les mains de Bussy.)

DIANE, à Chicot.

Et toi, mon ami, mon frère...

CHICOT.

Ah! plus un mot! Rentrez dans votre appartement, et que

personne ne vous voie... N'ouvrez pas, ne sortez pas, quand on viendrait vous appeler de ma part, quand on vous sommerait au nom du roi, quand je viendrais moi-même... Allez! allez!

MÉRIDOR.

Mais comment te revoir?

CHICOT.

Demain, à huit heures, au cabinet des armes du roi; présentez-vous tous deux. Allez!

MÉRIDOR.

Viens, mon trésor! viens, ma fille!

DIANE, à Bussy, tendrement.

A demain!

BUSSY, avec passion.

A toujours!

(Diane et Méridor sortent.)

CHICOT.

Quant à vous, monsieur de Bussy, évitez le duc jusqu'à demain; rentrez chez vous et reposez-vous, je veille. Allons voir si la rue est libre. Venez.

BONHOMET.

Mais le souper, monsieur Chicot?

CHICOT.

Je reconduis monsieur jusqu'au quai, et je reviens.

(Il sort avec Bussy.)

SCÈNE V

BONHOMET, puis GORENFLOT.

BONHOMET.

Il revient... bon! Que vais-je lui donner à souper? C'est un fin gourmet et qui paye; ce qui est rare par le temps qui court. (Au Garçon qui entre.) Dresse cette table. Ne nous occupons pas du vin, il a l'habitude de le choisir lui-même. (Gorenflot entre rêveur, gesticulant comme un homme qui pérore.) Il ne déteste pas pour potage une bisque aux écrevisses; oui... (Au Garçon.) Bisque aux écrevisses, tu entends? Après la bisque aux écrevisses, que dirions-nous d'un rouge de rivière aux oranges?... Va pour le rouge aux oranges!... (Au Garçon.) Tu as entendu? Le rôti, maintenant... Eh bien, une bonne poularde de

Bresse... (Soupir de Gorenflot. — Apercevant Gorenflot.) Ah! c'est vous, maître Gorenflot?

GORENFLOT.

Et quel est l'endurci pécheur pour lequel vous préparez un pareil repas en carême?

BONHOMET.

Mais tout est maigre : bisque aux écrevisses...

GORENFLOT, passant sa langue sur ses lèvres

Ah!

BONHOMET.

Rouge de rivière aux oranges...

GORENFLOT, de même.

Ah!

BONHOMET.

Poularde... Ah! tiens, c'est vrai... Eh bien, nous remplacerons la poularde par une carpe de Seine, avec un coulis de crevettes paré d'éperlans et de moules.

GORENFLOT.

Ah! ah!

BONHOMET.

Servez l'épinard au maigre de maître Gorenflot.

(Il sort.)

SCÈNE VI

GORENFLOT, seul.

Et quand on pense qu'il y a des êtres assez gloutons pour souper seuls... Pourquoi Bonhomet m'a-t-il mis dans cette chambre? « Ne nous induisez pas en tentation, » dit l'Écriture. Chassons le malin esprit! (Le Garçon apporte les épinards.) Si j'essayais mon discours pendant que je suis seul. « Mes frères!... mes frères!... » Ce que c'est que l'habitude! ici, je répéterais bien cent fois : « Mes frères! » que je ne trouverais pas autre chose. (Il monte sur sa chaise.) « Mes frères! » A la bonne heure! « C'est un grand jour... c'est un grand jour... » Ou plutôt, je ne peux pas dire que c'est un grand jour, puisque, quand je prononcerai mon discours, il sera onze heures du soir. « Mes frères, c'est une grande nuit, une nuit solennelle... »

(Chicot est entré, il écoute.)

SCÈNE VII

GORENFLOT, CHICOT.

CHICOT.

Bah!

GORENFLOT.

Tiens! M. Chicot.

CHICOT.

Que faites-vous donc là, notre ami?

GORENFLOT, descendant.

Vous voyez, monsieur Chicot, je soupe.

CHICOT.

Mais sur cette chaise, là?

GORENFLOT.

Rien, rien.

CHICOT, à lui-même

Est-ce que cette brute me cache quelque chose? Pardieu! il serait curieux qu'ayant fait lever deux lièvres, quand je n'en courais qu'un, je les attrapasse tous les deux à la fois. (A Gorenflot.) Ah! vous soupiez?

GORENFLOT, essayant de manger.

Oui.

CHICOT.

Qu'est-ce que c'est que cela?

(Il trempe son doigt dans les épinards.)

GORENFLOT.

Un légume très-sain.

CHICOT.

Pouah! de l'herbe au fromage à la pie! allons donc!

GORENFLOT.

Nous sommes en carême, faisons notre salut.

CHICOT.

Faisons notre salut, mais ne défaisons pas notre estomac. Çà! pourquoi ne souperions-nous pas ensemble?

GORENFLOT.

Oh! impossible, je suis attendu.

CHICOT.

Où cela?

GORENFLOT.

Mais...

CHICOT.

A quelle heure, bon Dieu?

GORENFLOT.

A...

(Il se lève.)

CHICOT.

Vous rappelez-vous ce petit dîner que nous fîmes à la porte Montmartre?

GORENFLOT.

Quand?

CHICOT.

Le jour des Flagellants... Tandis que notre grand roi se fouettait et fouettait les autres, nous mangeâmes une sarcelle des marais de la Grange-Batelière, un hochepot merveilleux, et bûmes de ce joli petit vin de Bourgogne...

GORENFLOT.

Un vin de mon pays, la Romanée... Il était bon!

CHICOT.

Oh! s'il était bon!... Eh bien, croiriez-vous que Bonhomet ose soutenir qu'il en a dans sa cave cinquante bouteilles, près desquelles le vin de la porte Montmartre n'est qu'une piquette?

GORENFLOT.

Il a raison.

CHICOT.

Comment! et dans une maison qui renferme un pareil trésor, vous buvez de l'eau pure? Fi!

(Il arrose la chambre avec la carafe d'eau.)

GORENFLOT.

Il y a temps pour tout, monsieur Chicot; mais, lorsqu'on a un discours à prononcer...

CHICOT.

Ah! vous avez un dis...?

GORENFLOT.

Un discours.

CHICOT.

Eh bien, moi qui n'ai rien à prononcer, je vais goûter ce vin de la Romanée; que me conseillez-vous de prendre avec?

GORENFLOT.

Ne prenez pas de ces herbes, elles sont nauséabondes.

CHICOT.

Non! (Il jette l'assiette dehors.) Maître Claude!

BONHOMET.

Me voilà!

CHICOT.

Apportez deux bouteilles de ce romanée.

GORENFLOT.

Pourquoi deux bouteilles, puisque je n'en bois pas?

CHICOT.

Ventre-de-biche! si vous en buviez, j'en ferais venir quatre, j'en ferais venir six, j'en ferais venir autant qu'il y en a dans la maison; mais, quand je bois seul, je bois mal, et deux bouteilles me suffiront.

(Bonhomet a servi le souper.)

GORENFLOT.

Vous faites maigre, j'espère?

CHICOT.

Vous voyez : écrevisses, gibier de marais...

GORENFLOT.

C'est juste.

CHICOT, montrant la volaille.

Et une carpe.

GORENFLOT.

Une carpe?

CHICOT, lui mettant le plat sous le nez.

Sans doute.

GORENFLOT.

Et depuis quand une carpe a-t-elle un bec?

CHICOT.

Un museau, vous voulez dire.

GORENFLOT.

Des ailes?

CHICOT.

Des nageoires.

GORENFLOT.

Et des pattes?

CHICOT.

C'est sa queue... Ah çà! mon cher Gorenflot, vous êtes ivre!

GORENFLOT.

Ivre! moi qui n'ai mangé que des épinards et n'ai bu que de l'eau!... J'en appelle à notre hôte, il décidera.

CHICOT.

Soit! Mais qu'il verse d'abord, je tiens à savoir si c'est le même vin.

(L'Hôte débouche et verse. Chicot boit lentement.)

GORENFLOT, l'œil brillant.

Eh bien?

CHICOT.

Ah! quel pauvre dégustateur je suis! Je ne me souviens pas même de celui de la porte Montmartre. (Il verse quelques gouttes dans son verre.) Tenez, mon maître, le devoir d'un bon chrétien est de diriger son prochain : dirigez-moi.

GORENFLOT.

C'est du même cru, mais...

CHICOT.

Mais?...

GORENFLOT.

Mais il y en a trop peu pour que je puisse dire s'il est plus mauvais ou meilleur.

CHICOT.

Ah! si vous n'aviez pas un discours à prononcer ce soir, vous me diriez (il verse) toute la vérité.

GORENFLOT.

Si vous y tenez bien... (Il boit.) Meilleur!

CHICOT.

Bon! vous vous entendez avec l'hôte.

GORENFLOT.

Non... Un buveur doit, au premier coup, reconnaître le cru; au second, la qualité; au troisième, l'année.

CHICOT.

L'année! Voilà ce qu'il faut savoir, l'année!

(Il verse aux trois quarts.)

GORENFLOT.

Rien de plus facile... (Il boit sans se reprendre.) Mil cinq cent soixante-un.

BONHOMET.

Noël! Noël! c'est juste cela.

CHICOT.

Ami Gorenflot, on a dressé des statues à des gens qui ne le méritaient pas comme vous.

GORENFLOT.

Un peu d'habitude, monsieur Chicot.

(Il se lève.)

CHICOT.
Eh bien, que faites-vous?

GORENFLOT.
Je me rends à mon assemblée.

CHICOT, à part.
Ah! (Haut.) Et vous vous risquez à prononcer un discours à jeun... Imprudent!

GORENFLOT.
Pourquoi?

CHICOT.
Vous manquerez de poumons... Galien l'a dit : *Pulmo hominis facile deficit.*

GORENFLOT.
J'ai peu de poumons; mais... (il se laisse tomber sur une chaise) j'ai du zèle.

CHICOT.
Le zèle ne suffit pas, mon pauvre ami; une goutte...

GORENFLOT.
Une seule, alors.

CHICOT.
Pardieu! (Il verse un grand verre. Gorenflot boit.) La!... Eh bien?

GORENFLOT.
Le fait est que je me sens moins faible.

CHICOT.
Ventre-de-biche! il ne s'agit pas de se sentir moins faible, il faut se sentir très-fort. Ah! prenez garde! mangez un peu de ce coulis d'écrevisses, sinon vous sentirez le vin.

GORENFLOT.
Vous avez raison... Hum! quel potage!

CHICOT.
Et quel vin!

GORENFLOT.
Vous me croirez si vous voulez, eh bien, j'ai très-faim.

CHICOT.
Pauvre Gorenflot! il en est pâle.

GORENFLOT.
Un peu de ce rouge de rivière, hein?

CHICOT.
Comment donc!

GORENFLOT, dévorant.
Une sauce!... Ah! cela va mieux.

CHICOT.

Je vous ai coupé une nageoire.

GORENFLOT.

Une nageoire ! Ah ! vous y tenez ?

CHICOT.

Dame ! Vous en avez appelé à notre hôte ; consultez-le. Maître Claude !... (A Gorenflot.) Ah ! ne l'influencez pas... Qu'est-ce que cela ?

BONHOMET.

Mais une carpe ; c'est une façon que nous donnons au poisson pour le déguiser.

GORENFLOT.

Ah ! c'est différent. Va pour la nageoire !

(Il s'étrangle.)

CHICOT.

Une arête ?

GORENFLOT, montrant l'os.

Mon Dieu, oui.

CHICOT.

Voilà l'inconvénient du poisson... Maître Bonhomet, si vous nous faisiez une jolie omelette au lard ?

GORENFLOT.

Je n'en ferais qu'une bouchée... comme de ce verre je ne fais qu'une gorgée... Ah ! mon ami, que j'étais bête !...

CHICOT.

Vous ?

GORENFLOT.

Avec ce discours qui m'écœure depuis trois jours.

CHICOT.

Il doit être superbe ?

GORENFLOT.

Splendide !

CHICOT.

Dites-m'en donc quelque chose, en attendant l'omelette.

GORENFLOT.

A table ?... Où as-tu vu cela, maître fou ? Chez ton Sardanapale, chez ton Hérode, chez ton Nabuchodonosor... (A Bonhomet.) Apporte ! apporte !

CHICOT.

Mais le discours ?

GORENFLOT, se frappant le front.

Il est là !

CHICOT.

Vous étiez si pressé!

GORENFLOT.

Je mentais... Tout homme est menteur.

CHICOT.

A quelle heure est-ce donc, votre assemblée?

GORENFLOT.

A onze heures, à l'abbaye.

CHICOT.

Onze heures! mais je croyais que l'abbaye fermait à dix?

GORENFLOT.

Qu'elle ferme... J'ai la clef.

CHICOT.

La clef?...

GORENFLOT.

La voilà·

(Il jette en l'air une pièce de monnaie.)

CHICOT.

Ah! de l'argent... Vous corrompez le frère portier?

GORENFLOT.

Rends-moi mon teston.

CHICOT.

Tiens! la drôle de monnaie!

GORENFLOT.

A l'effigie du Sardanapale... trouée au cœur.

CHICOT, à part.

Ah! voilà les choses qui se dessinent; seulement, il n'est pas encore assez ivre. (Il verse. — Haut.) Alors, je comprends parfaitement: vous montrez cette pièce au portier et vous entrez?

GORENFLOT.

Et j'entre.

CHICOT.

Sans difficulté?

GORENFLOT.

Comme ce vin dans mon estomac.

CHICOT.

Sans toucher les bords.

GORENFLOT.

C'est-à-dire que, pour Gorenflot, on ouvre les deux battants.

CHICOT.

Et vous parlez ?

GORENFLOT.

Et je parle... Il y a là des barons, des comtes, des ducs

CHICOT.

Et des princes !

GORENFLOT.

C'est toi qui l'as dit... Je prends place parmi les fidèles de *l'Union.*

CHICOT.

Je suis curieux de voir ces fidèles-là !

GORENFLOT, trébuchant.

On appelle Gorenflot, je m'avance.

CHICOT.

Si vous pouvez.

GORENFLOT.

Je m'avance et je dis...

CHICOT, à part.

Quelle chienne de vérité va donc sortir du vin de cet ivrogne?... (Haut.) Et vous dites?

GORENFLOT.

« Mes frères... »

CHICOT.

Mes frères...

GORENFLOT.

« C'est un beau jour pour... c'est une bien belle nuit pour... c'est un très-beau jour, nuit pour... »

(Il tombe ivre-mort.)

CHICOT.

Bonsoir !... Il en a pour douze heures de sommeil. (Il ôte à Gorenflot son froc, le coiffe d'une serviette, puis emporte le froc sous son manteau. — Appelant.) Maître Claude, voici pour le souper, voici pour mon cheval, et voici pour qu'on enferme Gorenflot dans un endroit où il puisse dormir jusqu'à demain midi.

BONHOMET.

Soyez tranquille. (Gorenflot ronfle.) L'effet des pattes de la poularde ! (Regardant Gorenflot.) Que c'est beau, un ivrogne !

(On emporte Gorenflot avec la table qu'il n'a pas quittée.)

SIXIÈME TABLEAU

Une salle basse de l'abbaye Sainte-Geneviève. Estrade dominant le reste de la chapelle; on y monte par cinq marches. Entrées latérales. Crypte sous l'estrade. L'abbaye est pleine d'hommes, tous couverts de frocs ou de casaques de pèlerins. Piliers, vitrines ogivales. Au premier plan, à droite et à gauche, deux stalles ou niches fermées, dont l'entrée fait face au public.

SCÈNE PREMIÈRE

LE DUC DE GUISE, NICOLAS DAVID, MONSOREAU, LA HURIÈRE, CHICOT, UN MOINE PRÉSIDENT, UN MOINILLON, MOINES INCONNUS.

Douze Moines sont rangés sur l'estrade du chœur. Devant eux, trois fauteuils vides.

LE DUC DE GUISE, à Nicolas David, en lui désignant la stalle à gauche.

Venez, maître Nicolas David; cachez-vous là, et prenez acte de tout ce qui va se passer.

DAVID.

Oui, monseigneur.

CHICOT, entrant.

Ventre-de-biche! ce n'est pas sans peine. Dix minutes de plus, il était trop tard! (On entend fermer les barres et les verrous.) Voilà les portes qui se ferment. (Il regarde l'assemblée, encore tumultueuse et flottante.) Qu'est-ce que c'est que tous ces gens-là?... (Trois Moines montent sur l'estrade et s'installent sur les fauteuils.) Et ceux-ci?

(Coup de sonnette trois fois répété.)

UN MOINILLON.

Nous sommes cent trente-six. C'est le compte de Dieu.

CHICOT, à part.

Ah!

(Tumulte. Gens qui se serrent, s'installent.)

PLUSIEURS VOIX.

Silence!... silence!...

UN MOINE, des marches de l'estrade.

Frère Monsoreau!

MONSOREAU.

Présent!

CHICOT, à part.

Bon! voilà un de mes lièvres!

LE MOINE PRÉSIDENT.

Frère Monsoreau, quelles nouvelles apportez-vous à l'*Union* de la province d'Anjou?

MONSOREAU, en froc, s'avançant dans le cercle.

Mauvaises, mes frères! j'avais compté sur le baron de Méridor pour propager l'*Union* dans cette province; mais ce vieillard, désespéré de la mort de sa fille, a, dans sa douleur, refusé toute participation à la sainte Ligue. Mais j'apporte cependant plusieurs adhésions dont le conseil appréciera l'importance. Je les ai déposées, suivant le règlement, dans le tronc des fidèles.

(Murmures d'approbation. Monsoreau entre dans les rangs.)

LE MOINE PRÉSIDENT.

Frère La Hurière!

LA HURIÈRE.

Présent.

(Rumeurs.)

LE MOINE PRÉSIDENT.

Quelles nouvelles de votre circonscription dans Paris?

LE HURIÈRE.

Mes frères, vous savez tous si je suis un zélé. C'est moi qui, foulant aux pieds les préjugés ridicules de l'hospitalité, me suis mis à tuer mes locataires le jour de la Saint-Barthélemy. Or, on m'a nommé quartenier, heureuse circonstance pour l'association; car je note un à un tous les hérétiques du quartier Saint-Germain-l'Auxerrois, où je tiens toujours, rue de l'Arbre-Sec, l'hôtellerie de la *Belle Étoile*. A votre service, mes frères.

CHICOT, à part.

Honnête La Hurière!

VOIX.

A la question!

LA HURIÈRE.

J'y arrive. On nous avait promis l'adhésion d'un certain prince, à la sainte Ligue; mais elle ne vient pas. M. le duc d'Anjou est bien tiède!

(Approbation. Rumeurs.)

MONSOREAU.

Pourquoi tiède? qui vous l'a dit?

LA HURIÈRE.

Parce qu'il n'a pas voulu être des nôtres, dans la crainte de se compromettre.

MONSOREAU.

Comment savez-vous si son adhésion n'est pas parmi celles que j'ai apportées ce soir et déposées ?

(Bruit. Approbation.)

LA HURIÈRE.

C'est juste ; j'attendrai le dépouillement. Mais, si nous n'avons pas M. d'Anjou pour chef, nous en avons d'autres, et d'illustres ; formons nos compagnies, enrôlons les fidèles ! nous nous connaissons tous, nous nous entendons tous... Motus ! comme dit Cicéron, et agissons tout bas, tout bas !

(Il repasse son couteau. Fracas d'applaudissements.)

CHICOT, à part.

Motus ?... Mais pas du tout ! Tout bas ! tout bas ! ce n'est pas mon affaire !

LE MOINE PRÉSIDENT.

La proposition de frère La Hurière sera renvoyée au conseil supérieur.

CHICOT, de même.

Ah ! je commence à comprendre... MM. de Guise se font dans l'État une petite société... Guise le Grand aura les soldats ; Mayenne, les bourgeois ; le cardinal, l'Église. Il n'y a que mon fils Henriquet qui n'aura plus rien.

LE MOINE PRÉSIDENT, appelant.

Frère Gorenflot !

CHICOT, de même.

C'est ce bon François d'Anjou qui m'occupe... Que fait-il dans tout cela ? Mon second lièvre, comment le faire lever ?

LE MOINE PRÉSIDENT, appelant.

Frère Gorenflot !

CHICOT, de même.

Eh ! j'oubliais que Gorenflot, c'est moi. Est-ce qu'ils vont me demander un discours, par hasard ?

LE MOINE PRÉSIDENT.

Frère Gorenflot, n'êtes-vous pas ici ?

CHICOT, de même.

Diable ! diable !... (Haut.) Présent !

LE MOINE PRÉSIDENT.

Pourquoi ne répondiez-vous pas ?

CHICOT, vacillant.

Je méditais sur les idées de frère La Hurière.

LE MOINE PRÉSIDENT.

Eh bien, parlez.

CHICOT.

Il faudra bien que je les connaisse tous ! (Il s'avance dans le cercle.) Mes frères... (A lui-même.) Par où commencer ? (Haut.) Ah ! c'est un beau jour pour... c'est un beau jour que celui qui nous réunit ; mais, puisque nous sommes réunis, plus d'obscurité entre nous ; faisons-nous comprendre, parlons net, parlons franc !

VOIX NOMBREUSES.

Oui, oui, il a raison, parlons franc...

CHICOT, à lui-même.

A la bonne heure ! (Haut.) Qu'est-ce qu'un royaume, mes frères ? Un corps... *Omnis civitas corpus est ; toute cité est un corps.* Quelle est la condition du salut d'un corps ? La bonne santé. Comment conserve-t-on la bonne santé du corps ? En y pratiquant de larges saignées, quand il y a excès de force à quelque endroit... Eh bien, nos ennemis sont excessivement forts, voilà qui n'est pas douteux.

TOUS.

Bravo ! bravo ! bravo !

CHICOT.

Et qui nous empêche de pratiquer la saignée ? Est-ce le défaut d'instruments ? est-ce la bonne volonté ?... Non... Frère Monsoreau, notre fidèle, a, j'en suis sûr, son couteau de grand veneur pendu à la ceinture ; frère La Hurière manie la broche et le coutelas de cuisine avec facilité. Mais ce qui nous arrête, c'est le manque d'exemple. Ce qui nous manque, c'est le courage de notre opinion. Quoi ! on se met sous un capuchon, on se cache ou on se recrute tout bas, tout bas ; on n'ose s'avouer soldats de la Ligue, on n'ose s'en avouer les chefs, et l'on se glisse furtivement, la nuit, comme des belettes, *sicut mustelæ*, comme dit Caton d'Utique, dans un vieux cloître pour entendre Népomucène Gorenflot ?... Mais nous avons l'air d'avoir peur, mes frères ; nous avons peur tout de bon ; mais nous prêtons à rire à ces damnés hérétiques, qui ne boudent pas, eux, un jour de bataille ! mais nous ne connaissons pas nos forces, faute de nous montrer les uns aux autres ! mais nos chefs, n'étant pas connus, ne nous amènent pas de soldats. Allons donc ! notre cause est sublime : crions-la sur les toits, montrons-nous, marchons dans les rues de Paris en bel ordre, en procession, avec nos salades et nos pertuisanes. Signons la

Ligue, signons, et cassons les carreaux de ceux qui ne signeront pas ; voilà comment on sert sa cause, voilà comment on sert sa patrie. Et si vous me dites : « Quel est l'homme qui donnera l'exemple ? » je répondrai : « C'est moi ! moi, Népomucène-Modeste Gorenflot ! moi que vous verrez la cuirasse au dos, le mousquet à l'épaule, l'estoc au flanc ! moi que vous verrez marcher tout seul à la tête des bataillons de fidèles qui voudront me suivre. Et quand cela, mes frères ? Dimanche prochain, pas plus tard. Je suis prêt ; ceux qui veulent me suivre le sont-ils ? »

TOUS.

Oui ! oui ! oui ! Signons, signons !

CHICOT.

Eh bien, à dimanche !... Marchons, marchons !... A dimanche !

TOUTES LES VOIX.

Bravo ! bravo ! (Explosion d'applaudissements.) Vive le brave Gorenflot !... vive l'intrépide Gorenflot !... La procession de la Ligue ! la procession !... Signons !

LE MOINE PRÉSIDENT.

C'est bien vite !

MONSOREAU.

A-t-on vu cet enragé !...

LE MOINE PRÉSIDENT.

Mes frères, il est l'heure de la retraite. La séance est levée...

TOUS.

La procession ! la procession ! Dimanche ! dimanche !

CHICOT, nasillant.

Merci, mes frères, merci !... (On le félicite, on le presse. — Il s'écarte modestement.) Ah ! messieurs de l'*Union*, nous vous verrons enfin ! Je suis sûr que Mayenne et Nicolas David sont ici... Mais où sont-ils ? Comment les reconnaître sous ces capuchons maudits ? Essayons à la sortie, en les voyant de plus près.

(Il se dirige vers la porte.)

MONSOREAU, à part.

Le duc n'a pas paru ; se défie-t-il de moi ? Son adhésion, est-ce bien tout ce qu'il leur donne ?... Comment le savoir ? Tout le monde sort... Quelque chose me dit qu'après cette séance, tout n'est pas terminé. Les trois chefs ont fait un signe d'intelligence aux douze qui se tenaient derrière eux, cachons-nous quelque part... Il y a une tribune au bout de cet escalier...

(Il disparaît dans l'ombre.)

CHICOT, revenant.

Ventre-de-biche! mais, pour sortir, il faut exhiber un autre denier taillé en étoile, et je ne l'ai pas... Mais c'est que tout le monde est sorti... Je vais rester seul, on va me découvrir? Où diable me cacher, ventre-de-biche?

(Voyant arriver le Moinillon avec un autre Moine, il se blottit derrière un pilier.)

LE MOINILLON.

N'y a-t-il plus personne?... On va fermer!

CHICOT, qui a tourné autour du pilier peu à peu pour éviter d'être vu, finit par trouver une cachette dans la stalle à droite, dont il relève la grille de bois sculpté.

Ferme! ferme!

LE MOINILLON.

Frère portier, faisons la visite partout!

CHICOT.

Tudieu! voilà un moinillon que je porte dans mon cœur.

(On fait la visite. — Chicot se rencoigne. — Les trois Moines du chœur ont repris leur place. — Chicot allonge le cou et regarde.) Que diantre! ces moines et ce moinillon ne vont pas coucher ici... Quand ils seront partis, j'entasserai des chaises sur des bancs et je me sauverai par la fenêtre.

LE MOINILLON.

Éteignez tout; qu'on voie du dehors que tout est fini.

SCÈNE II

CHICOT, seul.

Nuit, rayons de lune sinistres par la fenêtre.

Hou!... si l'on était de complexion timide... Oh! que mon fils Henriquet aurait peur ici!... Ma foi, faisons un somme en attendant. (Coup éclatant frappé sur un timbre.) Hein! les pierres qui marchent!... Eh!... (Une dalle du chœur se soulève lentement et donne passage à un Moine, puis à un autre, etc.) Encore!... Ah çà! est-ce que tous les prieurs de cette abbaye, depuis Optat jusqu'à Pierre Boudin, vont sortir de leurs tombeaux... Diable! diable! diable!

(Tout s'éteint. Minuit sonne.)

SCÈNE III

MAYENNE, Le Moinillon, Moines, CHICOT, caché.

MAYENNE, sous une robe de moine.
La personne que nous attendons est-elle là?

CHICOT.
Voilà une voix que je connais.

UN MOINE, à Mayenne.
Oui, monseigneur.

CHICOT, à part.
Monseigneur!... C'est Mayenne!... j'en étais sûr!

MAYENNE.
Qu'on l'introduise... Et vous, messieurs, venez!
(Douze Moines sortent de la sacristie.)

CHICOT.
Oh! c'était une comédie en deux actes; voici le second qui commence.

MAYENNE.
Messieurs, maintenant que nous sommes seuls, nous pouvons nous découvrir.
(Les capuchons tombent, celui du Moinillon d'abord.)

CHICOT, les reconnaissant.
La duchesse!... Ah! moinillon, va!... Le grand Henri de Guise, à la glorieuse balafre! Celui que Sa Majesté Très-Crédule croit occupé au siège de la Charité... Bon! M. de Lorraine!... rien n'y manque. Ah! si, il me manque Nicolas David!

LIVAROT, amenant le Duc.
Monseigneur le duc d'Anjou!
(Guise, Mayenne, Monsieur de Lorraine saluent.)

SCÈNE IV

Les Mêmes, LE DUC.

LE DUC.
Me voici, messieurs!

CHICOT.
Mon autre lièvre!

TOUS, froidement.
Vive M. le duc d'Anjou!

CHICOT, à part.

Livarot, Ribérac, Antraguet, tous ses amis. Ce misérable François ne se lassera donc jamais de jouer au roi avec la tête des autres, comme il y jouait avec celles de la Môle et de Coconnas?

DE GUISE.

Monseigneur, ne craignez rien : les voûtes sont sourdes et nos portes bien gardées.

CHICOT, de même.

Oui, oui !

LE DUC.

Messieurs, j'ai entendu tout ce qui a été dit tout à l'heure. Je suis des vôtres, croyez-le bien.

CHICOT, de même.

Bon François !

(Tous s'inclinent.)

LE DUC.

Mais la destruction de l'hérésie n'est pas le seul but que les gentilshommes de ce royaume doivent chercher à atteindre. J'en ai entrevu un autre.

CHICOT, de même.

Parle. Je suis gentilhomme aussi.

MONSIEUR DE LORRAINE.

Nous écoutons religieusement Votre Altesse.

MAYENNE.

Et nos cœurs battent d'espérance en écoutant.

CHICOT, de même.

Que diable peuvent-ils espérer ?

LE DUC.

Or, quand un gentilhomme a pensé à ce qu'il doit à Dieu, il pense alors...

CHICOT, de même.

A son roi. Va toujours !

LE DUC.

Il pense alors à son pays.

CHICOT, de même.

Tiens !

LE DUC.

Il se demande si ce noble pays dont il est l'enfant jouit de tous les biens qu'il a le droit d'attendre. Des plantes parasites et vénéneuses étouffent la moisson ; pourquoi ne pas déraciner ces plantes mortelles ? Messieurs, le roi Henri est entouré, non pas d'amis, mais de parasites honteux, qui étouffent le bonheur de la France.

GUISE.

C'est vrai.

MAYENNE.

Vous avez raison, prince: détruisons cette engeance maudite; que chacun de nous s'y applique sans relâche.

LE DUC.

Vous avez commencé d'accomplir cette tâche, monsieur le duc de Mayenne, en nous débarrassant de Saint-Mégrin.

CHICOT, à part.

En assassinant Saint-Mégrin!

MAYENNE.

Monseigneur, il en reste d'autres.

ANTRAGUET.

Ils sont à nous, monseigneur; moi, je prendrai Quélus.

LIVAROT.

Moi, Maugiron.

RIBÉRAC.

Moi, Schomberg.

LE DUC.

Et mon brave Bussy se chargera du reste.

CHICOT, de même.

Comptes-y, sur ton brave Bussy.

LE DUC.

Il serait avec nous, messieurs, si sa blessure, reçue en combattant pour moi, ne le retenait au lit. Mais je réponds de lui.

CHICOT, de même.

Et moi aussi.

MAYENNE.

Messieurs, un fanatique parlait ici tout à l'heure, et, malgré son extravagance...

CHICOT, de même.

Merci!

MAYENNE.

Il a dit une vérité; il a dit: « Nous manquons de franchise. » Il avait raison: soyons francs.

CHICOT, de même.

Eh bien, allons donc! Soyez francs, c'est tout ce que je demande.

MAYENNE.

Devons-nous continuer à vivre sous un roi fainéant, au moment où l'Espagne allume des bûchers, où l'Allemagne réveille les vieux hérésiarques assoupis dans l'ombre des cloîtres, quand l'Angleterre tranche à la fois les questions et les têtes? Nous dormons, messieurs! qu'un grand prince nous pardonne de le dire, nous sommes gouvernés, non pas par un roi, mais par un moine.

TOUS.

A bas Valois! à bas Henri! à bas!... Un vrai roi, un chevalier! un tyran, s'il le faut, plutôt qu'un moine!

LE DUC, hypocritement.

Pardon, messieurs, mon frère est égaré peut-être.

CHICOT, à part.

Siffle, serpent, siffle!

GUISE.

Monseigneur, vous venez d'entendre la vérité. Vous connaissez nos vœux; vous connaissez l'esprit de la Ligue, vous allez en voir le résultat.

LE DUC.

Que voulez-vous dire, monsieur de Guise?

GUISE.

Nous sommes réunis, monseigneur, non pour une question frivole et vaine, mais dans un but de salut et d'honneur public. Nous allons nommer un chef à la noblesse de France. Et, comme c'était l'usage, chez les Francs nos aïeux, de faire un digne présent au plus digne, voici notre présent, monseigneur; je le mets aux pieds de Votre Majesté.

(Il lui désigne une couronne apportée, avec l'épée et le livre saint, par trois Gentilshommes.)

LE DUC.

Une couronne, à moi?

TOUS, tirant leur épée.

Vive François III!

LE DUC, épouvanté.

Messieurs! messieurs! mon frère vit encore!

GUISE.

Nous le déposons, en attendant que Dieu en fasse justice.

LE DUC, tremblant.

Messieu

ANTRAGUET, bas.

Monseigneur, nous nous sommes dévoués pour vous; acceptez, il le faut.

LE DUC.

Eh bien, eh bien... oui !...

TOUS.

Le serment! le serment!

MONSIEUR DE LORRAINE, présentant le livre.

Jurez, monseigneur.

LE DUC.

Je le jure!

MAYENNE, le couronnant.

Dieu te couronne de la couronne de gloire et de justice.

GUISE, lui offrant l'épée.

Dieu t'arme du glaive de gloire et de justice.

TOUS.

Vive le roi François III!

MONSIEUR DE LORRAINE.

Sire, à partir de ce moment, vous êtes roi de France, sacré par Grégoire III, dont nous sommes les représentants.

CHICOT, à part.

Ventre-de-biche! quel malheur de ne pas avoir les écrouelles!

LE DUC.

Messieurs, je n'oublierai jamais ceux qui m'ont choisi pour les gouverner. (A Guise.) Venez, monsieur mon connétable. (Il le salue. — A Mayenne.) Venez, mon grand maître de France... Le jour où je serai réellement roi, messieurs, tous les gentilshommes ici présents seront chevaliers des ordres.

(Tous s'inclinent.)

CHICOT, de même.

Quelle occasion d'être cordon bleu! Cachons-nous bien! cachons-nous bien!

(Les Princes de Lorraine reconduisent le Duc. Les autres l'accompagnent et descendent avec lui dans la crypte. Le Moinillon referme alors la crypte à la clef.)

MONSOREAU.

Ah! mon gracieux maître, voilà ce que vous veniez faire à l'abbaye!... voilà la confiance que vous aviez en moi!... François d'Anjou, roi de France, je te tiens!...

(Il rabat son capuchon, se glisse parmi les Seigneurs de la suite du Prince et disparaît avec eux.)

SCÈNE V

GUISE, MAYENNE, MONSIEUR DE LORRAINE, LA DUCHESSE, CHICOT, caché.

LA DUCHESSE, éclatant de rire.

Ah! ah! ah!

GUISE.

Silence, ma sœur!

LA DUCHESSE.

Avez-vous vu cette horrible figure sous la couronne?

GUISE.

Il est à nous; impossible qu'il nous échappe!

MAYENNE.

Et mettons à profit le mouvement que ces niais de Parisiens se donneront pour la signature de la Ligue.

MONSIEUR DE LORRAINE.

D'abord, mettons-nous en règle : faisons nos propres affaires.

CHICOT, à part.

Comment, leurs affaires? Elles ne sont donc pas finies? A quoi sert de jouer, si tout le monde triche?

MAYENNE.

Vous dites donc qu'il est ici?

GUISE.

Oui.

MONSIEUR DE LORRAINE.

Je ne l'ai pas aperçu.

CHICOT, de même

De qui parlent-ils?

GUISE.

Il est caché.

CHICOT, de même.

Hein?

GUISE.

Dans une stalle.

CHICOT, de même.

Ouais! Qui donc est caché dans une stalle?... Ventre-de-biche! je ne vois que moi!

MAYENNE.

Alors, il a tout entendu?

GUISE.
Sans doute... Allez le chercher, Mayenne.
CHICOT, à part.
Aïe!... Mordieu! ils vont m'assommer comme un rat dans une souricière. Je ne peux pourtant pas me laisser faire comme cela, et, puisque l'occasion s'en présente, je vais d'abord étrangler M. de Mayenne!
(Mayenne s'avance jusqu'à la stalle fermée.)
GUISE.
Pas celle-là!... l'autre en face!
CHICOT, de même.
Ouf! il était temps! Mais qui donc est l'autre?
MAYENNE.
Sortez, maître Nicolas David!
CHICOT, de même.
Bon! tu manquais à la fête!... (A son épée.) Oh! tout à l'heure... Un peu de patience, ma petite amie!

SCÈNE VI

Les Mêmes, NICOLAS DAVID.

DAVID.
A vos ordres, messeigneurs.
GUISE.
Vous avez tout vu, tout compris, et vous pouvez tout rapporter au légat à Avignon?
DAVID.
Sans omettre un mot.
GUISE.
Vous avez, comme c'était convenu, rédigé le procès-verbal de cette séance du couronnement de M. le duc d'Anjou, y compris ses serments et ses paroles?
DAVID.
J'ai tout écrit signé et parafé, monseigneur. Voici le procès-verbal.
GUISE.
Bien.
DAVID.
Et voici, monseigneur, la pièce que j'ai promis à Vos Seigneuries de rédiger pour les faire asseoir sans contestation sur le trône de France.

CHICOT, à part.

Eux aussi! Ah çà! mais tout le monde veut donc s'y asseoir, sur le trône des Valois? Ce n'est plus un fauteuil, c'est une banquette.

GUISE.

La maison de Lorraine, tout illustre qu'elle est, aura de la peine à prendre le pas sur celle de Valois.

DAVID.

A moins que, comme le prouve cette généalogie, la maison de Lorraine ne descende de Charlemagne.

GUISE.

Par Charles de Lorraine, oui; mais la loi salique?

DAVID.

Monseigneur, quelle est la date de la première application de la loi salique?

GUISE.

1328, il me semble.

DAVID.

C'est-à-dire deux cent quarante ans après Charles de Lorraine, votre ancêtre. Donc, depuis deux cent quarante ans, vos ancêtres avaient droit à la couronne, lorsque la loi salique fut inventée. La loi n'a pas d'effet rétroactif.

CHICOT, de même.

Mordieu! l'animal est plus venimeux que je ne croyais!

GUISE.

Vous êtes un habile homme, maître David!

MONSIEUR DE LORRAINE.

Ingénieux!

MAYENNE.

Admirable!

LA DUCHESSE.

Mes ciseaux sont dans leur droit!

CHICOT, de même.

Mon dieu! les avocats! les avocats!

GUISE.

Et dire que de pareilles misères sont nécessaires à un homme de ma taille... Dire que les peuples obéissent parfois à cela, au lieu de lire le droit et la noblesse d'un homme dans l'éclair de ses yeux et de son épée!

MONSIEUR DE LORRAINE.

Voilà vos deux cents écus dor.

(Il donne une bourse à Nicolas David.)

MAYENNE.

Avec deux cents autres. (Il donne aussi une bourse à David.) Et en route pour Avignon!... Pierre de Gondy, qui est à nous, portera cette généalogie à Rome et la rapportera approuvée.

DAVID.

Je partirai demain matin.

MAYENNE.

Cette nuit, cette nuit même!

DAVID.

Cette nuit, seigneur.

GUISE.

Retirons-nous, maintenant... Nous, par la crypte. (A David.) Vous, par cette porte, dont on a dû vous remettre une clef, pour que vous puissiez entrer dans l'église.

DAVID.

La voici.

GUISE.

Bon voyage!

DAVID.

Dieu soit avec vous, messeigneurs!

(Les Princes sortent par le souterrain.)

SCÈNE VII

NICOLAS DAVID, CHICOT.

CHICOT, regardant David, qui vient prendre son chapeau, et attendant que la porte de la crypte soit refermée.

Ah!... voici donc l'échéance!

(Il lui barre le chemin.)

DAVID.

Qui est celui-là? Pardon. (Il veut passer, mais Chicot se place de l'autre côté.) Vous ignorez peut-être qui je suis?

CHICOT.

Au contraire: vous êtes Nicolas David. C'est vous qui ne me connaissez pas.

DAVID.

Qui donc?...

CHICOT.

Une vieille connaissance : Chicot... M. de Chicot.

DAVID, reculant.

Impossible!

CHICOT, *s'approchant de l'air le plus gracieux:*
Jugez-en!
DAVID.
Que venez-vous faire ici? que voulez-vous?
CHICOT.
Eh!...
DAVID.
Chercher le reste des coups de bâton que nous vous donnâmes?
CHICOT.
Au contraire, je viens les rendre... Et, par la même occasion, je voudrais avoir cette jolie généalogie...
DAVID.
Hein?
CHICOT.
Vous savez, ce parchemin qui prouve que M. de Guise descend de Charlemagne.
DAVID.
Ah! espion!... espion et bouffon à la fois!
CHICOT.
Espion pour vous faire pendre, et bouffon pour en rire.
DAVID.
Vous étiez ici?...
CHICOT.
Dans la stalle en face de la vôtre... Oh! si j'avais su être si près!... Cette généalogie, s'il vous plaît?
DAVID.
Pour quoi faire?
CHICOT.
Pour la donner au roi, qui aime les choses curieuses, et avec qui je ferai votre paix, si vous vous exécutez honnêtement.
DAVID.
Vous me faites pitié!
CHICOT, *ôtant sa robe.*
Vous ne me croyez pas, monsieur David, parce que vous êtes d'une nature mauvaise. Parce que vous êtes fort sur la chicane, sur le blason et sur l'épée, vous vous dites qu'un homme doit ronger son ennemi comme la rouille ronge le fer... Tenez, croyez-moi : je vous hais bien, mais donnez-moi ce parchemin, et je fais votre fortune... Restez donc

tranquille!... Savez-vous pourquoi j'agirais ainsi avec vous? C'est que j'aime quelqu'un. Cela vous étonne, vous qui n'aimez que vous. J'aime le roi, tout faible, tout égaré qu'il paraît être; le roi, qui m'a donné asile et m'a défendu contre votre assassin de Mayenne, qui fait assommer les gentilshommes par des portefaix!... Eh bien, le repos pour mon pauvre roi! qu'il règne tranquille, qu'il échappe aux Guise, aux Mayenne, aux Anjou, aux généalogies et aux Nicolas David!...Ce parchemin, et, vous serez tout ce que vous voudrez être... Une fois, deux fois, trois fois... Vous ne voulez pas? Eh bien, je vais vous faire pendre.

DAVID, l'arrêtant.

Maître fou, quand on sait de pareils secrets, on meurt; quand on menace Nicolas David, on meurt; quand on est entré ici, on n'en sort plus, on meurt!

(Il met l'épée à la main.)

CHICOT, tirant l'épée à son tour.

Que cet homme est bête, de ne pas voir tout le plaisir qu'il me fait! Allons, je vous tuerai... oh! je vous tuerai, d'un coup qui m'a été enseigné par le roi, avec qui je fais des armes tous les jours; c'est flatteur, hein? pour un bélître comme vous! (Lui touchant la poitrine.) Tenez, c'est là que je vous toucherai. (Il lui fait une croix sur son pourpoint avec un crayon blanc. — Combat. — Nicolas David, étonné, rompt quelques mesures.) Ah! ah! vous ne vous attendiez pas à cela? J'ai fait des progrès, hein, depuis les coups de bâton?... Voyons, ces papiers... voulez-vous?

DAVID.

Jamais!

(Il se précipite sur Chicot.)

CHICOT.

Voilà le coup. (Il le perce; David tombe et se roule dans l'agonie. Chicot le voit expirer. Il lui ouvre son pourpoint et prend la généalogie.) Bon! voilà mon premier lièvre!... je le tiens par les oreilles... Le procès-verbal du couronnement, très-bien! La clef, maintenant. (A la robe qu'il tient dans sa main gauche.) Ah! Gorenflot, en as-tu fait, cette nuit!

(Il sort.)

ACTE QUATRIÈME

SEPTIÈME TABLEAU

Une salle du Louvre, attenante à la chambre du Roi, à gauche, et à la salle de Mars, au fond. Grande fenêtre à droite, avec embrasure profonde.

SCÈNE PREMIÈRE

CHICOT, couché sur un lit de repos ; LE ROI.

LE ROI, le regardant endormi.
Le voilà, enfin... A quelle heure est-il rentré, et qu'a-t-il fait toute la nuit, le malheureux ? Il dort ; il n'a pas même eu la force d'aller regagner sa chambre. (Appelant.) Chicot ! Chicot !

CHICOT.
Hein ? qu'est-ce encore ?

LE ROI.
Chicot, que fais-tu là ? On ne dort pas ici.

CHICOT.
Mais, au contraire, on y dort très-bien... Tiens, Henriquet ! Est-ce que tu es malade, mon fils ?

LE ROI.
Allons, lève-toi ! ou plutôt, si tu as envie de dormir, va t'en dans ta chambre. Laisse-moi travailler.

CHICOT.
Hein ! tu vas travailler, toi ?

LE ROI.
J'attends M. de Morvilliers. Oui.

CHICOT.
Qu'est-ce que c'est que cela, M. de Morvilliers ?

LE ROI.
Le malheureux est si abruti par le sommeil, qu'il ne connaît plus mon chancelier. M. de Morvilliers est un homme qui ne dort pas, vois-tu, et qui veille sur son roi.

CHICOT.
Ah ! oui, un homme qui a de gros appointements.

LE ROI.

Et qui les gagne. Que deviendrait le royaume sans sa vigilance et sa police?

CHICOT, se soulevant.

Tu dis : sa police? Est-ce que tu y crois, Henriquet, sérieusement?

LE ROI.

Maître fou!

CHICOT.

Qu'est-ce que tu me donnes, si je te prouve que tu n'as pas de police? Voyons! qu'est-ce que tu me donnes?... Me laisses-tu dormir?

LE ROI.

Tais-toi, Chicot! je ne ris pas, ce matin. Il paraît que M. de Morvilliers a des choses graves à me dire.

CHICOT.

Bah!... A quel propos?

LE ROI.

Tais-toi!

CHICOT.

Écoute! Te souviens-tu qu'un jour... non, un soir...?

LE ROI.

Eh!

CHICOT.

Oh! ne m'interromps pas... Te souviens-tu qu'un soir, rue Froidmantel, tu te promenais avec Quélus et Schomberg?

LE ROI.

C'est possible... Après?

CHICOT.

Te souviens-tu que Quélus et Schomberg ont été bien rossés?

LE ROI.

Hein?

CHICOT.

Bien rossés, pour avoir taquiné un page... bien rossés, et toi aussi.

LE ROI.

Drôle!

CHICOT.

Voyons, prouve-moi que non... Ah!... Eh bien, le lendemain, te souviens-tu d'avoir fait venir M. de Morvilliers comme il va venir ce matin ?

LE ROI.

Après ?

CHICOT.

Et de lui avoir raconté le fâcheux accident arrivé, la veille, rue Froidmantel, à un gentilhomme de tes amis ?

LE ROI.

Après ? après ?

CHICOT.

Tu lui as ordonné de retrouver l'insolent, le sacrilége ?

LE ROI.

Peut-être.

CHICOT.

L'a-t-il retrouvé ?

LE ROI.

Non.

CHICOT.

Eh bien, c'était moi !... Tu vois bien que ta police est mal faite.

LE ROI.

Misérable coquin !

SCÈNE II

Les Mêmes, l'Huissier de service.

L'HUISSIER.

M. le grand chancelier est aux ordres de Sa Majesté.

CHICOT.

Va ! va ! et laisse-moi dormir. (A peine le Roi est-il sorti, que Chicot se lève. — A l'Huissier.) Quelqu'un est là, pour moi ?

L'HUISSIER.

M. de Bussy, oui, monsieur.

CHICOT.

Seul ?

L'HUISSIER.

Oui, monsieur.

CHICOT.

Amène-le-moi... Va. (L'Huissier sort.) Que je commence ma journée par voir le visage d'un homme qui ne trahit personne ; cela me portera peut-être bonheur.

SCÈNE III

CHICOT, BUSSY.

CHICOT.

Eh bien, monsieur le comte, comment avez-vous dormi, vous?

BUSSY.

Je n'ai pas dormi... Je crois bien que je ne dormirai plus jamais, c'est fini !

CHICOT.

Votre blessure vous fait souffrir ?

BUSSY.

Oui, ma blessure... Vous n'avez vu personne encore?

CHICOT.

Il est un peu matin. J'ai recommandé au portier du guichet de faire conduire nos deux amis dans le cabinet des armes aussitôt qu'ils se présenteront.

BUSSY.

Ah ! monsieur, ah ! vous n'avez rien de plus à me dire ?

CHICOT.

Mais non...

BUSSY.

Vous souffrez que ce mariage odieux, inique, extorqué par la terreur, soit consacré désormais sans opposition, sans une guerre à mort... Enfin, il y a eu violence, captation, et la comtesse protestera, au besoin !

CHICOT.

Eh ! eh ! un mariage... qu'y peut-on faire?

BUSSY.

Je n'aurai pas cette patience. J'aime si passionnément... (Mouvement de Chicot.) M. de Méridor !... la douleur de ce digne seigneur m'a tellement pénétré, que, pour lui rendre sa fille...

CHICOT.

Vous la reprendrez à M. de Monsoreau... C'est bien cela !... Comment comptez-vous faire?

BUSSY.

J'ai mon plan.

CHICOT.

Que vous a dit M. d'Anjou?

BUSSY.

Je ne l'ai pas vu... Vous m'avez recommandé de ne le pas voir avant de vous avoir parlé. J'irai chez lui en vous quittant.

CHICOT, lui donnant la main,

Il va venir au Louvre.

BUSSY.

De si bon matin?

CHICOT.

Il viendra de très-bon matin... ce matin! Tenez, entendez-vous ses chevaux dans la cour?

BUSSY.

C'est vrai... Il monte ici.

(L'Huissier s'approche de Chicot et lui parle bas.)

CHICOT.

Et l'on m'attend dans le cabinet des armes.

BUSSY.

Oh! dites-lui... dites-lui que je la ferai libre, et que mon seul regret, c'est de n'avoir pas à verser tout mon sang pour elle!... dites-lui...

CHICOT.

Au baron de Méridor?... J'y vais. (Revenant.) A propos, si vous ne réussissez pas...

BUSSY.

Je réussirai.

CHICOT, à lui-même.

Il compte sans le Monsoreau! (Haut.) Mais enfin, si vous ne réussissez pas, rappelez-vous que, dans mon pays, on a toujours quelques vieilles recettes pour les cas désespérés.

(Il sort.)

SCÈNE IV

BUSSY, LE DUC D'ANJOU.

LE DUC, à l'Huissier.

Qu'on prévienne mon frère... J'étais inquiet de sa santé, ce matin; j'ai fait un fâcheux rêve...

BUSSY.

Vraiment, monseigneur?

LE DUC.

Bussy, au Louvre, à cette heure?

BUSSY.

Je viens de chez Votre Altesse... On ne ne m'a pas reçu.

LE DUC.

J'avais ordonné cependant...

BUSSY.

Peu importe, monseigneur; je voulais vous voir, je vous vois... Il suffit.

LE DUC.

As-tu quelque chose d'important à me dire?

BUSSY.

Mais, oui, monseigneur.

LE DUC, inquiet.

Ah!...

BUSSY.

J'ai à vous parler de cette nuit.

LE DUC, inquiet.

De cette nuit!... As-tu su...?

BUSSY.

Tout ce que je voulais savoir... Mais qu'a donc Votre Altesse?

LE DUC.

Je ne comprends pas. Voilà ce que j'ai...

BUSSY.

Votre Altesse ne comprend pas que, m'étant chargé d'une commission pour elle, je lui rende compte de cette commission?

LE DUC.

Ah!... pardon!... tant de choses se sont passées!... Oui, Bussy, oui, tu devais me rendre compte de quelque chose qui me tient fort au cœur... Eh bien!... que dois-je attendre?

BUSSY.

Vous devez récolter ce que vous avez semé, monseigneur, beaucoup de honte!...

LE DUC.

Plaît-il?... (Bussy s'incline légèrement.) Quelle est donc cette femme?

BUSSY.

Je croyais que monseigneur l'avait reconnue.

LE DUC.

C'est elle?... c'est Diane?

BUSSY.

Oui, monseigneur.

LE DUC.

Vivante!... Tu l'as vue?... elle t'a parlé?

BUSSY.

Oui. Il n'y a que les spectres qui ne parlent pas. Il est vrai, monseigneur, que vous aviez bien le droit de la croire morte... et il eût mieux valu qu'elle le fût, en effet.

LE DUC.

Pourquoi?...

BUSSY.

Parce qu'en échappant au martyre, en conservant la vie, elle a trouvé un malheur plus grand que la mort.

LE DUC.

Lequel?

BUSSY.

Parce qu'un homme lui a sauvé l'honneur, et que, pour se dérober aux bras déjà étendus de M. le duc d'Anjou, dont elle ne voulait pas être la maîtresse, elle s'est jetée dans les bras d'un homme qu'elle exècre et qui en a fait sa femme.

LE DUC.

Que dis-tu?

BUSSY.

Je dis que Diane de Méridor s'appelle, depuis hier, la comtesse de Monsoreau.

LE DUC.

Mort de ma vie!... Est-ce vrai?...

BUSSY.

Pardieu! puisque je le dis!

LE DUC.

Tu me comprends mal. Je me demande seulement s'il est possible qu'un de mes gentilshommes, un Monsoreau, ait eu l'audace de protéger contre moi une femme que j'honorais de mon amour.

BUSSY.

Il répondra qu'il l'a protégée, non contre votre amour, mais contre la violence.

LE DUC.

La violence!... il me la conseillait.

BUSSY.

Lui?...

LE DUC.

Avec acharnement.

BUSSY.

Cet homme vous conseillait de déshonorer cette jeune fille ?

LE DUC.

Il me l'a écrit.

BUSSY.

Ah! monseigneur!...

LE DUC.

Tu doutes aussi? (Prenant une lettre dans son aumônière.) Tiens !

BUSSY, lisant.

« Monseigneur, moins de scrupules... Le coup de main se fera sans risques; car, grâce à moi, la jeune personne part ce soir pour aller au château du Lude. Je m'en charge... Quant à la résistance, ne la redoutez pas une fois que la personne en question sera rendue au château de Beaugé... Elle y sera ce soir même. De Votre Altesse le très-respectueux serviteur, COMTE BRYANT DE MONSOREAU. »

LE DUC, reprenant la lettre.

Qu'en dis-tu?... Ce traître me faisait croire à l'amour de Diane !

BUSSY.

Il l'aimait lui-même, voilà son excuse.

LE DUC.

Tu crois? Tu verras si je sais me venger.

BUSSY.

Allons donc! un prince ne se venge pas d'un pareil misérable... Il le châtie.

LE DUC.

Et comment ?

BUSSY.

En rendant le bonheur à mademoiselle de Méridor, en lui rendant la liberté.

LE DUC.

Mais tu dis qu'elle est sa femme?

BUSSY.

Le mariage a été forcé, il est nul.

LE DUC.

C'est vrai.

BUSSY.

Faites annuler ce mariage, monseigneur; montrez-vous un

digne gentilhomme, un noble prince... Faites-vous bénir de nous tous.

LE DUC.

Quelle chaleur!... Cela t'intéresse donc bien, Bussy?

BUSSY.

Moi? Pas le moins du monde... Ce qui m'intéresse, c'est que Votre Altesse ne soit pas dupe d'un lâche qu'elle a comblé de bienfaits... à mes dépens peut-être. Ce qui m'intéresse, c'est qu'on ne dise pas que vous souffrez les infamies et que je sers un prince sans honneur.

LE DUC.

Tu verras!

BUSSY.

Vous comprenez, n'est-ce pas, monseigneur?

LE DUC.

Tu verras si j'ai compris.

BUSSY.

C'est convenu, alors, vous faites rompre ce mariage?

LE DUC.

Il est rompu!

BUSSY.

Foi de gentilhomme?

LE DUC.

Foi de prince.

BUSSY.

Et cette malheureuse femme est libre?

LE DUC, lui touchant la main.

Tu as ma parole.

BUSSY, lui baisant la main.

Ah! demandez-moi ma vie, monseigneur!

LE DUC.

Le roi... Silence!

SCÈNE V

Les Mêmes, LE ROI, entrant par la gauche; CHICOT, DIANE, LE BARON DE MÉRIDOR.

CHICOT, à Bussy.

Le Monsoreau, qui a reçu contre-ordre pour la chasse de Fontainebleau, arrive en ce moment au Louvre. Conduisez le baron et Diane dans la salle de Mars.

(Bussy va chercher au fond Diane et son père.)

BUSSY, bas, à Diane.

Libre, madame! vous êtes libre!... Dans une heure, vous marcherez libre et heureuse à jamais!

DIANE.

Ah! soyez béni!...

(Elle passe dans la salle voisine.)

CHICOT, à Bussy.

Eh bien, quoi de nouveau?...

BUSSY, à Chicot.

J'ai sa promesse.

CHICOT.

Sur quoi a-t-il juré?

BUSSY.

Sur son honneur.

CHICOT.

J'aimerais mieux autre chose... Veillez à ce que Monsoreau n'aperçoive pas Diane et son père.

(Bussy sort après Diane.)

SCÈNE VI.

CHICOT, LE ROI, LE DUC D'ANJOU.

CHICOT.

Eh bien, mon fils, as-tu vu M. de Morvilliers?

LE DUC, au Roi.

J'avais tellement hâte d'embrasser Votre Majesté...

CHICOT, à part.

Canaille!

LE ROI, avec amitié.

Merci, François.

CHICOT, à part.

Brute! (Au Roi.) Et les choses graves de ta police?

LE ROI.

Le chancelier croit dangereux que je fasse le pèlerinage de Chartres.

CHICOT.

Voilà tout?

LE ROI.

N'est-ce pas assez?...

CHICOT.

Que c'est laid de mentir!... Avoue donc plutôt que ton

chancelier t'a dit des choses que tu ne veux pas répéter devant ton frère.

LE DUC.

Et pourquoi, monsieur ?

CHICOT.

Le roi sait combien Votre Altesse l'aime... et il craint de vous affliger.

LE ROI, bas.

Tais-toi !

CHICOT.

Et si je veux parler, moi !

LE ROI.

Va-t'en !

CHICOT.

Et si je ne veux pas m'en aller !

LE ROI, avec menace.

Ah !

CHICOT.

Si je veux répéter à Son Altesse ce que M. de Morvilliers a découvert cette nuit !

LE ROI.

Fou !

CHICOT.

Tu crois que je n'ai pas ma police aussi, et mieux faite que la tienne, car je la fais moi-même. Eh bien, écoute... Écoutez, monseigneur.

LE DUC.

Voyons !

CHICOT.

M. de Morvilliers t'a dit, d'abord, que M. de Guise n'est pas au camp de la Charité comme tu le crois.

LE ROI.

Ouais ! où donc est-il ?

CHICOT.

A Paris.

LE ROI.

Il ne m'a pas dit un mot de cela.

CHICOT.

Eh bien, je te le dis, moi... Demande à ton frère.

LE DUC, furieux.

Mais... en vérité...

CHICOT.

Vous n'avez pas entendu dire, monseigneur, que M. de Guise est à Paris avec M. de Mayenne, M. de Lorraine et la duchesse... Vous ne le savez pas?

LE ROI.

François!

LE DUC, à part.

Oh! le démon!

LE ROI.

Eh bien?

LE DUC.

Mon Dieu, sire, j'ai peut-être entendu des mots de tout cela, mais des bruits...

LE ROI.

Vous l'avez entendu dire, et vous ne me le redites pas!

LE DUC.

Mais, sire, c'est dans ce but que je venais de si grand matin au Louvre.

CHICOT.

A la bonne heure! j'en étais bien sûr, moi! C'est comme pour ce qui s'est passé cette nuit. (Au Roi.) Tu sais, ton chancelier te l'a dit...

LE ROI.

Quelques menées, quelques mécontents.

CHICOT.

Quelques... Il est modeste!... Il t'a dit que ces quelques mécontents devaient se rassembler.

LE ROI.

Je le sais.

CHICOT.

A l'abbaye... Parle donc! il faut t'arracher les paroles.

LE ROI.

A quelle abbaye?...

CHICOT.

A Sainte-Geneviève.

LE ROI.

Comment sais-tu cela?

CHICOT.

Ma police, toujours. Et ils se sont rassemblés?

LE ROI.

Oui, à onze heures.

CHICOT.

Et ils ont fait des discours?

LE ROI.

Incendiaires... Un surtout... un certain...

CHICOT.

Gorenflot... Un homme bien dangereux !

LE ROI.

Oui, c'est cela. Mais tu le sais?

CHICOT.

Encore ma police. Ils ont décidé une procession... Tu verras cela bientôt... Des mousquets, des hallebardes en guise de cierges. Ce sera superbe !

LE ROI.

Mais le but! le but de tout cela ?

CHICOT.

Ah ! demande à M. de Morvilliers. (Bas.) Regarde donc ton frère.

LE ROI.

Qu'il est pâle!

L'HUISSIER.

M. le comte de Monsoreau vient prendre les ordres du roi.

CHICOT, au Duc.

Avouez, monseigneur, que voilà un grand veneur qui vient bien à propos pour détourner la conversation.

SCÈNE VII

Les Mêmes, MONSOREAU.

CHICOT, au Roi.

Tiens, il n'y a pas longtemps que ton grand veneur a rencontré un loup.

LE ROI.

Pourquoi?

CHICOT.

Parce que, comme une des nuées d'Aristophane, il en a gardé la figure... Un vrai loup, c'est frappant!

LE ROI, riant.

Monsieur de Monsoreau, vous passerez chez moi tout à l'heure ; j'ai changé les ordres.

14.

MONSOREAU.

Sire... (Il s'incline. — Le Roi sort. — A Chicot.) Monsieur, je ne vois pas pourquoi, puisque nous sommes seuls, je me priverais de causer avec vous. Dans l'embrasure de cette fenêtre, s'il vous plaît.

CHICOT.

Au fond d'un bois, si vous voulez... Oh!... c'est frappant! (Au Duc absorbé.) N'est-ce pas, monseigneur?

MONSOREAU.

Monsieur Chicot, monsieur le fou, monsieur le bouffon, un gentilhomme vous défend, vous défend, entendez-vous, de rire de lui, et vous invite, avant de donner vos rendez-vous dans les bois, à bien réfléchir que, dans ces bois, il pousse une collection de gaules, gourdins et bâtons volants tout à fait dignes de ceux qui vous ont si rudement étrillé de la part de M. de Mayenne.

CHICOT.

Ah! monsieur, vous voulez donc vous placer sur la même ligne dans mes souvenirs?

MONSOREAU.

Monsieur, votre mémoire n'est pas à craindre; elle vous manque toutes les fois que vous avez peur, et, alors, vous oubliez vos principaux créanciers.

CHICOT.

Duquel voulez-vous parler, monsieur, je vous prie?

MONSOREAU.

De maître Nicolas David.

CHICOT.

Ah! pour celui-là, vous vous trompez, monsieur le comte... Celui-là, je ne lui dois plus rien... il est payé. Je vous baise les mains, monseigneur. (A part.) S'ils pouvaient se dévorer l'un l'autre!

(Il sort. Le Duc s'assied. Monsoreau fait un pas pour suivre Chicot.)

SCÈNE VIII

LE DUC D'ANJOU, MONSOREAU.

LE DUC, assis.

Laissez cet homme... C'est à moi qu'il faut parler... (Monsoreau, inquiet, examine autour de lui les tentures.) Oh! ne craignez rien : nous sommes bien seuls, vous êtes bien avec votre

maître, un bon maître; je suis bien avec mon fidèle serviteur.
MONSOREAU.
Altesse, je crois mériter cet éloge.
LE DUC.
Oui, vous avez maintes fois aidé mes entreprises, oubliant vos intérêts, vous exposant même... Tenez, dernièrement encore, dans cette malheureuse affaire...
MONSOREAU.
Laquelle, monseigneur?
LE DUC.
Cet enlèvement de mademoiselle de Méridor... Pauvre jeune fille!
MONSOREAU.
Hélas!
LE DUC.
Vous la plaignez?
MONSOREAU.
Qui ne la plaindrait pas?
LE DUC.
Ce n'est pas moi... Dieu m'est témoin du désespoir que m'a causé sa mort, et du regret que j'ai eu d'un si funeste caprice... Il a fallu toute mon amitié pour vous, pour me faire oublier que, sans vous, je n'eusse pas enlevé cette jeune fille.
MONSOREAU.
Vous ne vouliez pas sa mort, monseigneur, l'intention vous absout... C'est un malheur, un malheur comme la fatalité en cause tous les jours.
LE DUC.
D'ailleurs, c'est fini, n'est-ce pas, et la mort a tout enseveli dans son éternel silence?
MONSOREAU, à part.
Il sait tout!... et cette femme que l'on cache dans la salle de Mars, c'est Diane... elle est ici! (Haut.) Monseigneur, voulez-vous, maintenant, me permettre la franchise?
LE DUC.
Maintenant?
MONSOREAU.
Votre Altesse ne veut-elle pas me faire entendre que mademoiselle de Méridor est peut-être vivante... et ce soupçon même n'est-il pas une sorte d'accusation dirigée contre moi?

LE DUC, se levant.

Traître! tu m'as trompé, tu m'as trahi! Tu m'as pris cette femme que j'aimais!

MONSOREAU.

C'est vrai, monseigneur.

LE DUC.

Ah! c'est vrai... L'impudent! le fourbe!

MONSOREAU.

Veuillez parler bas, monseigneur; car vous oubliez, ce me semble, que vous parlez non-seulement à un fidèle serviteur, mais à un gentilhomme... D'ailleurs, j'avais une excuse.

LE DUC.

Et laquelle?

MONSOREAU.

J'aimais mademoiselle de Méridor.

LE DUC.

Et moi?

MONSOREAU.

Mademoiselle de Méridor ne vous aimait pas, Altesse.

LE DUC.

Elle t'aimait, peut-être?

MONSOREAU.

Peut-être!

LE DUC.

Tu mens! Seulement, je n'avais que ma confiance, et tu avais la trahison!

MONSOREAU.

Monseigneur, je l'aimais.

LE DUC.

Eh! que m'importe!

MONSOREAU, menaçant.

Monseigneur!

LE DUC.

Tu menaces, serpent!

MONSOREAU.

Monseigneur, prenez garde! Je l'aimais, vous dis-je, et je ne suis pas un valet... Je suis comte et seigneur. Ma femme est à moi comme ma terre; nul ne peut me la prendre, pas même le roi! Or, j'ai voulu avoir cette femme, et je l'ai prise!

LE DUC.

Vraiment! tu l'as prise? Eh bien, tu la rendras!

(Il s'élance vers le timbre.

MONSOREAU, se plaçant devant lui.

Arrêtez cette mauvaise pensée, monseigneur... Si vous avez dessein de me nuire, si vous appelez une fois, si vous me faites une injure publique...

LE DUC.

Tu rendras cette femme, te dis-je !

MONSOREAU.

Je l'ai épousée devant Dieu.

LE DUC.

Tu la rendras !

MONSOREAU.

Jamais !

LE DUC, écumant de colère.

Ce mariage, tu le rompras ! je le romprai, fusses-tu engagé devant tous les dieux qui ont régné dans le ciel !

MONSOREAU.

Vous blasphémez, monseigneur.

LE DUC.

Demain, mademoiselle de Méridor sera rendue à son père ; demain, tu partiras pour l'exil. Dans une heure, tu auras rendu ta charge de grand veneur. Voilà mes conditions ; sinon, prends garde, vassal ! je te briserai comme je brise cette coupe !

(Il brise un vase sur la table.)

MONSOREAU.

Je ne rendrai pas ma charge, je ne quitterai pas ma femme, et je demeurerai en France.

LE DUC.

Comment cela, maudit ?

MONSOREAU.

Parce que je demanderai ma grâce au roi de France, au vrai roi, élu cette nuit à l'abbaye de Sainte-Geneviève, et que ce nouveau souverain ne refusera pas d'écouter le premier suppliant qui tombera à ses genoux.

LE DUC, épouvanté.

Tais-toi !

MONSOREAU.

Sire !...

(Il s'agenouille.)

LE DUC.

Mais tais-toi donc, malheureux ! (Il relève le Comte et l'amène

à l'écart avec lui.) Si vous avez une grâce à me demander, demandez-la-moi, mais tout bas... Je vous écoute : demandez !
MONSOREAU.
Humblement, comme il convient à l'humble serviteur de Votre Altesse.
(Le Duc fait lentement du regard le tour des tapisseries.)
LE DUC.
Vous disiez?...
MONSOREAU.
Je disais que mon fatal amour a tout fait, que je n'étais plus maître de moi, que j'avais perdu la raison, et que vous me pardonnerez, monseigneur !
LE DUC, se débattant.
Non ; car le premier devoir d'un prince est la justice.
MONSOREAU.
Monseigneur !
LE DUC, à part.
J'ai promis à Bussy. (Haut.) Tiens, tu es un gentilhomme, tu comprends que je ne puis sanctionner ta conduite... Écoute : renonce à cette femme, Monsoreau, encore ce sacrifice ; je t'en dédommagerai par tout ce que tu me demanderas.
MONSOREAU.
Vous l'aimez donc toujours, monseigneur?
LE DUC.
Mais non ! mais non !
MONSOREAU.
Alors, qui peut vous arrêter ? Elle est ma femme.
LE DUC.
Elle ne t'aime pas.
MONSOREAU.
Qu'importe à Votre Altesse?
LE DUC.
Pour moi, Monsoreau, fais cela, je t'en conjure !
MONSOREAU.
Impossible.
LE DUC.
Je te comprends : tu tiens mon secret, tu me dénonceras... C'est infâme !
MONSOREAU.
C'est vrai ; mais j'aime assez Diane pour être infâme.

LE DUC.

Lâche !

MONSOREAU.

Oui ; mais je l'aime assez pour être lâche... (Le Duc met la main à son poignard.) Oh ! vous ne gagneriez rien à me tuer, monseigneur : il est des secrets qui surnagent avec un cadavre !

LE DUC, entendant venir le Roi.

Mon frère !

MONSOREAU.

Allons, monseigneur, faites quelque chose pour un homme qui vous servira bien.

LE DUC.

Que demandez-vous ?

MONSOREAU.

Que Votre Majesté...

LE DUC.

Vos conditions, vite !

MONSOREAU.

Vous me pardonnerez ?

LE DUC.

Oui.

MONSOREAU.

Vous me réconcilierez avec le baron de Méridor ?

LE DUC.

Oui.

MONSOREAU.

Et vous présenterez ma femme au roi ?

LE DUC.

Oui, plus tard.

MONSOREAU.

Tout de suite.

LE DUC.

On verra... Vous l'irez chercher...

MONSOREAU.

Elle est ici, Altesse.

LE DUC.

Comment ?

MONSOREAU.

Ici même, dans la salle de Mars.

SCÈNE IX

Les Mêmes, LE ROI, DIANE, BUSSY, LE BARON DE MÉRIDOR, CHICOT, toute la Cour.

     BUSSY, accourant près du Duc, bas.

La voici, monseigneur !

     MONSOREAU, bas.

J'attends, monseigneur.

     DIANE.

Enfin !

     BUSSY.

Enfin !

  LE DUC, après un douloureux effort, allant prendre Diane par la main et la présentant au Roi.

Sire, permettez que je présente à Votre Majesté mademoiselle Diane de Méridor, comtesse de Monsoreau, femme de mon plus fidèle serviteur.

     DIANE, jetant un cri.

Ah !

     BUSSY.

Oh !...

     LE ROI, à Monsoreau.

Mes compliments, monsieur le grand veneur.

(Le Roi salue et passe, emmenant Monsoreau avec lui. Toute la Cour les suit.)

     DIANE.

Mais qu'est-il arrivé, comte ?

     BUSSY.

Madame, méprisez-moi, haïssez-moi ; je croyais être quelque chose en ce monde, je ne suis qu'un atome ; je croyais pouvoir quelque chose, et je ne puis même m'arracher le cœur... Oui, madame, vous êtes bien la femme de M. de Monsoreau... sa femme légitime... sa femme reconnue. Moi, je vous ai perdue, moi misérable, moi maudit, pour avoir cru un lâche et un infâme !

(Il s'élance, fou et en désordre, à travers les Courtisans.)

     LE DUC, égaré.

Arrêtez cet homme, qui insulte un prince !

     DIANE.

Nous sommes perdus !

     CHICOT, à lui-même.

Perdus ? Oh ! que non !

HUITIÈME TABLEAU

Le carrefour de l'Arbre-Sec. A gauche, premier plan, petite porte de l'église, avec trois marches ; rue derrière. Au fond, groupe de maisons : auberge de la *Belle Étoile*; un teinturier, avec son immense cuve. A droite, la *Corne de cerf*, balcon, fenêtres. Au centre, large espace, formé par la rencontre de trois rues, dont l'une tourne au fond du théâtre. Au fond, panorama de la Seine, en face Saint-Germain-l'Auxerrois.

SCÈNE PREMIÈRE

BONHOMET, LA HURIÈRE, Bourgeois, Passants.

BONHOMET, devant sa porte.

Deux fenêtres, deux fenêtres à louer pour la procession !

LA HURIÈRE, devant sa porte.

Signez, signez, messieurs, sur le registre de la sainte Ligue !

(Affluence de Gens qui signent.)

BONHOMET.

Deux fenêtres pour voir passer le roi à la tête de la grande procession !

(Gens qui entrent en pourparler avec Bonhomet.)

LA HURIÈRE.

Signez, braves Parisiens ! c'est aujourd'ui le grand jour !

(Gens qui circulent, ou qui entrent à l'église, groupes animés. Bourgeois qui signent sur le registre de La Hurière.)

CHICOT, arrivant.

Après vous, monsieur.

(Il signe après le Bourgeois, et, lorsqu'un autre a signé, il signe encore.)

LE BOURGEOIS.

Mais vous avez déjà signé, monsieur !

CHICOT.

Croyez-vous? Tant mieux ! je signerais cent fois plutôt qu'une. Je veux signer sur tous les registres de Paris.

BONHOMET.

Deux fenêtres pour la procession !

CHICOT.

J'en prends une.

BONHOMET.

M. Chicot !

CHICOT.

Chut ! Celle du rez-de-chaussée.

(Il entre à la *Corne de cerf*.)

BONHOMET.

Bien, monsieur Chicot... (Haut.) Une fenêtre pour voir passer le roi et la grande procession ?

(Bruit, cris; foule au fond arrivant avec Gorenflot.)

SCÈNE II

Les Mêmes, GORENFLOT, Foule, courant autour de lui.

VOIX.

Gorenflot ! Gorenflot !

GORENFLOT.

Oui, mes enfants, oui, c'est moi..., Bonjour !

LA HURIÈRE.

Maître Gorenflot ! (Il accourt avec empressement.) L'illustre orateur ! le martyr de la sainte cause !

VOIX.

Gorenflot ! Gorenflot !

(On s'empresse autour de lui.)

GORENFLOT.

Est-ce que ces gens-là sont fous ?

VOIX.

Noël, Noël au frère Gorenflot !

(Chicot ouvre sa fenêtre.)

CHICOT, à la fenêtre.

Mon coquin !

GORENFLOT, à la foule.

Mes enfants, laissez-moi passer, je vous prie ; je voudrais m'arrêter ici quelques instants.

VOIX.

Noël, Noël à Gorenflot !

CHICOT, enjambant la fenêtre.

Mais vous voyez bien que ce digne homme a besoin de repos, de méditation ; laissez-le donc tranquille !

VOIX.

Oui !... oui ! — Non ! non !...

GORENFLOT, apercevant Chicot sans le reconnaître.

Voilà une honnête personne.

CHICOT.

Vous voyez bien qu'il veut se recueillir et composer quelque harangue.

VOIX.

Oui, oui, laissons-le... Noël ! Noël !

(Ils se retirent peu à peu.)

SCÈNE III

CHICOT, GORENFLOT.

GORENFLOT.

C'est heureux ! (Reconnaisant Chicot.) M. Chicot !

CHICOT.

Bonjour, compère !

GORENFLOT.

Savez-vous ce que me veulent tous ces gens-là ?... Ils sautent sur moi comme des mouches.

CHICOT.

Plains-toi donc, tu es populaire.

GORENFLOT.

Moi ?

CHICOT.

Ne fais pas le modeste ; tu le sais bien.

GORENFLOT.

Voilà toute une semaine que je n'ai pas mis le pied dehors ; on m'avait enfermé à la pénitence pour n'être rentré qu'à six heures du matin, il y a huit jours.

CHICOT.

Ah ! oui, le fameux soir !

GORENFLOT.

Quel fameux soir ?

CHICOT.

Tu sais bien, quand tu n'as pas voulu souper avec moi.

GORENFLOT.

C'est vrai !

CHICOT.

Et que tu m'as quitté à onze heures.

GORENFLOT.

Je vous ai... ?

CHICOT.

Pour aller... Tu sais bien !

GORENFLOT.

Non...

CHICOT.

Prononcer...

GORENFLOT.

Quoi ?

CHICOT.

Ce discours...

GORENFLOT.

Eh bien ?

CHICOT.

Ce magnifique, ce splendide discours...

GORENFLOT.

Je me rappelle vaguement...

CHICOT.

« Mes frères !... c'est un beau jour... pour la... »

GORENFLOT.

Vous m'ouvrez les yeux.

CHICOT.

Oh ! qu'il y avait de terribles choses dans ton discours !

GORENFLOT.

Bah !

CHICOT.

Contre le roi, contre la cour, contre tout !

GORENFLOT.

Vraiment !

CHICOT.

Si terribles, que tout à l'heure, en te voyant au milieu de cette foule, je me suis dit : « Pauvre compère, on va l'arrêter ! »

GORENFLOT, inquiet.

Mais, monsieur Chicot, je n'ai pas prononcé le moindre discours.

CHICOT.

Allons donc !

GORENFLOT.

Je me suis endormi ici... à la *Corne de cerf...* et réveillé ici.

CHICOT.

Allons donc !

GORENFLOT.
Demandez à M. Bonhomet.

CHICOT.
C'est lui qui vous a ouvert la porte mystérieusement lorsque vous êtes revenu de l'assemblée...

GORENFLOT.
De l'assemblée ?

CHICOT.
Tout bouffi d'orgueil...

GORENFLOT.
A cause de quoi ?

CHICOT.
A cause du succès que vous aviez eu, et du compliment que vous avaient fait M. de Guise, M. de Lorraine et M. de Mayenne (il salue), que Dieu conserve !... Voyons, vous souvenez-vous ?

GORENFLOT.
Non... (Brusquement.) Ah ! mon Dieu !

CHICOT.
Quoi ?

GORENFLOT.
Tout m'est expliqué.

CHICOT.
La !

GORENFLOT.
Je suis somnambule.

CHICOT.
Qu'est-ce à dire ?

GORENFLOT.
C'est-à-dire, monsieur Chicot, que, chez moi, l'esprit domine à ce point la matière, que, tandis que mon corps est endormi, mon esprit veille et lui commande des choses, des choses...

CHICOT.
Des choses sublimes !

GORENFLOT.
Mon Dieu, oui.

CHICOT.
Des choses incendiaires, révolutionnaires, à faire dresser les cheveux sur la tête.

GORENFLOT.
Ah !

CHICOT.
Des choses à vous faire pendre si on vous voit.
GORENFLOT.
Ah !
CHICOT.
Des choses à vous faire écarteler si on vous rencontre.
GORENFLOT.
Que faire, alors ?
CHICOT.
Vous mettre à l'abri, et bien vite !
GORENFLOT, épouvanté.
Je crois que vous avez raison.
CHICOT.
Autrement, vous êtes un homme mort !
GORENFLOT, poussant un cri et se sauvant.
Monsieur Chicot !
LA FOULE, l'apercevant.
Gorenflot ! Gorenflot !
GORENFLOT.
Laissez-moi passer !
CHICOT, à sa fenêtre.
Laissez-le passer, il est proscrit !
LA HURIÈRE.
Lui, un saint ?
GORENFLOT.
Moi, un saint ?
CHICOT.
Sa tête est mise à prix !
LA FOULE, furieuse, hurlant.
Oh !
CHICOT.
Va, saint homme !
LA HURIÈRE.
Secours, secours à maître Gorenflot !
CHICOT.
Triomphe à frère Gorenflot !
TOUS.
Vive le frère Gorenflot ! Vive la Ligue ! Vive le duc de Guise ! A bas le tyran !
GORENFLOT.
Ils vont me faire écarteler !

CHICOT.

Vive Gorenflot le martyr!

LA FOULE.

A bas Valois!... A bas le tyran! à bas!...

(Ils emportent Gorenflot sur leurs épaules.)

SCÈNE IV

LES MÊMES, LE DUC D'ANJOU, MONSOREAU, ANTRAGUET, puis AURILLY.

ANTRAGUET.

Les voyez-vous, monseigneur?

MONSOREAU.

Et les entendez-vous?

LE DUC.

Oui, je les entends crier : « A bas Henri! » et : « Vive Guise! » mais voilà tout.

(Chicot ferme son volet.)

MONSOREAU.

S'ils criaient : « Vive Anjou! » monseigneur, ce serait bien dangereux, ce soir!

LE DUC, à lui-même.

Démon! comme il devine! (Haut.) Ce n'est pas cela que je veux dire, monsieur; je veux dire que tous ces cris, tout ce bruyant fanatisme, sont capables de donner des soupçons au roi.

MONSOREAU.

Et que fera-t-il, monseigneur?

LE DUC.

Ce qu'il fera? Il s'enfermera au Louvre, au lieu de sortir ce soir; il enverra les Suisses et les gardes-françaises de Crillon pour dissiper ce peuple et culbuter cette procession; et alors, que deviendront nos projets à tous?

MONSOREAU.

Nos projets à tous, monseigneur, n'en souffriront pas. Le roi n'enverra pas un soldat contre la Ligue, puisqu'il s'en est déclaré le chef. Loin de défendre cette procession, il marchera lui-même en tête. Eût-il des doutes, il le ferait encore par bravade. D'ailleurs, n'est-ce pas son habitude, chaque année, de conduire la procession? N'est-ce pas son habitude, après cette procession, d'entrer en retraite, pour deux jours, dans une communauté religieuse? L'an dernier, c'était aux Minimes; cette année, il a choisi les Génovéfains. Ne craignez donc rien, monseigneur.

ANTRAGUET.

Tout ira bien, Altesse.

LE DUC.

Je vous dis que, depuis l'affaire de l'abbaye, mon frère a des soupçons.

MONSOREAU.

Raison de plus pour nous hâter, monseigneur. Si le roi se défie, prévenons-le! Dans deux heures, il aura franchi le seuil des Génovéfains, dont la porte se fermera sur lui; dans deux heures, nous le tenons... M. de Mayenne court la ville avec ses Lorrains; M. de Guise a caché à l'abbaye quatre-vingts de ses meilleures épées... Toute la communauté est à nous... Vous aurez là vos amis, vos fidèles; lui, il sera seul. Dans deux heures, vous serez notre maître et le sien!

LE DUC, hypocritement.

Que faire d'une tête sacrée? Lui aussi, c'est l'oint du Seigneur!

MONSOREAU.

Vous réfléchirez, Altesse; mais agissez d'abord. Venez hardiment, et jouez serré.

ANTRAGUET.

Songez que l'enjeu, c'est notre tête à tous : gagnez, monseigneur, gagnez!

LE DUC.

Ses amis peuvent l'avertir.

MONSOREAU.

Assemblez les vôtres. Au premier coup de canon qui, selon l'usage, annoncera son départ du Louvre, soyez prêt, mais sans un seul mouvement significatif. Au deuxième coup, qui annoncera l'entrée du roi aux Génovéfains, marchez avec vos amis sur l'abbaye, dont je vous ouvrirai la petite porte.

LE DUC.

Ces deux coups de canon, les entendrai-je jamais!

ANTRAGUET.

Je n'ai pas vu Bussy.

LE DUC.

Bussy?...

ANTRAGUET.

Nous l'avons, j'espère ? Oh ! mais il nous le faut !...

MONSOREAU.

On dirait, à vous entendre, que cette épée de moins fera tout manquer.

ANTRAGUET.

Cette épée de plus fera tout réussir.

LE DUC.

C'est vrai, quand j'ai Bussy à mes côtés, je suis tranquille; par malheur, il me boude depuis quelques jours.

ANTRAGUET.

Faites la paix, monseigneur, faites vite.

LE DUC.

J'ai tantôt envoyé Aurilly à son hôtel : je fais les avances. Cette démarche le touchera sans doute, et, alors, Aurilly me l'amènera.

MONSOREAU.

Où cela, monseigneur ?

LE DUC.

Ici, d'où je surveille la ville et le Louvre à la fois.

ANTRAGUET.

Voilà Aurilly, monseigneur.

LE DUC, à Aurilly.

Eh bien, Bussy?

AURILLY.

Monseigneur, M. de Bussy est au lit avec une grosse fièvre, et le médecin lui défend de sortir.

ANTRAGUET.

Malheur !...

LE DUC.

Tu as dit... ?

AURILLY.

Tout ce que je pouvais dire à un valet, car on ne m'a pas reçu.

LE DUC.

Comment ?

AURILLY.

Non, monseigneur, le médecin défendait la porte.

LE DUC.

Même à mon envoyé! Bussy est donc à l'agonie?

ANTRAGUET.

Monseigneur, voulez-vous que j'essaye ?

15.

LE DUC.

Mais...

ANTRAGUET.

Il nous faut Bussy à tout prix !

MONSOREAU.

Son Altesse supplier ainsi un simple gentilhomme !

LE DUC.

Antraguet a raison, comte : le roi a Crillon, il faut que j'aie Bussy. Va, Antraguet, va ! (Antraguet s'élance et part.) Vous ne doutez de rien ce soir, vous; depuis que vous êtes marié, vous voyez tout en beau. C'est naturel, à travers le prisme de l'amour, et de l'amour heureux !

MONSOREAU, blessé.

Amour heureux !

LE DUC.

Allons, l'heure approche : rassemblez vos hommes et allez prendre votre poste à l'abbaye...

MONSOREAU.

Serait-ce qu'il sait mon malheur et qu'il me raille ?

LE DUC.

Qu'avez-vous ?

MONSOREAU.

Rien, monseigneur, rien; j'obéis. (A part.) Amour heureux !...

(Il part.)

LE DUC.

Cet homme, on ne sait jamais si on l'a pour soi ou contre soi. Odieux instrument, comme je le briserai avec joie !... J'avais choisi une femme, la plus belle; je l'aimais : il me la prend. J'avais un ami, le plus sûr, le plus brave... il m'en fait un ennemi. Oh ! je vais reprendre Bussy tout de suite... j'y vais moi-même. Quant à lui reprendre Diane, nous verrons plus tard !

AURILLY.

Monseigneur, regardez donc !

(Une troupe passe de droite à gauche.)

LE DUC.

Ces drôles !... Est-ce que tu plaisantes ?

AURILLY, montrant la droite.

Pas par là... mais par ici. Voyez-vous ?

LE DUC.

Ces deux hommes qui viennent ?... On dirait Saint-Luc.

AURILLY.

Et l'autre?

LE DUC.

Bussy!... Bussy, couché avec la fièvre... Bussy, dont la porte est fermée pour moi!

(Il s'écarte vivement.)

SCÈNE V

Les Mêmes, BUSSY, SAINT-LUC.

SAINT-LUC.

Vous avez beau dire, comte, vous êtes ici plus gaiement qu'enfermé à l'hôtel de Bussy... Huit jours sans sortir et sans voir âme qui vive!

BUSSY.

On change de ciel, on ne change pas d'idée; et vous ne me ramènerez pas chez moi plus gai que vous ne m'en avez fait sortir.

SAINT-LUC.

Nous verrons.

LE DUC, s'approchant tout à coup.

Bonsoir, Bussy.

BUSSY, surpris.

Monseigneur!

(Saint-Luc salue profondément.)

LE DUC.

Vous voilà guéri, ce me semble?... A merveille! N'étiez-vous pas au lit tout à l'heure?

BUSSY.

Il est vrai, monseigneur.

LE DUC.

Tu boudais, avoue-le-moi; et tu as refusé mon messager de paix. Mais, puisque tu apportes la paix toi-même, c'est bien, tu es un bon cœur; merci.

BUSSY.

Votre Altesse se trompe; je ne la cherchais pas.

LE DUC.

Allons, sois raisonnable! tout ce que je n'ai pu t'expliquer l'autre jour, tu le sauras bientôt, tu le sauras demain, et tu verras si je pouvais, dans cette déplorable affaire, agir autrement que je n'ai fait... Tiens! tu le sauras ce soir, avant deux heures d'ici... Allons, viens!

(Il lui prend le bras.)

BUSSY, se dégageant.

Pardon, monseigneur, il ne m'est pas possible d'accompagner Votre Altesse.

LE DUC.

Ah!

BUSSY.

Je suis très-souffrant. J'ai eu tort de sortir, et je rentre me remettre au lit.

LE DUC.

Aussi n'abuserai-je pas. Je ne te demande que de finir avec moi la promenade que tu avais commencée avec M. de Saint-Luc, qui est maintenant de tes amis, à ce que je vois?

BUSSY.

Oui, monsieur le duc, et des meilleurs.

LE DUC.

Eh bien, moi aussi, je suis ton ami, et le premier en date... Allons, viens!

BUSSY.

S'il y a eu amitié entre nous, monseigneur, ç'a été beaucoup d'honneur pour moi; mais cet honneur, j'y dois renoncer.

LE DUC.

Pourquoi?

BUSSY.

Nous ne sommes plus rien l'un pour l'autre, monseigneur.

LE DUC.

Ah!... je fais le premier pas!

BUSSY.

C'est une douleur de plus pour moi.

LE DUC.

Je te prie!

BUSSY.

Altesse...

LE DUC.

Écoute... Tu n'es pas de ceux qui abandonneraient même un étranger en péril; même un ennemi, tu le secourrais.

BUSSY.

Votre Altesse n'est pas en danger et n'a pas besoin de mon secours.

LE DUC.

Si... J'ai besoin de toi ce soir, dans une circonstance la plus grave peut-être de toute ma vie... Viens seulement avec moi, donne-moi cette soirée, et, demain, tu te réveilleras duc, prince, le second du royaume !

BUSSY, raillant.

Ce ne pourrait être tout au plus que le troisième, monseigneur ; car j'aurai toujours devant moi le roi et vous.

LE DUC.

Tu refuses ?...

BUSSY.

Il le faut.

LE DUC.

Mon amitié ?

BUSSY.

Oui.

LE DUC.

Mes offres ?

BUSSY.

Oui.

LE DUC.

Mes ordres ?

BUSSY.

Oui, monseigneur.

LE DUC.

Tu te repentiras de n'être plus mon ami !

BUSSY.

Je m'étais déjà repenti de l'être.

LE DUC.

Viens, Aurilly, viens !

AURILLY, au Duc.

Puisqu'il ne venait pas ici pour Votre Altesse, tâchons de savoir pourquoi il y était venu.

(Ils sortent.)

SCÈNE VI

SAINT-LUC, BUSSY.

BUSSY.

Ah ! Saint-Luc, pourquoi m'avez-vous amené ici ! Si je

fusse resté chez moi, j'évitais cette désagréable rencontre! Rentrons.

SAINT-LUC.

Un moment!

BUSSY.

Que faisons-nous dans ce quartier absurde? Rien!

SAINT-LUC.

Moi, j'y suis venu pour quelque chose. J'attends madame de Saint-Luc, qui est à l'église, ici, tenez.

BUSSY.

C'est différent. Eh bien, je vous laisse... J'ai mon page de confiance, je retourne à l'hôtel.

SAINT-LUC.

Ne voulez-vous pas saluer la comtesse? Justement, on sort. La voici.

(Gens qui sortent de l'église. Diane et Jeanne sortent à leur tour et descendent les marches, suivies de Gertrude et d'un Page.)

BUSSY.

Elle n'est pas seule?...

SAINT-LUC.

Non; elle est avec une de ses amies. Venez, comte, approchons-nous.

BUSSY, à Jeanne.

Madame... (Voyant Diane.) Diane!

SAINT-LUC, bas.

Voilà qui vous raccommode avec le quartier.

JEANNE, saluant Bussy.

M. de Bussy! quel miracle!... (A Saint-Luc.) Voyons, monsieur de Saint-Luc, vous m'avez promis une fenêtre pour voir la procession. Cherchons ensemble.

SAINT-LUC.

En face; voulez-vous?

(Ils s'écartent, laissant Bussy et Diane ensemble. Bonhomet leur fait des offres.)

SCÈNE VII

Les Mêmes, BUSSY, DIANE.

BUSSY.

Ah! madame, voilà un hasard qui remplace pour moi la Providence!

DIANE.

Ce n'est point un hasard, monsieur le comte. C'est moi qui ai prié madame de Saint-Luc de m'aider à vous rencontrer.

BUSSY.

Vous !...

DIANE.

Je vous devais bien un remerciment pour vos généreux efforts.

BUSSY.

Quoi ! vous ne me haïssez pas, moi qui n'ai pu empêcher votre malheur, moi qui l'ai avancé peut-être !

DIANE.

Votre souvenir a été ma seule consolation pendant ces huit jours d'agonie. Mais ce n'est pas là ce que je voulais vous dire; j'ai, à mon tour, un devoir à remplir envers vous. Vous courez un grand danger, monsieur le comte.

BUSSY.

Moi ?

DIANE.

Vous vivez chez vous, n'est-ce pas, enfermé, malade?

BUSSY.

Malade de chagrin, dévoré de regrets et de rage !

DIANE.

Cependant, chaque nuit, une personne mystérieuse se glisse aux environs de ma nouvelle demeure, errant, épiant la lumière ou l'ombre de ma fenêtre. Je l'ai vue, je l'ai reconnue : c'est vous !

BUSSY.

Madame ! je vous atteste...

DIANE.

C'est vous ! c'est vous !...

BUSSY.

Eh bien, oui, c'est moi ! moi qui, désormais sans but, sans espoir, traînant mon corps qui n'a plus d'âme, c'est moi qui vais guetter votre lampe qui s'allume, votre ombre qui passe; c'est moi qui m'assure, en vous voyant, que mon amour n'est pas la folie, et je m'en retourne plus désespéré que jamais, mais vivant encore, parce que j'ai respiré le même air que vous !

DIANE.

Oh ! malheureux !... mais je ne suis pas seule dans cette

maison; d'autres yeux que les miens vous ont vu... Déjà l'on cherche, l'on s'inquiète. Le comte de Monsoreau est jaloux.

BUSSY.

Jaloux! Et qu'a-t-il à envier, lui, l'époux de la plus belle, de la plus adorable des femmes? Jaloux d'un malheureux qui souffre, d'un insensé qui passe!

DIANE.

Le comte est effrayant dans ses soupçons et ses colères. La nuit dernière, je vous regardais à travers mes vitres, et tout à coup sa fenêtre, voisine de la mienne, s'est ouverte doucement. J'ai vu briller une arme!

BUSSY.

Eh! qu'il me tue!

DIANE.

Oh! je vous en conjure, ne revenez plus, par pitié pour moi!

BUSSY.

Et pourquoi voulez-vous que je vive? pour assister au bonheur de cet infâme, au bonheur qu'il a deux fois volé? pour expirer lentement, minute par minute, du supplice que ce bonheur infernal me fait souffrir? Jaloux! il est jaloux, le misérable! jaloux de l'ombre quand il possède la réalité; mais, par le Dieu vivant! je serais insensé de me laisser tuer par cet homme. Il est mon ennemi mortel, et je le tuerai de mes mains!

DIANE.

Monsieur... oh! monsieur, il est excusable, peut-être!

BUSSY, avec désespoir.

Vous le défendez?

DIANE.

Si vous saviez...

BUSSY.

Je sais que je vous aime et qu'il est votre mari.

DIANE.

Mais, s'il ne l'était pas, si jamais il ne devait l'être?...

BUSSY, avec transport.

Oh!

DIANE, confuse.

Adieu!

BUSSY.

Diane! Diane!

(Il se jette à ses pieds; elle s'échappe pour aller rejoindre Jeanne.)

SCÈNE VIII

Les Mêmes, LE DUC D'ANJOU, AURILLY; qui ont paru depuis un moment sur le seuil de l'église.

LE DUC, à la porte de l'église.

Ah! Bussy, voilà pourquoi tu trahis ton maître!... C'est bien!

(Ils s'éloignent.)

DIANE, à Jeanne.

Partons!

BUSSY, la retenant.

Un mot encore, ah! mes amis!

CHICOT, s'élançant par la fenêtre.

Êtes-vous enragé, mon maître?... A genoux sur le pavé, à dix pas du duc d'Anjou, qui vous guette!

BUSSY et DIANE.

Oh!... le duc!...

CHICOT.

Peste des amoureux!

BUSSY.

Croyez-vous que je me la laisserai arracher encore?

CHICOT.

Je crois que vous avez la fièvre et le transport, et que vous allez rentrer à l'hôtel de Bussy tout de suite.

BUSSY.

Oh!...

CHICOT.

Tout de suite, et vous cacher sous vos couvertures, grelotter la fièvre, et ne jamais avouer que vous êtes sorti ce soir, si vous tenez à conserver votre tête sur vos épaules.

BUSSY.

Mais qu'y a-t-il donc?

(Grand bruit au loin.)

CHICOT.

Il y a... Mais partez donc, monsieur de Bussy! vous perdez cette jeune femme! (Bussy s'éloigne.) Quant à vous, Diane, ma petite sœur, rappelez-vous que je vous ai promis de vous rendre à votre père... Alerte! alerte!... Ah! Jeanne, quelle folie! que vous êtes toujours mon étourdie de Méridor!... Allez, allez!... (A Saint-Luc.) Vous, restez avec moi; car j'aurai besoin de vous tout à l'heure. C'est ce soir, à minuit, à l'abbaye, que Chicot achève de payer ses dettes!

(Les deux femmes s'enfuient.)

SCÈNE IX

Les Mêmes, GORENFLOT, sur son âne, suivi d'une foule bruyante et avinée.

LA FOULE.

Vive la Ligue ! à bas Valois ! vive Gorenflot !

GORENFLOT, ivre.

Oui, braves Parisiens, criez : « Vive Gorenflot ! » Je suis votre champion, moi, et le premier orateur du monde !

LA FOULE.

Noël ! Noël ! un discours ! un discours !

GORENFLOT.

Oui, un discours.

LA FOULE.

Silence ! silence !

GORENFLOT.

Mes enfants, Paris est la plus belle ville de France, et les Parisiens sont les gens les plus spirituels du royaume ; oui, la chanson le dit :

(Il chante.)

Parisien, mon ami,
Que tu sais de sciences !

LA FOULE, riant et applaudissant.

Oui, oui !...

GORENFLOT.

Il n'y a qu'une chose qui gâte Paris et qui gâte la France, c'est ce tyran de Valois, que j'ai déjà terrassé des foudres de mon éloquence.

LA FOULE.

A bas ! à bas le tyran !

(Gorenflot descend de dessus son âne.)

GORENFLOT, pendant qu'on emmène l'âne.

Je sais bien que la terre est une vallée aride où l'homme ne peut se désaltérer qu'avec ses larmes !... mais j'aurai la consolation, avant d'expirer, de voir le châtiment du Sardanapale Est-ce aujourd'hui que nous le déposons, que nous le tonsurons, que nous le jetons dans un couvent?

(A chaque mot, hourra de la foule. Coup de canon.)

TOUS.

La procession ! la procession !

(Tous abandonnent Gorenflot pour courir au-devant de la procession.)

GORENFLOT, triste.

Allons à la procession... Où est Panurge? où est mon âne? Allons à la procession !

(Il sort. Musique, cris, arrivée de la procession.)

TOUS.

La procession ! la procession !

SCÈNE X

LE DUC D'ANJOU, AURILY, ANTRAGUET, puis LE ROI, LA PROCESSION, DÉFILÉ, LIGUEURS, LORRAINS, GENTILSHOMMES, CORPORATIONS, avec leurs bannières ; SUISSES, GARDES, FEMMES, ENFANTS.

LE DUC, à droite, dans un angle, avec Aurilly et Antraguet.

Il est sorti !... Ira-t-il jusqu'à l'abbaye?

(Après les différentes corporations, accueillies par des cris, on voit enfin les troupes, puis la Cour, puis le Roi en habit de génovéfain, sous un dais fleurdelisé. A distance marchent sa Cour et ses divers Officiers.)

LA FOULE.

Le roi ! le roi !... Vive le roi ! vive le roi !

(Cris divers. On s'agenouille, on se heurte pour mieux voir le Roi. Le défilé continue. La procession disparaît dans la rue voisine. Coup de canon.)

LE DUC, se redressant tout à coup.

Je suis roi !

(Cris, tumulte de la foule pendant le défilé, qui s'achève.)

ACTE CINQUIÈME

NEUVIÈME TABLEAU

La grande salle du couvent des Génovéfains. Grande porte au fond, à laquelle on arrive du dehors par un large escalier plongeant. A droite, porte et fenêtre. Porte à gauche, donnant sur la cellule du Roi.

SCÈNE PREMIÈRE

MAYENNE, LA DUCHESSE, MONSIEUR DE LORRAINE.

Au lever du rideau, Mayenne place et inspecte différents détachements d'hommes armés qu'il distribue aux portes.

LA DUCHESSE, arrivant.

Eh bien, où en est-on ?

MAYENNE.

Tout va bien... nous sommes imprenables dans notre forteresse.

LA DUCHESSE.

Le Valois, que fait-il ?

MAYENNE.

A peine entré, il s'est enfermé dans sa cellule, là, au fond de cette galerie... On n'entend pas même son souffle. Il prie !

LA DUCHESSE.

Il était fait pour être moine !

MONSIEUR DE LORRAINE, entrant.

Mais, du dehors, quelles nouvelles ?

MAYENNE.

Le populaire rentre tranquillement et très-satisfait de sa belle procession ; son roi ne lui manque pas.

LA DUCHESSE.

Je le crois... Oh ! que j'aurais voulu voir ce Valois pieds nus et la tête basse, s'avançant peu à peu vers le piége !... aurais-je ri !

MAYENNE.

Je ne riais pas, moi !... A chaque station, il s'arrêtait pour se reposer ou se rafraîchir; on fermait les rideaux du dais.

Je ne riais pas, le cœur me battait trop ; nous le perdions de vue et nous nous disions : « En sortira-il ? ne va-t-il pas réfléchir ? »

LA DUCHESSE, riant.

Il n'a pas réfléchi !...

MAYENNE.

A la dernière halte, à la rue de l'Arbre-Sec, il est resté enfermé plus longtemps que les autres fois, et, quand il est sorti, enseveli sous son froc, il m'a semblé plus courbé, plus chancelant, tout autre enfin... Je craignais qu'il n'eût pas la force d'arriver jusqu'ici.

LA DUCHESSE.

L'y voici, Dieu soit loué ! et il y est bien. Maintenant, au duc d'Anjou !

MONSIEUR DE LORRAINE.

Il vient d'arriver. Monsoreau lui a ouvert la porte.

LA DUCHESSE.

Il est pris comme son frère. Qu'en ferons-nous ?

MAYENNE.

Oh ! avec lui, pas de cérémonies. Aussitôt que l'acte d'abdication sera signé, en route pour un de nos châteaux forts. Mais le voici, plus un mot !

SCÈNE II

Les Mêmes, LE DUC D'ANJOU, MONSOREAU et plusieurs Gentilshommes.

LE DUC.

Bonsoir, messieurs !

MONSIEUR DE LORRAINE.

Nous sommes aux ordres de Votre Majesté...

MAYENNE.

Nous n'attendions que vous, sire.

LE DUC.

Je ne vois pas votre frère Henri de Guise ?

(La Duchesse sort en saluant.)

MONSIEUR DE LORRAINE.

Il inspecte nos postes.

LE DUC.

Et... le... le prisonnier, où est-il ?

MAYENNE.

Dans sa cellule.

MONSIEUR DE LORRAINE.

Il faudrait ne pas perdre de temps, sire, et lui faire signer l'acte d'abdication.

LE DUC.

Eh bien, faites, messieurs.

MAYENNE.

Ce n'est pas à nous, sire; nous n'en avons pas le droit.

LE DUC.

Comment?

MONSIEUR DE LORRAINE.

C'est au roi présent de déclarer la déchéance de son prédécesseur.

LE DUC.

Mais... s'il refuse?

MAYENNE.

Il nous refuserait à plus forte raison, et, en ce cas, nous ne pourrions rien. Toute initiative vous appartient maintenant, sire.

LE DUC.

Oh! il luttera... (à Monsoreau), n'est-ce pas?

MONSOREAU.

C'est à craindre...

LE DUC.

Mais, alors...

MAYENNE.

Le temps est précieux.

MONSIEUR DE LORRAINE.

Le succès dépend d'une prompte résolution.

LE DUC.

Il refusera, vous dis-je!...

MONSOREAU.

Essayez toujours.

MAYENNE.

Il le faut bien!

MONSIEUR DE LORRAINE.

Quand il se verra seul, sans ressources...

MONSOREAU.

Dans une main résolue et puissante...

MAYENNE.

Faites-le venir, sire.

MONSIEUR DE LORRAINE.

Voici la clef de sa cellule.

LE DUC.

Prenez, Monsoreau.

MAYENNE.

Et voici l'acte d'abdication en bonne forme, tel qu'il a été convenu entre nous, monseigneur... Il n'y manque que la signature.

LE DUC, prenant l'acte.

Bien.

MONSIEUR DE LORRAINE.

Et maintenant, sire, agissez !

MAYENNE.

Nous attendons votre premier signal.

LE DUC.

Vous me quittez ?

MONSOREAU, à part.

Ils se retirent ?

MAYENNE.

Notre présence serait une intimidation nuisible... Il importe de ne pas effrayer le prisonnier. Obtenons son aveu par la persuasion ; si la rigueur devient nécessaire, nous sommes là avec toutes nos forces...

(Ils sortent.)

SCÈNE III

LE DUC D'ANJOU, MONSOREAU, AURILLY.

MONSOREAU.

Les Lorrains se mettent à l'écart; pourquoi ?...

LE DUC.

C'est-à-dire qu'on me charge de l'exécution qu'ils n'osent pas faire.

MONSOREAU.

Je le crois; mais le temps passe, et il faut que quelqu'un agisse.

LE DUC.

Ce ne sera pas moi. En suis-je déjà réduit à faire la volonté des Lorrains ?...

MONSOREAU.

Vous les avez tous pris pour vos grands dignitaires : connétable, grand maître... Ils vous tiennent.

LE DUC.
Pas pour longtemps.
MONSOREAU.
Que décidez-vous, monseigneur?
LE DUC.
Ouvrez cette porte. (Monsoreau ouvre.) Le voit-on?...
MONSOREAU.
Oui, monseigneur; sa cellule est ouverte.
LE DUC.
Que fait-il?
MONSOREAU.
Il est à genoux, absorbé, comme en extase.
LE DUC.
Eh bien, prenez avec vous Antraguet, et allez lui lire cet acte.
MONSOREAU.
Moi, son grand veneur?...
LE DUC.
Ne suis-je pas son frère?
MONSOREAU.
Un homme d'épée ne lit pas un acte, monseigneur, il le fait exécuter.
LE DUC.
Ah!...
MONSOREAU.
Vous avez là M. Aurilly. Envoyez-le avec Antraguet.
LE DUC, se contenant.
Vous avez raison, comte. Oh! Bussy! Bussy! où es-tu?.. (Monsoreau va chercher Antraguet.) Plions encore, je me relèverai tout à l'heure!...

SCÈNE IV

Les Mêmes, ANTRAGUET.

LE DUC.
Marquis d'Antragues, accompagnez monsieur chez le prisonnier, à qui lecture sera donnée de cet acte, dans ses moindres détails.
ANTRAGUET.
Oui, monseigneur.

LE DUC.

Il faut vous attendre à une résistance; mais, à tout ce qu'il pourra dire, plainte, menace ou prière, n'opposez que le silence.

ANTRAGUET.

Oui, Altesse.

LE DUC.

Fermez tout. Oh! je ne veux pas entendre sa voix!... Voici l'acte, allez. (Antraguet et Aurilly sortent pour entrer chez le Roi et referment la porte. Alors, Monsoreau s'approche du Duc.) Que voulez-vous, comte de Monsoreau?

MONSOREAU.

Un seul mot, monseigneur. Dans une minute, Votre Altesse va être roi, et, en retour de ce que nous lui donnons, le roi nous doit des garanties.

LE DUC.

Des garanties?

MONSOREAU.

Le roi est bien décidé, n'est-ce pas, à respecter l'honneur et le repos de ses serviteurs?

LE DUC.

Monsieur!

MONSOREAU.

Je vous dis cela, monseigneur, parce que hier est bien près de demain, et qu'hier encore, Votre Altesse ne respectait pas assez la femme d'un de ses meilleurs gentilshommes.

LE DUC.

De quelle femme voulez-vous parler?

MONSOREAU.

De la mienne. Votre Altesse aime toujours Diane de Méridor, et Votre Altesse espère toujours.

LE DUC.

Comte!

MONSOREAU.

Chaque nuit, depuis mon mariage, Votre Altesse est venue avec un page, ou seule, aux environs de ma maison.

LE DUC.

Moi?...

MONSOREAU.

Monseigneur, je vous ai vu! je veille... Oh! j'ai juré que cette femme ne serait à personne. Vivant, elle ne me quittera jamais; mort, elle me quittera moins encore, je l'emmènerai en partant... Que voulez-vous! c'est mon délire, monseigneur. Heureusement, j'ai songé à vous prévenir. Mais enfin, quand vous serez le roi, qu'arriverait-il si je ne vous reconnaissais plus dans l'ombre, et si, comme hier, vous vous trouviez à portée de mon arquebuse?...

LE DUC.

Monsoreau! mais vous êtes fou!

MONSOREAU.

J'ai vu, sous ma fenêtre, un homme...

LE DUC.

Vous avez vu un homme, c'est possible; mais qui vous a dit que c'était moi?

MONSOREAU.

Il y a donc quelqu'un?

LE DUC.

Apparemment.

MONSOREAU.

Qui aime Diane?

LE DUC.

Oui.

MONSOREAU.

Et qui en est aimé?

LE DUC, haussant les épaules.

Peut-être!

MONSOREAU.

Ah! monseigneur, le nom de cet homme! je vous le demande, comme prix de tous mes services. Monseigneur, je ne vous quitte pas que vous ne me l'ayez dit.

LE DUC.

Soyez tranquille, vous le saurez.

(La porte du Roi se rouvre. — Silence.)

SCÈNE V

Les Mêmes, ANTRAGUET, AURILLY.

LE DUC.

Eh bien?

ANTRAGUET.

L'acte est lu, monseigneur.

LE DUC.

Et qu'a-t-il dit?

ANTRAGUET.

Rien.

LE DUC.

Il ne s'est pas révolté, il n'a pas protesté?

ANTRAGUET.

Immobile, comme écrasé par cette révélation, ensevelissant son front dans ses mains tremblantes, il est resté à genoux, plus humblement prosterné que jamais, et vous pourriez le voir d'ici frapper silencieusement sa poitrine.

MONSOREAU.

C'est étrange !

LE DUC, qui s'avance pour regarder.

Il a peur...

AURILLY.

Il est vrai que le coup est rude.

MONSOREAU.

Achevez, monseigneur, achevez; vous aurez sa signature à bon marché.

LE DUC.

Ah! amenez-le, Antraguet.

(Antraguet obéit.)

MONSOREAU, troublé.

Je cours prévenir les princes lorrains et faire avancer mes hommes d'armes. (A part.) Elle aime quelqu'un !... Qui donc?...

(Il sort.)

LE DUC.

Le voir, lui parler, c'est plus difficile que je ne croyais.

SCÈNE VI •

LE DUC D'ANJOU, ANTRAGUET, AURILLY, LE ROI, sous son capuchon; il s'avance courbé, défaillant, la tête basse, les mains jointes.

ANTRAGUET, bas.

C'est pitié!

LE DUC.

Approchez, Henri. Vous savez la vérité tout entière, cette vérité qu'on cache trop souvent aux rois et qui ne leur apparaît jamais qu'avec la foudre. Vous savez que vos peuples vous ont rejeté, que votre noblesse et les grands du royaume vous ont déposé. Rassurez-vous, on vous laissera la vie ; et l'acte que vous allez signer, en présentant votre abdication comme volontaire, sauve encore les apparences et l'honneur de notre maison. (Le Roi fait un pas.) Oh ! vous eussiez été plus dur pour moi, vous qui m'avez humilié si souvent, comme si je n'étais pas un fils de France, votre égal, le seul héritier du trône d'où l'on vous chasse et qui m'appartient désormais! (A lui-même.) Toujours cette immobilité!

ANTRAGUET.

Monseigneur, c'est votre frère; terminez son agonie. (Au Roi.) Sire, signez !

AURILLY.

Signez!...

(Il lui offre une plume. Le Roi hésite.)

LE DUC.

Ah! soyez prudent!... ne tentez pas notre patience. (Bruit au dehors.) Signez, Henri, ou préparez-vous à tout...

MONSOREAU, accourant.

Les Lorrains ont disparu, et les Suisses entrent dans l'abbaye par le cimetière.

LE DUC, avec menace.

Signerez-vous!... (Le Roi se courbe et signe lentement.) Enfin !

AURILLY, qui a couru à la fenêtre.

Et voilà Crillon qui occupe la porte avec ses gardes-françaises.

ANTRAGUET.

Ils montent!

LE DUC.

Ne craignons rien avec un pareil otage.

(Coups frappés rudement à la porte.)

UNE VOIX, du dehors.

Ouvrez, mes révérends !

LE DUC.

Cette voix !

MONSOREAU.

Mon Dieu !

LA VOIX, du dehors.

Rendez-moi donc mon fou, qui n'est pas rentré au Louvre.

MONSOREAU, regardant par la fenêtre.

Le roi !...

LE DUC.

Mais alors... (Il lit la signature.) « Chicot 1er !... »

MONSOREAU, en même temps qu'il lève le capuchon du faux roi.

Oh !...

CHICOT, éclatant de rire.

Ah ! ah ! ah! comme je m'amuse !...

LE DUC.

Misérable !

LE ROI, en dehors.

Enfoncez la porte, monsieur de Crillon !

LE DUC, égaré.

A moi ! à moi !

MONSOREAU.

Tout est perdu !... Chacun pour soi, monseigneur.

(Il saute par une fenêtre et s'enfuit.)

AURILLY, entraînant le Duc.

Allons, allons, monseigneur...

(Ils vont fuir. Les Suisses les refoulent, commandés par Saint-Luc, qui entre par la droite. La porte du fond, brisée, s'ouvre avec fracas.)

SAINT-LUC, à Chicot.

Où est Monsoreau ?

CHICOT.

Au souterrain, par cette porte... Vite !

(Saint-Luc sort précipitamment.)

SCÈNE VII

Les Mêmes, LE ROI, SAINT-LUC, CRILLON, Gardes, à la porte et partout.

CHICOT.

Tu arrives bien ; on allait me faire abdiquer.

LE ROI.

Qu'on m'amène MM. de Guise... (On court.) M. de Bussy !... Vous entendez, Nancey ?

QUÉLUS, au Roi.

Nous avons une revanche à prendre avec celui-là... Je m'en charge !

(Ils sortent.)

LE ROI.

M. de Monsoreau !...

CHICOT.

Je m'en suis chargé !...

LE ROI.

Qu'on me laisse, messieurs... Restez, Chicot...

(Les Gardes se retirent sur l'escalier au fond ; Chicot s'adosse à la porte de la cellule.)

SCÈNE VIII

LE ROI, LE DUC D'ANJOU, CHICOT.

LE DUC, atterré.

Sire!...

LE ROI.

Ainsi, vous avez conspiré contre moi, comme autrefois vous conspirâtes contre mon frère Charles! Alors, c'était avec le roi de Navarre; aujourd'hui, c'est avec les Guises, qui vous méprisent et qui vous jouent. Autrefois, vous rampiez comme un serpent; aujourd'hui, vous faites le lion, vous voulez mordre!... Après la ruse, la violence! après le poison, l'épée!

LE DUC.

Le poison!... que voulez-vous dire?

LE ROI.

Tu ne sais pas ce que je veux dire?... Tu ne le connais pas, ce poison du livre de chasse que tu destinais au roi de Navarre, et que le hasard a détourné sur notre frère Charles. Il est bien connu pourtant, ce poison fatal de notre mère! trop connu, n'est-ce pas? Voilà pourquoi tu y as renoncé à mon égard! voilà pourquoi tu as choisi l'épée. Mais regarde-moi donc, toi qui t'attaques par l'épée au vainqueur de Jarnac et de Moncontour!...

LE DUC.

Mon frère!...

LE ROI.

L'épée!... Eh bien, je voudrais te voir seul à seul avec moi, tenant une épée. Tu as la tienne, tu veux me prendre ma couronne, et nous voilà face à face; voyons!... Ah! misérable! sois bien convaincu qu'un homme de ta trempe ne tuera jamais un homme de la mienne. Tiens! ne songe plus à lutter d'une façon ni de l'autre, car, dès à présent, je ne suis plus ton frère, je suis ton roi, ton maître, ton despote... Je te surveille dans tes oscillations; je te poursuis dans tes ténèbres, et, à la moindre obscurité, au moindre doute, j'étends la main sur toi, chétif, et je te jette pantelant à la hache du bourreau!

LE DUC, se courbant.

Sire, pitié!... pitié!...

LE ROI.

Non !

LE DUC.

Grâce !...

LE ROI.

Vous aurez grâce si vos juges vous font grâce !...

LE DUC.

Laissez-moi voir notre mère !

LE ROI.

A quoi bon, puisque je connais le poison de la famille ?

LE DUC.

Oh ! sire ! sire !...

LE ROI.

Assez !... A moi, Crillon !... mes capitaines !... tout le monde !

SCÈNE IX

Les Mêmes, tout le Monde.

LE ROI.

Mes prisonniers, MM. de Guise ?...

NANCEY.

Évadés, sire ! On est à leur poursuite.

LE ROI.

Les vrais successeurs de Charlemagne !... cela ne se perd pas. Je les retrouverai !

SAINT-LUC, ramenant Monsoreau.

Voici M. de Monsoreau, sire !...

CHICOT.

Eh ! notre grand veneur, vous voilà donc aux abois ?...

LE ROI, à Monsoreau.

Lèse-majesté, trahison et sacrilége... Vous savez ce qui vous attend ?...

MONSOREAU.

Bien, sire...

CHICOT.

Voilà une petite femme qui aura été bientôt veuve.

LE ROI.

Nous la remarierons !

MONSOREAU, frémissant.

Oh !...

QUÉLUS.

M. de Bussy se cache bien, sire : nous ne l'avons pas trouvé dans l'abbaye.

NANCEY.

Sire, M. de Bussy !...

(Bussy entre.)

LE ROI, à Bussy.

Où étiez vous ?...

BUSSY.

Dans mon lit, sire... Demandez à votre capitaine des gardes...

NANCEY.

C'est la vérité.

BUSSY.

D'ailleurs, s'il s'agit de trahison, comme je l'entends dire, Votre Majesté sait que je ne trahis jamais. (Le Duc sourit.) Vous souriez, monsieur le duc ?

LE DUC.

De surprise.

LE ROI.

Quoi donc ?

LE DUC.

Je croyais M. de Bussy trop généreux pour renier ses amis en danger.

BUSSY.

Que veut dire Votre Altesse ?

LE ROI.

Parlez, je le veux.

BUSSY.

Quels amis est-ce que je renie ?

LE DUC.

Mais moi, d'abord. N'étiez-vous pas avec moi ce soir encore, au moment de la procession ?

BUSSY.

Mais...

LE DUC.

Quand je vous rencontrai avec M. de Saint-Luc ?

CHICOT.

Oh !

LE DUC.

Devant l'église... où vous aviez rendez-vous avec cette personne ?

LE ROI.

Quelle personne?

LE DUC, échangeant un regard avec Monsoreau.

Une dame!

BUSSY, bas.

Monseigneur le duc, je vous supplie...

LE DUC, à haute voix.

La dame de Monsoreau!

MONSOREAU, bondissant.

Oh!

CHICOT.

Le misérable!

MONSOREAU, au Duc.

Monseigneur...

LE DUC, à demi-voix, désignant Bussy.

C'est lui!

MONSOREAU.

Lui!...

BUSSY.

Ah! monseigneur, pourquoi n'êtes-vous plus tout-puissant! pourquoi n'êtes-vous plus libre!...

(Saint-Luc retient Bussy.)

LE ROI, à Chicot.

Me réponds-tu de Bussy?

CHICOT.

Comme de moi-même...

LE ROI, au Duc.

Vous, monsieur le duc, au Louvre!... (A Nancey.) Gardé à vue... (Aux Mignons.) Vous m'entendez!... (A Monsoreau.) Vous, monsieur de Monsoreau, au donjon de Vincennes! Monsieur de Bussy, vous êtes libre...

MONSOREAU, furieux.

Il est libre! et moi, je suis prisonnier! Oh! non, la liberté! (Au Duc.) Monseigneur, il me faut la liberté!...

LE DUC, lui glissant son poignard.

La voici!

MONSOREAU.

Oui, oui; allons!

(Il sort au milieu des Gardes.)

LE ROI.

Messieurs, au Louvre!

(Nancey vient prendre l'épée du Duc.)

NANCEY.

Votre épée, monseigneur.

LE DUC, passant devant Bussy.

Tu te repentiras...

(Bussy s'incline sans répondre. Tout le monde sort derrière le Roi.)

BUSSY, à Chicot.

Ah! mon ami!... quel rêve!...

CHICOT, à Bussy.

Voilà donc mon œuvre achevée. Le roi sauvé, Diane libre... Le reste ne me regarde plus.

BUSSY.

Vous ne courez pas rue des Tournelles? vous n'annoncez pas ce bonheur au baron de Méridor, à Diane?

CHICOT.

Est-ce que vous n'êtes pas là!... Il faut bien que vous fassiez quelque chose...

BUSSY, l'embrassant.

Oh! j'y vole! Adieu!

CHICOT.

Et moi, je vais me coucher... Bonsoir!

DIXIÈME TABLEAU

La maison de la rue des Tournelles. Chambre haute, contiguë à une terrasse, sur laquelle elle ouvre par un vitrail. Porte à gauche. Porte à droite. Vue de Paris par une nuit orageuse.

SCÈNE PREMIÈRE

DIANE, BUSSY, GERTRUDE.

DIANE.

Vous ne me trompez point, n'est-ce pas, vous ne vous trompez pas vous-même? Tant de joie pour mon bon père, pour moi la liberté, la pensée, la vie... c'est bien là ce que vous m'annoncez?

BUSSY.
Et je vous le répète à genoux... Dieu me devait cet éclair de bonheur après ce siècle de désespoir.
DIANE.
Ne me parlez pas de bonheur ici, où je crois voir encore ce malheureux.
BUSSY.
Oui, je comprends votre âme généreuse. Il ne faut pas de sang entre votre passé et votre avenir. Eh bien, nous prierons le roi, vous le supplierez vous-même; nous obtiendrons la vie de cet homme. Son crime le sépare à jamais de vous; sa condamnation rompt le mariage; n'est-ce pas assez? Qu'il vive!
DIANE.
Qu'il vive et nous doive la vie... Oh! demain, dès demain, quitter Paris, retourner à Méridor, comme hier encore j'en faisais le projet avec Jeanne, vivre sans peur, sans remords, vivre heureux!
BUSSY.
Vous partiriez... et sans rien regretter ici?
DIANE.
Mais, excepté mon frère, ce noble ami qui m'a sauvée, je n'aurais rien laissé à Paris.
BUSSY.
Pas même moi?...
DIANE, avec exaltation.
Oh! vous!... Mais non, ici, je ne puis, je ne veux rien vous dire... Ici, je vous reçus mourant, et je recueillis votre premier regard; ici, je sens le malheur et la honte; ici... non, non, ici, ne me demandez pas même une parole!
BUSSY.
Eh bien, regardez-moi encore; vous le pouvez maintenant. Ne parlez pas, vous; laissez-moi vous voir, laissez-moi vous adorer.
DIANE.
Bussy! cher Bussy!

SCÈNE II

Les Mêmes, CHICOT.

CHICOT, masqué.
Dieu soit loué! j'arrive à temps encore...

BUSSY.

Qu'y a-t-il?...

(Chicot se démasque.)

DIANE.

Mon frère !

CHICOT.

Monsoreau, que l'on croyait désarmé, s'est jeté sur les gardes qui le conduisaient à Vincennes. Il en a poignardé deux, il a passé sur le corps des autres, et s'est échappé.

DIANE.

Ah !

BUSSY.

Échappé ! où est-il ?

CHICOT.

C'est ici qu'il reviendra d'abord. Pas un moment à perdre ! il faut sortir d'ici !

BUSSY.

Il faut l'attendre.

CHICOT.

Vous ! pourquoi ? Qu'êtes-vous dans cette maison, si le mari revient et vous y trouve ?

DIANE.

Fuyez!

BUSSY.

Fuir!

CHICOT.

Courez chez Saint-Luc ; qu'il arme ses serviteurs, qu'il rassemble tout ce qu'il pourra trouver d'amis et de soldats pour ressaisir ce misérable.

BUSSY.

Et Diane?

CHICOT.

Je la conduis chez son père. Hâtez-vous d'amener Saint-Luc et ses gens ; mais qu'on ne vous voie pas, vous. Il n'y a que vous qui ne puissiez pas toucher un seul cheveu de cet homme. Allons !

BUSSY.

J'y cours ! Mais, pendant que je n'y serai pas... ?

CHICOT.

J'y suis, moi.

DIANE.

Oh ! vous me quittez, je suis perdue !

BUSSY.

Je reste...

CHICOT.

Mort de ma vie! Faites-la tuer, mais ne la déshonorez pas!

BUSSY.

Je pars!

DIANE.

Adieu! Je vous aime; adieu!

BUSSY.

Oh! au revoir!

(Il part.)

DIANE, avec un sanglot.

Hélas!

CHICOT.

Je respire!

SCÈNE III

DIANE, CHICOT, LE PAGE DE BUSSY, sur le seuil.

CHICOT.

Allons, ma sœur, du courage! tout va bien. Dans un quart d'heure, nous pouvons être chez votre père; nous aurons main-forte, et nous braverons tous les Monsoreau du monde. Voyons, prenez mon bras, partons.

DIANE, chancelant.

Mon ami, je ne sais ce que j'éprouve. Je n'ai pas peur avec toi, mais je me sens glacée. Mes pieds s'enracinent dans le parquet; une volonté mystérieuse, invincible, m'ordonne de rester ici et m'y enchaîne. Tu vois, je ne peux pas marcher, je ne peux pas!

CHICOT.

Il le faut pourtant! Appuyez-vous sur moi, dans mes bras; je vous porterai; je porterais le monde!

(Tout à coup une vitre de la fenêtre vole en éclats, la fenêtre s'ouvre et trois hommes enjambent le balcon.)

DIANE.

Les voilà!

CHICOT.

Déjà!

SCÈNE IV

Les Mêmes, MONSOREAU, six Assassins.

MONSOREAU, suivi de trois autres hommes.

Ah! seigneur de Bussy, vous vous êtes laissé prendre!

DIANE.

Mon frère!

CHICOT, lui fermant la bouche.

Ne me nommez pas!

DIANE.

Il vous tuera!... Faites-vous connaître!

CHICOT, à Diane, bas.

Pour qu'il s'échappe, et aille tuer Bussy... ou pour que Bussy le tue! un obstacle éternel entre vous deux! Laissez donc faire la Providence!... (Au Page.) Allons, emmenez-la!.. emmenez-la!

(Il la renferme dans la chambre voisine.)

MONSOREAU.

Oui... enferme! Elle aura son tour... Toi d'abord, elle ensuite.

CHICOT.

Il était écrit que je la ferais veuve!

MONSOREAU.

Allez, mes braves, il est à moitié mort de peur!

CHICOT.

Vous mentez, je m'appelle Bussy!

MONSOREAU.

Ah! vous croyiez ce pauvre grand veneur en prison; qui sait? décapité, peut-être; et vous veniez annoncer cette bonne nouvelle à sa femme!... Allons, jetez bas votre masque : regardons-nous encore une fois au visage.

CHICOT.

Non pas; la partie ne serait pas égale : je suis très-beau, vous êtes laid à faire peur...

(Il se prépare et se retranche.)

MONSOREAU.

Commençons!

CHICOT.

Commençons!... (Il allonge le bras; un homme tombe. On tire sur lui deux coups de pistolet, dont l'un atteint le Page, qui tombe; l'autre détache un miroir, qui se brise.) Pauvre enfant!... A toi, l'homme au pourpoint rouge! (Il abat cet homme. — Combat acharné ; deux des assaillants tombent ; Chicot poursuit les autres, qui fuient, l'un par la fenêtre, l'autre par la porte. — Revenant victorieux.) Ah! cela déblaye! Y en a-t-il encore?...

MONSOREAU.

Oui!... A moi!...

CHICOT.

Bon!...
(On voit paraître cinq hommes au balcon de la terrasse.)

MONSOREAU.

Allons, sus, mes amis!

CHICOT.

Il paraît que c'est un assassinat?

MONSOREAU.

Pardieu!

CHICOT.

Alors, tenez-vous bien, misérables!
(D'un revers de son feutre, il éteint les bougies, puis se retranche derrière un prie-Dieu, et s'en fait un rempart. — Combat. Il blesse chaque fois ou renverse un homme, tantôt s'abritant derrière ce rempart, tantôt derrière un autre. Dans l'un de ces combats, deux des assassins saisissent son épée et la lui brisent. Il les terrasse ou les étrangle ; l'un d'eux le frappe par derrière d'un coup de couteau.

MONSOREAU.

Désarmé!... Il est à nous!
(Chicot ramasse un tronçon de meuble et le brandit ; les assaillants s'élancent ; il recule pour la première fois.

CHICOT.

Pas d'armes!... blessé! (Le Page se soulève mourant du milieu des morts, et lui tend une épée.) Oh! merci, pauvre enfant!... merci!...
(Second coup de pistolet ; le Page expire.)

MONSOREAU.

Allons! et qu'on en finisse!...

CHICOT.

Encore quatre! J'en tuerai deux, peut-être ; mais les autres me tueront... Ah! Bussy, il est temps!

MONSOREAU.

En avant!... (Coup de pistolet qui abat Chicot ; il tombe sur un genou.) Il est perdu!

CHICOT, faiblement.

Bussy! il est temps!... il est temps!

MONSOREAU, triomphant.

Tu es mort, Bussy!...

SCÈNE V

Les Mêmes, BUSSY, des Hommes, avec flambeaux.

BUSSY, d'une voix tonnante.

On assassine, ici!... Place !

CHICOT.

Ici !... ici !...

(Les meurtriers s'enfuient épouvantés.)

MONSOREAU, reconnaissant Bussy à la lueur des flambeaux.

Bussy !... Qui donc est l'autre ?...

CHICOT, écartant Bussy, qui va se précipiter sur Monsoreau.

Le fou !... (il ôte son masque) qui fait sa dernière folie...

(D'un coup d'épée, il cloue Monsoreau contre la muraille.)

MONSOREAU, arrachant l'épée de sa poitrine.

Chicot !... Rage !... Démons !...

(Entre Saint-Luc avec ses Gardes.)

SCÈNE VI

BUSSY, SAINT-LUC, CHICOT, MONSOREAU, DIANE.

BUSSY, saisissant Chicot dans ses bras.

Mon ami !... mon frère !... Où est Diane ?... (Chicot montre la chambre. — A Saint-Luc.) Là !... là !...

CHICOT.

Je voudrais l'embrasser encore.

(Saint-Luc va chercher Diane, qui entre muette d'horreur et livide, et tombe dans les bras de Chicot.

DIANE, chancelante.

Mon... mon ami !...

(Monsoreau, en la voyant, se soulève effrayant. Diane s'agenouille et détourne la tête avec épouvante.

CHICOT, à Monsoreau.

Ma sœur est veuve... (A Bussy.) Je vous la donne !...

(Monsoreau essaye de lutter encore ; ces derniers mots l'ont terrassé.
Il retombe et meurt.)

FIN DU TOME VINGT-TROISIÈME.

TABLE

	Pages
LE GENTILHOMME DE LA MONTAGNE.	1
LA DAME DE MONSOREAU.	121

F. Aureau et Cie. — Imprimerie de Lagny

www.ingramcontent.com/pod-product-compliance
Lightning Source LLC
Chambersburg PA
CBHW070747170426
43200CB00007B/687